高等学校法学系列教材·基础与应用

应急法导论

任国友　佟瑞鹏◎主　编

清华大学出版社

北京

内 容 简 介

　　应急法是高等学校应急技术与管理、应急管理、安全工程、职业卫生工程及公共管理相关专业的核心课程。本书结合党的二十大、二十届三中全会精神和《中华人民共和国突发事件应对法》的最新规定,全面、系统地阐述了应急法总论(应急法概述、应急法的渊源与体系、应急管理法律关系、应急管理法律责任),应急法分论(国家紧急状态基本制度、应急管理基本制度、自然灾害类应急管理法律制度、事故灾难类应急管理法律制度、公共卫生事件类应急管理法律制度、社会安全事件类应急管理法律制度)以及应急法实践(应急管理标准及制定、应急管理综合执法实践)三部分核心内容。每章后附有"本章小结""核心概念""案例分析与小组讨论""延伸阅读"等内容,便于读者深入理解理论知识,提高实践应用技能。

　　本书可供高校相关专业学生使用,也可以供各级政府应急管理部门、工矿商贸企业安全生产管理部门和相关从业人员作为参考用书。

本书封面贴有清华大学出版社防伪标签,无标签者不得销售。

版权所有,侵权必究。举报:010-62782989,beiqinquan@tup. tsinghua. edu. cn。

图书在版编目(CIP)数据

　　应急法导论 / 任国友,佟瑞鹏主编. -- 北京 : 清华大学出版社,2025. 2.
(高等学校法学系列教材). --ISBN 978-7-302-68013-0

　　Ⅰ. D922. 14

　　中国国家版本馆 CIP 数据核字第 202539HC77 号

责任编辑:刘　晶
封面设计:汉风唐韵
责任校对:王荣静
责任印制:曹婉颖

出版发行:清华大学出版社
　　　　网　　　址:https://www.tup.com.cn,https://www.wqxuetang.com
　　　　地　　　址:北京清华大学学研大厦 A 座　　　邮　　编:100084
　　　　社 总 机:010-83470000　　　　邮　　购:010-62786544
　　　　投稿与读者服务:010-62776969,c-service@tup.tsinghua.edu.cn
　　　　质量反馈:010-62772015,zhiliang@tup.tsinghua.edu.cn
印 装 者:天津鑫丰华印务有限公司
经　　销:全国新华书店
开　　本:185mm×260mm　　　印　　张:16.5　　　字　　数:342 千字
版　　次:2025 年 3 月第 1 版　　　印　　次:2025 年 3 月第 1 次印刷
定　　价:59.80 元

产品编号:098400-01

前　言

2007 年 8 月 30 日，《中华人民共和国突发事件应对法》（以下简称《突发事件应对法》）由第十届全国人民代表大会常务委员会第二十九次会议通过，成为规制我国突发事件的基本法；2024 年 6 月 28 日，经第十四届全国人民代表大会常务委员会第十次会议修订，修订后的《突发事件应对法》共八章 106 条，自 2024 年 11 月 1 日起施行。

《突发事件应对法》是应急管理领域的基础性、综合性法律，是应急管理事业发展的重要法治保障。该法的修订，以习近平新时代中国特色社会主义思想为指导，全面贯彻习近平法治思想，深入落实习近平总书记关于防范风险挑战、应对突发事件的重要论述和党中央决策部署，坚持总体国家安全观，统筹发展和安全，坚持人民至上、生命至上，把党的十八大以来突发事件应对工作成熟有效的政策措施以及深化党和国家机构改革的最新成果上升为法律制度，对于完善我国应急管理制度体系，推动新时代应急管理事业高质量发展，具有重要里程碑意义。

当前，世界百年未有之大变局加速演进，局部冲突和动荡频发，全球性问题加剧，来自外部的打压遏制不断升级，我国发展进入战略机遇和风险挑战并存、不确定难预料因素增多的时期，各种"黑天鹅""灰犀牛"事件随时可能发生。2019 年 11 月 29 日，习近平总书记在主持中共中央政治局第十九次集体学习时强调，我国是世界上自然灾害最为严重的国家之一，灾害种类多，分布地域广，发生频率高，造成损失重，这是一个基本国情。同时，我国各类事故隐患和安全风险交织叠加、易发多发，影响公共安全的因素日益增多。加强应急管理体系和能力建设，既是一项紧迫任务，又是一项长期任务。党的二十大报告提出，提高公共安全治理水平。坚持安全第一、预防为主，建立大安全大应急框架，完善公共安全体系，推动公共安全治理模式向事前预防转型。党的二十届三中全会指出，要统筹好发展和安全，落实好防范化解房地产、地方政府债务、中小金融机构等重点领域风险的各项举措，严格落实安全生产责任，完善自然灾害特别是洪涝灾害监测、防控措施，织密社会安全风险防控网，切实维护社会稳定。

正是在这样的背景下，本书依据《"十四五"国家应急体系规划》《突发事件应对法》及应急技术与管理、应急管理本科高校联盟发布的核心课程目录，结合当前应急技术与管理、应急管理专业及安全工程相关专业[1]的发展实际和相关专业人才培养的

---

[1] 截至 2023 年 12 月，开设应急管理专业的高校 40 所，开设应急技术与管理专业的高校 43 所，开设安全工程、职业卫生工程专业的高校 200 余所。

法学教学实践组织编写。本书在编写上有以下特色。

（1）体例新。在编写体例上，考虑到应急技术与管理、应急管理及相关专业的教学需求，本书设置了学习目标、本章导引、本章小结、核心概念、案例分析与小组讨论、思考与练习、延伸阅读等板块，同时注意吸收原公共安全管理专业"公共安全法律法规"课程的教学实践经验，注重专业人才培养的就业需求。

（2）内容新。本书注重国内外应急管理法的最新成果归纳，同时体现法学原理与技术标准的平衡性、互补性，以适应应急技术与管理和应急管理的共同要求。

（3）写法新。本书既体现了法学理论，也注重法理应用及实践能力培养的要求，便于教师开展案例教学法，增加应急法学案例分析和执法实践案例。同时在编写团队上融合了高校一线教师、法学专家和应急实务专家的优势，避免编写内容上过于理论化的缺陷，体现基层应急执法的理论与实践要求。

全书共分 12 章，各章主要内容如下。

第 1 章应急法概述，主要介绍了应急法的基本范畴、调整对象、基本原则、基本特征及基本功能。

第 2 章应急法的渊源与体系，主要介绍了国内外应急法律体系的渊源、历史、现状与发展趋势以及应急法的组织体系。

第 3 章应急管理法律关系，主要介绍了应急管理法律关系的构成要素及其运行与实现。

第 4 章应急管理法律责任，主要介绍了应急管理法律责任的基本概念、构成和种类。

第 5 章国家紧急状态基本制度，主要介绍了国家紧急状态的基本制度概况和国家安全法律制度规定。

第 6 章应急管理基本制度，主要介绍了突发事件应对法的立法目的、基本特点和主要制度。

第 7 章自然灾害类应急管理法律制度，主要介绍了自然灾害类应急管理法律制度的立法背景、立法宗旨、适用范围及主要内容。

第 8 章事故灾难类应急管理法律制度，主要介绍了事故灾难类应急管理法律制度的立法背景、立法宗旨、适用范围及主要内容。

第 9 章公共卫生事件类应急管理法律制度，主要介绍了公共卫生事件类应急法律制度的立法背景、立法宗旨、适用范围及主要内容。

第 10 章社会安全事件类应急管理法律制度，主要介绍了社会安全事件类应急管理法律制度的立法背景、立法宗旨、适用范围及主要内容。

第 11 章应急管理标准及制定，主要介绍了安全生产、卫生健康、消防、应急管理标准体系架构的主要内容及相关标准的制修订流程及标准的内容结构、层次的要求。

第 12 章应急管理综合执法实践，主要介绍了应急管理综合执法的基本职责规定，以及安全生产、消防安全、应急管理行政执法程序及实践要求。

本书作者及分工情况如下。

侯春平，应急管理大学（筹）法学博士后、教授，兼职律师，负责本书第1章的编写。

战帅，中国劳动关系学院资产处处长、法理学博士，负责本书第2章的编写。

揣小明，河南理工大学应急管理学院副院长、副教授，负责本书第3章的编写。

付玉平，太原科技大学安全与应急管理工程学院专业负责人、副教授，负责本书第4章的编写。

何峥嵘，广西警察学院公共管理学院副院长、教授，负责本书第5章的编写。

任国友，中国劳动关系学院安全工程学院副院长、教授，负责本书第6章的编写，并担任本书主编。

兰泽全，应急管理大学（筹）应急技术与管理学院教授，负责本书第7章的编写。

孙殿阁，中国劳动关系学院安全工程学院公共安全系副教授、博士，负责本书第8章的编写。

张晓峰，济南大学管理科学与工程学院/应急安全学院副教授，负责本书第9章的编写。

裴蕾，新疆警察学院治安系应急管理教研室主任、副教授，负责本书第10章的编写。

佟瑞鹏，中国矿业大学（北京）应急管理与安全工程学院副院长、教授，负责本书第11章的编写，并担任本书主编。

王文涛，北京市海淀区应急局执法科科长，负责本书第12章部分内容的编写。

方丽娜，中国劳动关系学院安全工程学院学生，负责本书第12章部分内容的资料整理。

本书的部分内容为教育部首批课程思政示范课程项目"应急决策理论与方法"（教高函〔2021〕7号）、北京市社会科学基金"平安北京校园新兴风险治理对策研究"（项目编号：22JCC123）的阶段研究成果。

对应急法的探索刚刚起步，本书的编写只是应急法理论与实践的初步总结，难免存在误漏、不当之处，敬请读者多提宝贵意见。

最后，感谢本书的读者，如果您在阅读过程中发现需要改进之处，欢迎与本书作者联系，期待通过大家的共同努力，不断完善本书内容。

任国友

于北京六铺炕

2024年8月

法律法规全称简称对照表

《中华人民共和国宪法》——《宪法》

《中华人民共和国民法典》——《民法典》

《中华人民共和国刑法》——《刑法》

《中华人民共和国突发事件应对法》——《突发事件应对法》

《中华人民共和国职业病防治法》——《职业病防治法》

《中华人民共和国安全生产法》——《安全生产法》

《中华人民共和国消防法》——《消防法》

《中华人民共和国防震减灾法》——《防震减灾法》

《中华人民共和国防洪法》——《防洪法》

《中华人民共和国传染病防治法》——《传染病防治法》

《中华人民共和国治安管理处罚法》——《治安管理处罚法》

《中华人民共和国反恐怖主义法》——《反恐怖主义法》

《中华人民共和国戒严法》——《戒严法》

《中华人民共和国人民警察法》——《人民警察法》

《中华人民共和国居民身份证法》——《居民身份证法》

目　录

上篇　应急法总论

第1章　应急法概述 ··· 2

1.1　应急法的基本范畴 ··· 3

1.1.1　应急法的概念和内涵 ··· 3

1.1.2　应急法的体系 ··· 4

1.1.3　应急法的性质 ··· 6

1.2　应急法的调整对象 ··· 7

1.2.1　应急法调整对象的特殊性 ····································· 7

1.2.2　应急法调整的具体法律关系 ··································· 8

1.3　应急法的基本原则 ··· 9

1.3.1　确定应急法基本原则的指导思想 ······························· 9

1.3.2　应急法的基本原则 ··· 9

1.4　应急法的基本特征 ··· 12

1.4.1　应急法是组织法与行为法的结合 ······························· 13

1.4.2　应急法是应对突发事件的过程法 ······························· 13

1.4.3　应急法是技术规范和管理规范的有机统一法 ··················· 13

1.5　应急法的基本功能 ··· 13

1.5.1　维护社会秩序以保障社会公共利益 ····························· 14

1.5.2　规范应急行政权以防止权力滥用 ······························· 14

1.5.3　规范应急管理环节以确保依法应急 ····························· 15

1.5.4　保护行政相对人的合法权益 ··································· 16

第2章　应急法的渊源与体系 ··· 18

2.1　国内外应急法的渊源 ··· 18

2.1.1　法的渊源的定义 ··· 18

2.1.2　国内应急法的渊源概况 ··· 19

2.1.3　国外应急法的渊源概况 ··· 22

2.2　国内外应急法律体系的历史、现状与发展 ··························· 22

2.2.1　国内应急管理法律体系的历史、现状与发展 ··················· 22

2.2.2 国外应急管理法律体系的历史、现状与发展 ·············· 25

2.3 国内外应急法的组织体系 ························· 29

2.3.1 国内应急管理法的组织体系 ·················· 29

2.3.2 国外应急管理法的组织体系 ·················· 30

第3章 应急管理法律关系 ·························· 33

3.1 应急管理法律关系概述 ························· 33

3.1.1 应急管理法律关系的概念 ·················· 33

3.1.2 应急管理法律关系的种类 ·················· 34

3.2 应急管理法律关系的构成要素 ···················· 35

3.2.1 应急管理法律关系的主体 ·················· 35

3.2.2 应急管理法律关系的客体 ·················· 37

3.2.3 应急管理法律关系的内容 ·················· 39

3.3 应急管理法律关系的运行和实现 ··················· 40

3.3.1 应急管理法律关系的产生、变更和终止 ············ 40

3.3.2 应急管理法律关系产生、变更和消灭的前提与条件 ······ 41

第4章 应急管理法律责任 ·························· 46

4.1 应急法律责任概述 ··························· 46

4.1.1 法律责任 ··························· 46

4.1.2 法律责任的竞合 ······················ 47

4.1.3 归责与免责 ························· 48

4.2 违反应急管理的法律责任 ······················ 48

4.2.1 违反应急管理的民事责任 ·················· 48

4.2.2 违反应急管理的行政责任 ·················· 51

4.2.3 违反应急管理的刑事责任 ·················· 53

4.2.4 违反应急管理的党纪处分 ·················· 55

中篇 应急法分论

第5章 国家紧急状态基本制度 ······················· 60

5.1 国家紧急状态法律制度 ························· 60

5.1.1 国家紧急状态及其特征 ··················· 60

5.1.2 国家紧急状态的主要制度 ·················· 62

5.2 国家安全法律制度 ··························· 64

5.2.1 《国家安全法》的立法概况 ················· 64

5.2.2 《国家安全法》的主要内容 ················· 71

第 6 章　应急管理基本制度 ……………………………………………… 78

6.1　《突发事件应对法》的主要内容 ……………………………… 78

6.1.1　立法目的和调整范围 ………………………………… 78

6.1.2　法律地位和基本特点 ………………………………… 79

6.1.3　应急管理的主要制度 ………………………………… 81

6.2　四类突发事件应急法律制度 …………………………………… 84

6.2.1　事故灾难类应急法律制度 …………………………… 84

6.2.2　自然灾害类应急法律制度 …………………………… 86

6.2.3　公共卫生事件类应急法律制度 ……………………… 90

6.2.4　社会安全事件类应急法律制度 ……………………… 94

第 7 章　自然灾害类应急管理法律制度 …………………………… 102

7.1　概　述 ……………………………………………………………… 102

7.1.1　自然灾害及其特征 …………………………………… 102

7.1.2　世界主要国家自然灾害立法概况 …………………… 103

7.2　自然灾害应急管理法律的立法背景 ………………………… 105

7.2.1　自然灾害应急管理法律的立法背景 ………………… 105

7.2.2　自然灾害应急管理法律的立法宗旨 ………………… 107

7.3　自然灾害应急管理法律制度的主要内容 …………………… 107

7.3.1　地质地震类应急管理法律制度 ……………………… 107

7.3.2　洪涝灾害类应急管理法律制度 ……………………… 113

7.3.3　森林、草原火灾类应急管理法规制度 ……………… 117

7.3.4　气象灾害类应急管理法律制度 ……………………… 120

7.3.5　其他自然灾害类应急管理法律制度 ………………… 122

第 8 章　事故灾难类应急管理法律制度 …………………………… 128

8.1　概　述 ……………………………………………………………… 128

8.1.1　事故灾难及其特征 …………………………………… 128

8.1.2　国内外事故灾难立法概况 …………………………… 129

8.2　生产安全应急管理法律的立法概述 ………………………… 131

8.2.1　生产安全应急管理法律的立法背景 ………………… 131

8.2.2　生产安全应急管理法律的立法宗旨 ………………… 132

8.3　《安全生产事故应急条例》的主要内容 …………………… 133

8.3.1　《条例》的适用范围 ………………………………… 133

8.3.2　《条例》明确了生产安全事故应急工作的体制、机制 … 134

8.3.3　《条例》强化了生产安全事故的应急准备 ………… 136

8.3.4　《条例》规范了生产安全事故的应急救援 ………… 140

8.3.5 《条例》规定的法律责任 ·· 144

第9章 公共卫生事件类应急管理法律制度 ·································· 147

9.1 公共卫生事件应急管理法律概述 ·· 147

9.1.1 公共卫生事件概述及其特征 ·· 147

9.1.2 国内外公共卫生事件立法概况 ·· 149

9.2 公共卫生事件应急管理法律法规立法背景 ································ 152

9.2.1 公共卫生事件应急管理法律规范立法背景和发展历程 ············ 152

9.2.2 公共卫生事件应急管理法律规范立法宗旨和途径 ················· 154

9.2.3 公共卫生事件应急管理法律体系框架 ····························· 156

9.3 《突发公共卫生事件应急条例》主要内容 ································ 157

9.3.1 预防与应急准备的法律规定 ·· 158

9.3.2 报告与信息发布的法律规定 ·· 159

9.3.3 应急处理的法律规定 ··· 160

9.3.4 违反突发公共卫生事件应急法规的法律责任 ····················· 162

第10章 社会安全事件类应急管理法律制度 ································ 165

10.1 概 述 ··· 165

10.1.1 社会安全事件的基本内涵 ·· 165

10.1.2 社会安全事件的基本特征 ·· 167

10.1.3 社会安全事件应急处置的特点 ····································· 168

10.2 社会安全事件类应急管理法律制度建设 ································ 170

10.2.1 国外典型社会安全事件法律制度建设 ···························· 170

10.2.2 国内社会安全事件法律制度建设 ·································· 170

10.3 社会安全事件类应急管理主要法律规定 ································ 176

10.3.1 社会安全事件现场处置规定 ·· 176

10.3.2 社会安全事件中违法行为的法律责任 ···························· 180

下篇 应急法实践

第11章 应急管理标准及制定 ··· 188

11.1 应急管理标准制定流程 ··· 188

11.1.1 应急管理标准基本概述 ··· 188

11.1.2 应急管理标准编写规范 ··· 190

11.1.3 应急管理标准的制修订 ··· 191

11.2 安全生产标准 ·· 196

11.2.1 安全生产标准概述 ·· 196

11.2.2 安全生产标准体系架构 ··· 197

11.2.3　安全生产标准具体内容 ┈┈┈┈┈┈┈┈┈┈┈┈┈┈┈┈┈ 197

11.3　消防救援标准 ┈┈┈┈┈┈┈┈┈┈┈┈┈┈┈┈┈┈┈┈┈┈┈┈ 201

　11.3.1　消防救援标准概述 ┈┈┈┈┈┈┈┈┈┈┈┈┈┈┈┈┈┈ 201

　11.3.2　消防救援标准体系架构 ┈┈┈┈┈┈┈┈┈┈┈┈┈┈┈ 202

　11.3.3　消防救援标准具体内容 ┈┈┈┈┈┈┈┈┈┈┈┈┈┈┈ 203

11.4　减灾救灾与综合性应急管理标准 ┈┈┈┈┈┈┈┈┈┈┈┈┈ 207

　11.4.1　减灾救灾与综合性应急管理标准概述 ┈┈┈┈┈┈┈ 207

　11.4.2　减灾救灾与综合性应急管理标准体系架构 ┈┈┈┈ 207

　11.4.3　减灾救灾与综合性应急管理标准具体内容 ┈┈┈┈ 208

11.5　卫生健康标准 ┈┈┈┈┈┈┈┈┈┈┈┈┈┈┈┈┈┈┈┈┈┈┈┈ 209

　11.5.1　卫生健康标准概述 ┈┈┈┈┈┈┈┈┈┈┈┈┈┈┈┈┈┈ 209

　11.5.2　卫生健康标准体系架构 ┈┈┈┈┈┈┈┈┈┈┈┈┈┈┈ 210

　11.5.3　卫生健康标准具体内容 ┈┈┈┈┈┈┈┈┈┈┈┈┈┈┈ 211

第12章　应急管理综合执法实践 ┈┈┈┈┈┈┈┈┈┈┈┈┈┈┈┈┈ 219

12.1　安全生产执法实践 ┈┈┈┈┈┈┈┈┈┈┈┈┈┈┈┈┈┈┈┈┈ 219

　12.1.1　安全生产执法程序 ┈┈┈┈┈┈┈┈┈┈┈┈┈┈┈┈┈┈ 219

　12.1.2　安全生产行政许可程序 ┈┈┈┈┈┈┈┈┈┈┈┈┈┈┈ 220

　12.1.3　安全生产行政处罚的基本要求 ┈┈┈┈┈┈┈┈┈┈┈ 220

　12.1.4　安全生产行政处罚的程序 ┈┈┈┈┈┈┈┈┈┈┈┈┈┈ 221

12.2　消防安全执法实践 ┈┈┈┈┈┈┈┈┈┈┈┈┈┈┈┈┈┈┈┈┈ 224

　12.2.1　消防安全职责 ┈┈┈┈┈┈┈┈┈┈┈┈┈┈┈┈┈┈┈┈┈ 224

　12.2.2　消防安全执法原则 ┈┈┈┈┈┈┈┈┈┈┈┈┈┈┈┈┈┈ 225

　12.2.3　消防安全执法程序 ┈┈┈┈┈┈┈┈┈┈┈┈┈┈┈┈┈┈ 225

　12.2.4　消防行政处罚程序 ┈┈┈┈┈┈┈┈┈┈┈┈┈┈┈┈┈┈ 226

12.3　应急管理行政执法实践 ┈┈┈┈┈┈┈┈┈┈┈┈┈┈┈┈┈┈ 226

　12.3.1　应急管理行政执法概述 ┈┈┈┈┈┈┈┈┈┈┈┈┈┈┈ 226

　12.3.2　应急管理执法行政处罚程序 ┈┈┈┈┈┈┈┈┈┈┈┈┈ 227

参考文献 ┈┈┈┈┈┈┈┈┈┈┈┈┈┈┈┈┈┈┈┈┈┈┈┈┈┈┈┈┈┈ 232

附录　中华人民共和国突发事件应对法 ┈┈┈┈┈┈┈┈┈┈┈┈┈ 235

上篇　应急法总论

第1章 应急法概述

【学习目标】

1. 理解应急法的基本内涵和立法现状。
2. 掌握应急法的基本原则和主要内容。
3. 分析和解决应急法在执法实践中的具体问题。

【本章导引】

2021年7月18日18时至21日0时，郑州出现罕见持续强降水天气过程，全市普降大暴雨、特大暴雨，累积平均降水量449毫米。7月19日晚9点59分，郑州市气象局已发布暴雨红色预警信号，20日上午局长李柯星连续签发至少3份暴雨红色预警信号文件。同日，"河南大雨""郑州地铁4号线成水帘洞"等多个话题登上微博热搜。7月21日，中共中央总书记、国家主席、中央军委主席习近平对防汛救灾工作作出重要指示。7月21日3时，河南省防汛抗旱指挥部决定将防汛应急响应级别由Ⅱ级提升为Ⅰ级。7月22日13时，郑州市防汛抗旱指挥部决定将防汛Ⅰ级应急响应降至Ⅲ级。7月23日，郑州市防汛抗旱指挥部决定自7月23日0时起将防汛Ⅲ级应急响应降至Ⅳ级。截至2021年7月24日10时，河南郑州市区公交线路恢复营运率已达84%。截止到7月27日12时，郑州市全域（含郊县）基站通信服务全部恢复。8月2日，国务院成立河南郑州"7·20"特大暴雨灾害调查组。

2022年1月21日，河南郑州"7·20"特大暴雨灾害调查报告公布。[1] 河南省公安机关对涉嫌违法犯罪的8名企业人员立案侦查并依法逮捕，河南省纪检监察机关按照干部管理权限，依规依纪依法对灾害中涉嫌违纪违法的89名公职人员进行严肃问责。经国务院调查组调查认定，河南郑州"7·20"特大暴雨灾害是一场因极端暴雨导致严重城市内涝、河流洪水、山洪滑坡等多灾并发，造成重大人员伤亡和财产损失的特别重大自然灾害；郑州市委市政府及有关区县（市）、部门和单位风险意识不强，对这场特大灾害认识准备不足、防范组织不力、应急处置不当，存在失职渎职行为，特别是发生了地铁、隧道等本不应该发生的伤亡事件。郑州市及有关区县（市）党委、政府主要负责人对此负有领导责任，其他有关负责人和相关部门、单位有关负责人负有领导责任或直接责任。这次灾害虽为极端天气引发，也有防范、处置不力等人为原

---

[1] 河南郑州"7·20"特大暴雨灾害调查报告公布 [EB/OL]. (2022-01-21). https://www.gov.cn/xinwen/2022-01/21/content_5669723.htm.

因，值得深刻反思。

1.1 应急法的基本范畴

从国内外理论与实践看，对应急法制学科、理论的名称尚未形成共识。从目前可查的文献来看，曾有"减灾法""灾害法""紧急状态法""危机管理法""行政应急法""应急法""应急管理法"等名称。"减灾法""灾害法""紧急状态法""危机管理法"的名称显得范围较窄；"行政应急法"的称谓也不能完全涵盖应急法制方面的内涵和外延；2019 年 11 月 29 日，习近平总书记在主持中央政治局第十九次集体学习的讲话中指出，要系统梳理和修订应急管理相关法律法规，抓紧研究制定应急管理、自然灾害防治、应急救援组织、国家消防救援人员、危险化学品安全等方面的法律法规。按照讲话精神，我们应当制定一部应急管理方面的基本法，以此为基础完善整个应急管理法律体系[1]。习近平总书记的这一重要论述，为开展应急管理法学理论研究指明了方向，也为应急管理法律制度的构建和完善提供了根本遵循，为深入贯彻落实习近平总书记重要论述精神，结合应急管理法治实践和制度建设现状，本书采用"应急法"的称谓。

1.1.1 应急法的概念和内涵

国家管理工作面对的社会状态可分为平时状态和应急状态两类。适用平时状态的法称"常态法"，我国现行法律大多属于"常态法"，是为调整平时状态下的各种社会关系而设置；适用应急状态的法称"应急法"，应急状态下，由于社会出现突发事件而使国家和社会处于危急之中，需要由特别的法律来规制人们的行为。如果用"常态法"处理应急事件，会显得措施不力，也会坐失良机。在应急状态下用以规制人们行为，特别是应急处置行为的特别法，就是应急法。

鉴于目前尚未就应急法制的称谓达成共识，关于应急法的定义基本上是在"一案三制"的基础上建立的。因此，学者们给出了不同的解读。有的学者认为，应急法制是应急预案的"升格"，也是应急管理体制建构、机制运行的制度化，是巩固和发展应急预案、应急管理体制机制的根本保障。还有的学者认为，应急法有广义和狭义之分，狭义的应急法制指应急法律、法规和规章，广义的应急法制还包括各种具体制度。上述论断，混淆了法的本质与法律形式之间的区别。法的本质，是相对于法的现象而言的，它是指法的内部联系，是法区别于其他事物的根本属性。法律形式，也称法律渊源，是指规范人们权利和义务关系的法律的具体构成形式或来源形式。传统法学理论

---

[1] 林鸿潮. 《突发事件应对法》更名为《应急管理法》利大于弊 [EB/OL]. (2020-12-15). https://fzzfyjy.cupl.edu.cn/info/1021/12565.htm.

认为，法是由国家制定或认可，并由国家强制力保证实施的具有普遍约束力的行为规范的总和，其目的在于维护、巩固和发展一定的社会关系和社会秩序。通俗地讲，法是调整人们行为的一种社会规范。还有学者认为，应急法制是关于突发事件引起的公共紧急情况下如何处理国家权力之间、国家权力与公民权利之间、公民权利之间的社会关系的法律规范和原则的综合。该种观点只强调了突发事件发生之后如何处理，而没有对事前预防进行描述，没有全面反映应急法制的全部内容。有的学者将应急法制解读为："一国或地区针对如何应对突发事件及其引起的紧急情况而制定或认可的各种法律规范和原则的总称"。还有的学者认为："应急法是调整因突发事件而展开的应急管理过程中的各种社会关系，包括国家机关间、国家与公民间、不同公民间关系的法律规范和法律原则的总和"。

党的十八大以来，习近平总书记站在统筹发展与安全、推进国家治理体系和治理能力现代化的战略高度，创造性提出总体国家安全观，就防范风险挑战、应对突发事件作出一系列重要论述，为应急管理工作提供了根本遵循。《突发事件应对法》自2007年公布施行以来，对预防和减少突发事件的发生，控制、减轻和消除突发事件引起的严重社会危害，规范突发事件应对活动，保护人民生命财产安全，维护国家安全、公共安全、生态环境安全和社会秩序，发挥了重要保障作用。绝大多数学者也是基于突发事件应对法的立法对应急法制做出定义的。

近年来，我国突发事件应对工作出现了一些新情况新问题，突发事件应对理念发生了深刻变革，机构改革体制机制作出了重要调整，人民群众对突发事件应对水平和质量的期待不断提高，党中央对突发事件应对工作作出更高标准的部署要求。因此，对应急法的定义也应反映制度建设的最新成果，除了应包含"应急"的要素外，还应包括"预防"的成分，我们认为：应急法是调整我国境内因预防突发事件的发生以及突发事件引发的紧急情况而制定的，处理国家机关之间、国家与公民之间、不同公民之间关系的法律规范和法律原则的总和。

1.1.2 应急法的体系

综合来看，我国应急法体系是由众多有关突发事件应急方面的法律、法规、规范性文件构成的一个开放式法律体系。从我国现有的应急法对突发事件的调整类型划分来看，应急法的范围可以概括为以下五个方面：应急综合法、自然灾害类法律法规、事故灾难类法律法规、公共卫生事件类法律法规、社会安全事件类法律法规。

1. 应急综合法

2024年6月28日，《突发事件应对法》已由中华人民共和国第十四届全国人民代表大会常务委员会第十次会议修订通过，自2024年11月1日起施行。本次修订新增"管理体制"一章，修订的主要内容包括：理顺突发事件应对管理工作领导和管理体制；畅通信息报送和发布渠道；完善应急保障制度；加强突发事件应对管理能力建设；充分发挥社会力量作用；保障社会各主体合法权益。

《突发事件应对法》共 106 条，分为八章。第一章总则，主要包括立法意义、适用范围、法律概念、立法机关、应急管理体制、各级责任机关和职责、实施过程中可能出现的协调问题。第二章管理与指挥体制，主要包括应急管理与指挥体制、应急管理工作体系、突发事件应对管理工作的行政领导机关、突发事件应急指挥机构的组成及权限效力和法律责任、乡政府、街道办事处及村民委员会等单位和个人对突发事件应对工作的义务。第三章预防与应急准备，主要包括突发事件应急预案体系、应急预案的内容，具体包括健全安全管理制度、易燃易爆炸品管理、应急管理培训制度、救援队伍建设、救援物资保障和巨灾风险保险等。第四章监测与预警，主要包括突发事件信息系统、突发事件监测制度、突发事件预警制度、各级预警的应对措施等。第五章应急处置与救援，主要包括处置和救援主体，根据自然灾害、事故灾难或者公共卫生事件、社会安全事件的性质所采取的具体处置措施、救援物资保障和救援机构的协调等。第六章事后恢复与重建，主要包括恢复和重建机关主体、权责和具体措施。第七章法律责任，主要包括针对政府、政府工作人员、企业和有关单位违规后的责任和处置。第八章附则，主要包括适用本法需要进入紧急状态的相关事宜及本法的生效日期。

2. 自然灾害类法律法规

我国在自然灾害领域现有的法律法规主要包括防汛抗旱类法律法规、环境灾害类法律法规、地震灾害类法律法规、地质灾害类法律法规四大类。防汛抗旱类法律法规主要有《防洪法》《水文条例》《防汛条例》《水库大坝安全管理条例》《蓄滞洪区运用补偿暂行办法》《海洋观测预报管理条例》《抗旱条例》等；环境灾害类法律法规主要有《气象法》《防沙治沙法》《气象灾害防御条例》《人工影响天气管理条例》《防雷减灾管理办法》《森林法》《森林防火条例》《森林病虫害防治条例》《森林法实施条例》《草原防火条例》《自然保护区条例》《海洋石油勘探开发环境保护管理条例》等；地震灾害类法律法规主要有《防震减灾法》《破坏性地震应急条例》《地震监测管理条例》《地震预报管理条例》《地震安全性评价管理条例》等；地质灾害类法律法规主要有《地质灾害防治条例》《国务院关于加强地质灾害防治工作的决定》《地质灾害治理工程监理单位资质管理办法》《地质灾害治理工程勘察设计施工单位资质管理办法》《矿山地质环境保护规定》等。

3. 事故灾难类法律法规

我国关于事故灾难防治的法律法规主要有：《道路交通安全法》《道路运输条例》《公路安全保护条例》《危险货物道路运输安全管理办法》《交通运输突发事件应急管理规定》《海上交通安全法》《渔港水域交通安全管理条例》《内河交通安全管理条例》《渔业船舶检验条例》《河道管理条例》《铁路安全管理条例》《核安全法》《放射性污染防治法》《核电厂核事故应急管理条例》《放射性同位素与射线装置安

全和防护条例》《生产安全事故报告和调查处理条例》《安全生产法》《建筑法》《消防法》《矿山安全法实施条例》《国务院关于特大安全事故行政责任追究的规定》《建设工程质量管理条例》《工伤保险条例》《劳动保障监察条例》《建设工程安全生产管理条例》等。

4. 公共卫生事件类法律法规

对于公共卫生事件类的应急管理方面的法律法规主要包括：《食品安全法》《传染病防治法》《传染病防治法实施办法》《突发公共卫生事件应急条例》《重大动物疫情应急条例》《进出境动植物检疫法》《动物防疫法》《国境卫生检疫法》《进出境动植物检疫法》《植物检疫条例》《国境卫生检疫法实施细则》等。

5. 社会安全事件类法律法规

我国的社会安全事件应急管理的立法情况主要包括：《宪法》规定了动员和紧急状态的决定权限和宣布主体；《民族区域自治法》《人民警察法》《戒严法》《国家安全法》《国防法》《人民防空法》《行政区域边界争议处理条例》《中国人民银行法》《商业银行法》《保险法》《企业劳动争议处理条例》等规定了当正常的经济秩序、社会秩序、国家管理秩序进入危急状态时的应急处置办法。

1.1.3 应急法的性质

1. 应急法是常态法制与非常态法制的结合

一个国家的法律制度，包括常态法制与非常态法制，前者用于安排平常时期的法律秩序，后者用于安排突发事件发生后的法律秩序。

应急法调整应急管理全过程中的各种社会关系，而完整的突发事件应对过程则包括事前管理、事中管理和事后管理的不同阶段。其中，对突发事件的预防、准备、监测等事前管理环节的制度安排，基本上仍属于常态法制的范畴；对事件预警、处置、救援、恢复、重建、善后等事中与事后管理环节的制度安排，则属于非常态法制。由于应急法兼具上述两种属性，因此，我国的应急法主要解决以下两个方面的问题：一是确定常态法制与非常态法制间转变与恢复的基本规则，从而确保应急状态只是一种法律上的临时状态，从根本上杜绝紧急权力常态化的可能；二是确定应急状态下公民权利与国家权力的新边界，从而保障法治基本价值在非常态下的实现。

2. 应急法主要是一种公法制度

一方面，应急法是应急管理和法律的交叉领域；另一方面，即使在法律体系内部，应急法也存在多个法律部门之间的交叉。从应急法所调整的内容来看，至少包括宪法关系、行政法律关系、民事法律关系和刑事法律关系等。例如，对突发事件产生和应对过程中的犯罪行为给予惩罚，就属于刑法的内容。又如，应急管理涉及合同、侵权等法律关系，这又属于民法的范畴。但从整体上看，应急法主要调整的还是应急管理过程中国家机关之间、国家机关与公民之间的权利义务关系，是公法关系，具体包括：(1) 调整突发事件事前管理和事后管理中行政机关与公民之间的法律关系。这是一种行政法律关系。(2) 调整普通突发事件处置过程中行政机关与公民之间的法律关系。(3) 调整紧急状态下的宪法关系。

由此可见，应急法的调整对象主要是行政法律关系和一定条件下的宪法关系，应急法在性质上是一种公法制度，在应急法中占绝大多数的是公法内容，其主体是行政法。

3. 应急法是一系列法律规范和法律原则的总和

应急法是调整突发事件应对过程中各种社会关系的规则，完整的应急法律规范体系应当包括以下内容：(1) 宪法上的紧急权条款；(2) 应急管理基本法；(3) 各种应急管理单行法，包括应对某一种类突发事件的法律和规范应急管理某一环节的法律，此外还有规范某一种类突发事件某一应对环节的法律；(4) 其他法律中有关应急管理的制度和规范；(5) 有关应急管理的国家条约和协定。应急管理的基本法律原则至少包括：(1) 法治原则；(2) 行政应急性原则；(3) 预防为主、预防与应急相结合原则；(4) 比例原则；(5) 人权保障原则；(6) 信息公开原则；等等。

4. 应急法是系统、综合调整法

从横向平面、纵向过程和整体上看，应急法律的调整机制是系统的、综合的。不同范畴的社会关系由不同的法律进行调整，由此区别各种不同的法律部门。但现实生活中，法律关系并不是如理论假设的那样规范发生，而是常常存在多种致灾因子复合叠加的情形，增加了应急管理中各类突发事件的复杂性、多变性、叠加性与连锁性；从影响速度以及冲击的范围和规模来看，突发事件能在短时间内在不同的时空领域产生深远影响，这就造成应急管理中涉及的各类社会关系更复杂多变，从而产生了要对应急管理法律所调整的各种社会关系进行综合治理、系统调整的客观要求。综合治理和系统调整也就成为应急管理法律的固然属性。

1.2　应急法的调整对象

应急法的调整对象是人们在应急管理过程中产生的各种社会关系。应急法是行为法与组织法的结合，是应对突发事件的过程法，是技术规范和管理规范的有机统一法，是关于常态与紧急状态的统一法。应急法有其调整对象，而又难以被现有的法律部门所涵盖，在这个意义上承认应急法属于一个独立的法律部门未尝不可。

1.2.1　应急法调整对象的特殊性

法律调整就是根据一定社会生活需要，运用一系列法律手段，对社会关系施加有结果的规范组织作用。凯尔森认为，所有的法律都是对人的行为的调整，法律规范涉及的唯一社会现实是人们之间的关系。从通常意义上来看，法律的调整对象一般是指其所调整的社会关系。根据法律调整在同一过程中的不同层次来划分，法律调整的对象是社会关系、人民的利益关系或人们的意志行为。应急法当然也是对社会关系的调整，但其独特性表现在它是对跨越常态社会秩序与非常态社会秩序下社会关系的调整，这种社会关系的形成以突发事件应对为前提。也可以说，应急法的调整对象是应急社会关系。与其他社会关系相比较，应急社会关系具有其基本属性，这种基本属性决定了应急法产生的必要性和合理性。有学者总结了应急社会关系的五方面的特点：权力优先性、紧急处置性、程序特殊性、社会配合性、救济有限性。

1.2.2 应急法调整的具体法律关系

应急法的调整对象是人们在应对突发事件过程中产生的各种社会关系，包括以下几个方面。

1. 调整人们在预防突发事件中形成的各种社会关系

预防突发事件发生的主体包括私主体和公主体两类：私主体主要是营利法人和非营利法人、非法人组织和公民；公主体则主要是国家机关，即各级人民政府及县级以上人民政府有关部门。

对私主体可能引发的突发事件，由私主体承担防止发生的责任；但是，自然灾害、公共卫生事件等突发事件，已经超越了某一个私主体能够防控的范围。现代国家要求国家承担更多的社会责任，保护人民群众生命健康和财产安全是国家应该承担的责任。因此，国家机关有义务防治自然灾害、公共卫生事件等突发事件。例如，国家应承担原始森林火灾之消防义务以及防震减灾、防治洪涝灾害等方面的义务。所以，在突发事件发生前，应急法也调整国家机关在建立应急体制、制定国家机关各层级应急预案、建立应急救援队伍、准备救援应急物资等过程中产生的各种社会关系。

2. 调整突发事件处置和救援过程中产生的各种社会关系

突发事件发生后，应急法要调整人们在处置和救援过程中形成的各种关系，包括突发事件报告、应急信息发布、应急预案启动、应急处置措施的制定和实施、应急协作过程中形成的私主体之间、国家机关之间以及国家机关与私主体之间的社会关系。例如，依据《突发事件应对法》第七十二条，突发事件发生后，履行统一领导职责或者组织处置突发事件的人民政府应当针对其性质、特点、危害程度和影响范围等，立即启动应急响应，组织有关部门，调动应急救援队伍和社会力量，依照法律、法规、规章和应急预案的规定，依照《突发事件应对法》第五章和有关法律、法规、规章的规定采取应急处置措施。在此过程中，人民政府、应急救援队伍、社会力量甚至单位之间存在各种社会关系，这些社会关系也属于应急法调整的范围。

3. 调整事后恢复和重建过程中产生的各种社会关系

当突发事件的威胁和危害得到控制或者消除后，履行统一领导职责或者组织处置突发事件的人民政府应当停止执行依照应急法规定采取的应急处置措施，同时采取或者继续实施必要措施，防止发生自然灾害、事故灾难、公共卫生事件的次生、衍生事件或者重新引发社会安全事件。人民政府需要协调各方力量，恢复生产、生活、工作和社会秩序，并组织受灾群众重建家园，在此过程中，形成各种社会关系，这些社会关系也属于应急法的调整范围。

1.3　应急法的基本原则

关于应急法的基本原则，理论界尚未形成统一认识。鉴于应急法兼具常态法制和非常态法制的特征，在确定应急法的基本原则时既要关注其常态法制的特征，更要关注其应急性的特点；在注重应急的同时也要关注风险预防的必要性问题；既要关注应急法的规范性，也要关注应急法的比例性问题；在确定应急法的基本原则时，也要关注人权保障和信息公开的问题。

1.3.1　确定应急法基本原则的指导思想

法律原则相对于法律规则所具有的适用空间弹性大的特点，使其在应对具有不确定性的突发事件的情景下能够发挥独特的权力规制功能。应急法制中的主干法属于宪法或行政法，公法原则适用于应急法领域。但囿于应急法治的特殊性，一些公法原则往往在应急法领域具有特殊的表现形式，这些原则的内涵、正当性、功能、制度表现等问题成为应急法治基础理论的组成内容。

1.3.2　应急法的基本原则

基于确定应急法基本原则的指导思想，本书认为，应急法应包括以下基本原则。

1. 法治原则

现代国家的应急管理行为必须具备合法性与正当性基础，从而有别于作为事实性强权行为的传统应急管理。因此，法治原则是应急管理法制体系的首要原则。其具体含义包括：（1）一切应急状态都是临时性状态，必须也只能根据宪法和法律的规定进入和结束；（2）一切应急法律规范必须由有权机关按照其立法权限制定，应急领域的立法权应当适用必要的宪法保留和法律保留；（3）紧急权力的行使必须有法律依据，或者在行使了没有明确法律依据的紧急权之后及时获得有权机关的追认；（4）违法行使紧急权或不依法履行应急职责的国家机关和个人必须承担相应的法律责任。就法律对应急决策活动的支撑和保障作用而言，法律一方面必须强调行政机关及其工作人员应当依法开展应急决策和应急处置活动，另一方面也要为行政机关及其工作人员在必要时做出的形式上违法而实质上正当的决策活动提供正面激励。为此，应当在应急决策制度中建构起相应的事后追认、责任豁免和权力滥用控制机制，为这种实质上正当但形式上违法的决策行为提供制度空间。

2. 行政应急性原则

在行政法学上，应急性原则是法治原则的重要补充，即在必要情况下为了国家利益和社会公共利益，政府可以运用紧急权力，采取各种有效措施，包括采取必要的对行政相对人法定权利和合法利益带来某些限制和影响的措施来应对紧急情况。应急性原则改变了日常法律确定的国家机关与公民之间的权利义务关系，将重心向国家机关倾斜，授权政府在第一时间采取紧急处置手段，有助于及时、迅速、有效地控制危机事态的发展。而且，总体而言它与法治原则并不冲突，并非法治原则的例外，它在性质上属于法治原则在应付突发事件领域的个别化，这具体表现在应急性原则本身为紧急权的行使提出了现实性、科学性、专属性、程序性等方面的要求，尤其是要求政府应急行为必须有突发事件应急法作为法律依据，必须在法治的范围内展开。归根结底，应急性原则是在坚持法治原则的基础上兼顾并侧重行政应急效率的实现，是法治原则指导下的规范应急，而并非突破法治原则的片面应急。

关于行政应急原则，这是独属于非常态下的原则。应急性原则存在的原因，是国家和社会在正常运转中不可避免地会出现一些紧急情况。因为非常态下，整体社会环境和状态处于异样的情景。在全面依法治国的背景下，应急权力应该纳入法治框架，规定在法律规范中。应急处置的非常态下，为有效应急会突破常态下的权力配置，甚至会采取违法措施防止危机蔓延和扩展，因此必须有法律保障；同时为防止滥用权力，还需要对应急权力行使方式进行监督。发挥自主性与规避问责风险的统一的原理就是应急原则。

首先，在行政应急原则的价值取向上，体现为行政权的集中与扩展、公益优先兼顾私益、效率优先兼顾公平三个方面；其次，在权力配置上，为避免无限授权，应以应急为必要条件；最后，在应急权力规制上，在既定法律无法应对时，采取违法应急措施，接受权力监督机关的审查，获得追认后可免责，为应急法律制度和应急权力行使提供"补短板、堵漏洞、强弱项"的指引作用。

3. 预防为主、预防与应急相结合原则

《突发事件应对法》第五条规定，突发事件应对工作坚持预防为主、预防与应急相结合。此项原则是在总结《突发事件应对法》颁布之前的突发事件应对工作实践经验的基础之上加以规定的，是突发事件应对工作特有的法律原则。

《突发事件应对法》的一大进步即是从"事后型"管理体制转变为"循环型"管理体制，以横向上规定突发事件的类型、纵向上规定突发事件的生命发展周期作为其立法主线。突发事件的生命发展周期的各阶段即预防与应急准备、监测与预警、应急处置与救援、事后恢复与重建。在总则之后分列四章，且突发事件的预防与应急准备制度占了整部法律的较大篇幅，突发事件应对机制更为完善，在促使行政主体改变以往观念，更加重视突发事件的预防与监测预警方面卓有成效。《突发事件应对法》颁布之后，其他应急管理法律也大多采用此种立法主线，且本书认为，在以后制定或修改应急管理法律时也应继续采用此种立法主线。

因此，应急管理部门应在突发事件来临前的常态状况下注重专业救援队伍的建立与培训，并建立应急资源储备保障制度。另外，"事后型"管理体制注重应急与救援的本质决定了应急管理部门制度的不完善。国家如果仅关注特定突发事件的事后救援，就不会建立综合性常设应急管理机关，而只会设立针对某种类型、某次突发事件的临时性的应急指挥机构。临时性应急指挥机构没有固定的人员，既不利于应急管理经验的积累，也不利于事后法律责任的追究，且有些具有指挥权的人员并不具备突发事件应对的专业知识，对专业救援工作的展开甚至有负面影响。

4. 比例原则

比例原则作为公法原则被广泛应用并有丰富含义。作为行政法上的比例原则，其主要内容包括：一是最小损害原则。行政主体作出行政行为有多种决定可以选择时，应当选择牺牲相对人利益最小而最接近实施行政法目的的行为。二是过罚相当原则。如果相对人违反行政管理而应当被处罚时，行政主体所决定的处罚应当与被处罚人的违法行为相当。具体到应急法，比例原则是指行政机关在行使行政紧急权力时，应当全面权衡有关的公共利益和个人利益，采取对公民权益造成限制或者损害最小的行政行为，并且使行政行为造成的损害与所追求的行政目的相适应。其主要内容包括：一是有关人民政府及其有关部门采取的突发事件应对管理措施，应当与突发事件可能造成的社会危害的性质、程度和范围相适应；二是有多种可供选择的应急措施时，应当选择有利于最大限度地保护公民、法人和其他组织权益，且对生态环境影响较小的措施；三是根据突发事件的发展变化情况及时调整相应措施，做到科学、精准、有效。

5. 人权保障原则

马克思指出，作为社会成员的人权就是"脱离了人的本质和共同体的利己主义的人的权利"。关于人权的讨论，法国人权学者、联合国教科文组织前法律顾问卡雷尔·瓦萨克（Karel Vasak）首倡的三代人权理论，认为世界自近代以来经历了三次大的革命运动，从中产生了三代人权。三代人权理论在国际层面得到充分体现和支持，具体体现为构成完整意义上现代人权概念的三份世界性人权文件：1966 年的《公民权利和政治权利国际公约》《经济、社会、文化权利国际公约》以及 1986 年的《发展权利宣言》。

生命权、健康权是典型的第一代人权，发展权是第二代人权，它们无疑都是基本权利的重要内涵。现代社会，国家在设计法律制度时，都是建立在公民基本权利基础上的。保障和实现人权，维护人的尊严和价值，是人类社会发展的历史趋势。法律制度是特定历史、政治、经济和文化发展的产物，确认和保障基本权利，是现代法治的基本精神，也是应急法的终极目标所在。在面临各种风险和突发事件的情况下，政府能否坚持法治，公权力在应急管理中能否尊重和保障基本人权，已经成为评判一个国家法治水平高低的标准。以自然灾害为例，国家对生命权的保障主要体现在发生自然灾害时，采取一切必要措施全力营救遇险人员；对发展权的保障主要体现在，及时评估灾害损失，及时恢复灾区群众的基本生活条件和公共服务设施，逐步恢复生态环境。[1]

6. 信息公开原则

《突发事件应对法》第七条规定："有关人民政府和部门应当及时向社会公布突发事件相关信息和有关突发事件应对的决定、命令、措施等信息。"因此，我国应急法确立了信息公开原则。信息公开原则包括信息发布原则和信息真实原则。应急工作需要公众参与，公众甚至是某些突发事件的直接应对主体。所以，信息发布要及时。国家建立健全突发事件信息发布制度，有关人民政府及其有关部门应当及时向社会公布突发事件相关信息及有关突发事件应对管理的决定、命令、措施等信息。信息真实原则是指国家发布的应急信息必须客观、准确。为确保信息发布并真实，我国法律有如下规定：一是信息发布主体法定，通常由县级以上人民政府负责应急信息发布。二是信息发布主体统一，通常由县级以上人民政府统一发布。三是发布内容准确。四是国家建立健全突发事件新闻采访报道制度，有关报道应当及时、准确、客观、公正。五是对不实信息要及时澄清。有关人民政府及其有关部门发现影响或者可能影响社会稳定、扰乱社会和经济管理秩序的虚假或者不完整信息的，应当发布准确的信息予以澄清。六是任何单位和个人不得编造、传播有关突发事件事态发展或者应急处置工作的虚假信息。

1.4　应急法的基本特征

不同的学者对应急法制的特征进行了概括和提炼，比如有的学者认为应急法同时具有规范性和工具性、刚性和弹性、稳定性和变动性，此外，应急法也具有补充性。有点学者认为，应急法是组织法与行为法的结合，应急法是应对突发事件的过程法，应急法是技术规范和管理规法的有机集合，应急法是关于常态和紧急状态的统一法。有的学者认为，应急法制调整对象的广泛性和专门性，调整方法的事前预防、事中应对和事后恢复相结合性，决定了其调整内容具有倾向性和平衡性。本书认为，应急法至少包含了以下几方面的特征。

---

[1] 郭洪兴，陈曦，高红霞. 中国为什么能在三年内重建"汶川"？[EB/OL]. (2019-09-25). http://politics.people.com.cn/n1/2019/0925/c429373-31371591.html.

1.4.1　应急法是组织法与行为法的结合

应急法主要包括两部分内容：一是应急组织法；二是应急行为法。应急组织法主要涉及单位内部应急队伍建设、应急救援组织和国家机关应急队伍建设、应急救援组织。应急行为法则要调整有关单位、国家机关等各主体在应对各种突发事件中的各种行为，例如危险源和危险区域辨识、评估、风险管控等。

1.4.2　应急法是应对突发事件的过程法

在我国，以《突发事件应对法》为代表的应急法主要以三阶段生命周期理论为依据，应急法要调整突发事件发生之前、发生之后和救援之后三个阶段，通过调整应对突发事件的整个过程实现立法目的。应急法关于突发事件事前之调整主要是正常状态下的调整，其目的在于采取预防措施防止发生突发事件，主要包括有关主体依法建立应急体制和机制，危险源和危险区域辨识、登记、评价，制定应急预案，准备应急物资，进行应急演练，预警等；应急法关于发生突发事件后之调整对象主要是应急救援与应急处置；应急法关于突发事件解除后之调整对象主要是恢复与重建。由此可见，应急法是关于应对突发事件的程序法和实体法。

1.4.3　应急法是技术规范和管理规范的有机统一法

各类突发事件致因存在较大差别，即使自然灾害这一类突发事件，如飓风、地震、泥石流、旱灾等预防和应急技术也存在较大差别；在应对事故灾难过程中，不同生产经营活动所需要的技术也不相同。例如，危险化学品生产与采煤在技术上存在很大差别。因此，应急法中存在大量关于技术规范或技术标准的规定。例如，为防止煤矿事故，我国制定了大量国家标准、行业标准，《煤矿安全规程》则是以部门规章的形式规定了采煤技术。应急管理对调动一切积极因素预防和应对突发事件具有重要意义。应急法律、行政法规、部门规章中关于应急体制、应急机制等的规定，多属于应急管理法律规范。因此，应急法是技术法与管理法的统一。

1.5　应急法的基本功能

法的功能，是指法作为一种特殊的社会规范本身所固有的性能和功用。法的功能是基于法的属性、内部诸要素及其结构所决定的某些潜在的能力。法的功能与法的本质和目的紧密相连。一般认为，法律是社会关系的调整器，但法律的稳定性是相对的。法律会随自己反映的社会生活的内容的变化而变化，应急法的功能也因时代而异，因国家或地区而异，反映着当时的经济社会文化状态和法律价值理念。一般而言，应急法的功能主要表现在以下几个方面。

1.5.1 维护社会秩序以保障社会公共利益

尽管各国立法中对应急法的功能有不同表达，但维护社会秩序和公共利益成为立法共同的价值追求。随着经济、社会、科技、文化的不断发展，越来越多的社会问题不断涌现，生态环境破坏、社会治安混乱、传染病疫情等，严重威胁人类安全与健康，破坏经济社会发展，对社会公共利益造成破坏。转型期的中国正处于各类常规突发事件与非常规突发事件多发、交织的历史阶段，影响社会公共安全的因素增多，预示着风险社会的来临。以事故灾难为例，我国安全生产形势虽总体平稳，但依然处于脆弱期、爬坡期、过坎期。一方面，矿山、危险化学品、交通运输、建筑施工等高危行业领域安全隐患集中，"老问题"尚未得到有效解决；另一方面，随着经济社会结构调整，尤其是城市化的快速推进，城市桥梁、管线、设备设施等积聚了大量安全隐患，与城市快速发展的新产业、新业态滋生的"新风险"相互交织，叠加效应愈加突出，极易引发连锁反应。

法作为一种特殊的社会规范，既是社会管理的基础，又是重要依凭。否则，社会管理就会失序，公共安全利益就难以维护。在应急法发展过程中，重大灾害推动立法，是各国应急法治建设的一个共同特征。一个典型的例子是，2005 年 8 月 7 日，广东省兴宁市煤矿发生透水事故，最终导致 123 人遇难。事故处理后，国务院责成原国务院法制办和原国家安监总局半个月内制定出"预防煤矿安全生产事故的特别规定"，同年 8 月 31 日实行。这个"特别规定"严格了对事故的责任追究和行政处罚。[1] 比如，对存在重大隐患的煤矿停产整顿、大幅提高罚金至 200 万元等条款，直指煤矿安全薄弱环节，成为遏制事故的重要"撒手锏"。总而言之，通过应急法确立的规范，有效约束社会主体的行为，促使其积极履行法律赋予的义务，建立和维护社会秩序，保障公共利益。

1.5.2 规范应急行政权以防止权力滥用

应急管理是政府履行社会管理职能的基本领域，集中体现了政府在国家社会生活中的整体作用和行政管理的主要内容。正如恩格斯所指出的，"政治统治到处都是以执行某种社会职能为基础，而且政治统治只有在它执行了它的这种社会职能时才能持续下去"。资本主义经济发展到垄断时期，出现了诸如环境、交通、失业、罢工等许多市场本身无力解决的社会问题。这使得以前仅限于国防、外交、税收等纯行政事务的行政权，开始介入贸易、金融、交通、运输、环境、劳资关系以及失业保险、养老保险、

---

〔1〕 李毅中. 我在国家安监总局的第一年 ［EB/OL］. (2019-09-24) . https：//www. rmzxb. com. cn/c/2019-09-24/2431318. shtml.

工伤事故等领域。随着行政职能的增加，行政组织的规模不断膨胀，行政权的扩张成为必然。

社会契约论告诉我们，国家权力源自人们自由权利的让渡，"人类由于社会契约所丧失的，乃是他的天然的自由以及对于他所期盼的所能够得到的一切东西的那种无限的权利"。国家权力的目的和行使的正当性在于保障自由，如果国家权力超越了保护自由这一需要，其就失去了正当性的基础。正如贝卡里亚所指出的，"没有一个人为了公共利益将自己的那份自由毫无代价地捐赠出来，这只是浪漫的空想"。在常态社会秩序下，行政关系已逐渐"渗透"到社会各方面；在应急状态下，行政权与公民、法人与其他社会组织的权利间的关系将更加密切，公民、法人及社会组织在应急管理中的许多权利的取得与失去、义务的增加与减免，都与行政权紧密相关。由于行政权客观上具有易腐性、扩张性，特别是在应急状态下体现出的相较于个人权利的优越性，使得对应急权的约束成为应急立法的一个重要考虑。应急法的核心之一，就是对行政应急权的来源及范围、行使方式及法律责任等作出规范，以达到有效监督行政权的目的，防止权力滥用。

1.5.3 规范应急管理环节以确保依法应急

法治是国家实现长治久安的基础，是人类社会共同的价值追求。法治作为与人治相对的治国方式，强调国家事务的规范管理，不因领导人的改变而改变，不因领导人意志的改变而改变，它意味着法律的统治而非人的统治。

应急法是在总结历史经验的基础上探索发展起来的，既要体现灾害管理的规律特点，又要符合法治的一般精神。在目前的社会现状下，由于信息庞杂和利益关系冲突，任何一个组织随时都有面临危机考验的可能。社会管理无论是在正常时期，还是在特殊时期，都必须依靠法律进行，才能使社会处于有序状态。这种有序状态实质上是一种法律秩序，即便在危机应对的特殊时刻，不受法律调整的社会秩序也是不可想象的。2013 年 4 月 20 日 8 时 2 分，四川省雅安市芦山县发生 7.0 级地震。由于社会力量迅速动员，社会组织以及群众迅速前往灾区，各路救援力量向雅安地震灾区汇集，导致灾区救援的公路"生命线"出现大量拥堵现象，造成"伤员出不来，资源进不去"。暴露出社会力量在救灾运作行为中存在规制缺乏、救灾效果不彰等问题。应急管理涉及面广，因此必须从法律上明确操作程序，对事前、事发、事中和事后各个环节作出明确规定，特别是对应急管理机构、组织、人员的相关权利义务作出规定，以保证应急管理工作在规范的基础上开展。应急法通过确立基本原则、建立行为规范尤其是规定法律后果的方式，明确告诉人们哪些行为可以做，哪些行为不能做，哪些行为应当做，并为人们提供可预测的行为模式，从而实现应急法立法的目的。

1.5.4 保护行政相对人的合法权益

法律以其特有的规范性和国家强制性，在保障突发事件应对顺利开展、有序恢复社会秩序的过程中，起着不可替代的特殊作用。保护公民、法人或其他组织的合法权益是其中不可忽视的重要方面，主要体现在：一方面，国家普遍建立了一整套法律制度，包括信息公开制度、征收征用制度、救助制度等，保障公民、法人或其他组织的合法权益；另一方面，公民、法人或其他组织合法权益的维护，还需要各主体自觉守法，这有赖于法律责任的严密。只有当法律能及时保障上述主体的合法权益不受侵害时，社会秩序的正常运行才能实现。也就是说，法律通过及时制止、制裁侵犯他人、国家和社会公共利益的违法行为，客观上保障了公民、法人或其他组织的合法权益。比如，为依法惩治妨害新型冠状病毒感染疫情防控违法犯罪行为，保障人民群众生命安全和身体健康，2020年年初，最高人民法院、最高人民检察院、公安部、司法部四部门联合出台了《关于依法惩治妨害新型冠状病毒感染肺炎疫情防控违法犯罪的意见》，规定"对于故意传播新型冠状病毒感染肺炎病原体，比如新型冠状病毒感染肺炎疑似病人拒绝隔离治疗或者隔离期未满擅自脱离隔离治疗，并进入公共场所或者公共交通工具，造成新型冠状病毒传播等危害公共安全的行为，依照刑法第114条、第115条第1款的规定，以危险方法危害公共安全罪定罪处罚"。这个规定，就是国家机关对破坏传染病疫情防控秩序的行为进行规制的典型。

此外，现代国家还通过控制行政权的扩展，最大限度避免对公民、法人或其他组织合法权益造成不当侵害。由于行政权天然具有扩张性，对政府权力的法律控制成为现代国家法治建设的一项重要任务。在常态社会模式下，行政权的扩张与权利自由在不断演变的社会现实中达成了一定程度的平衡。当国家安全、社会秩序面临紧急危机，非正常体制能处置、解决或应对时，为了长远和更高的人们的整体利益，必须限制个人自由权，以度过危机。可见，紧急危机情势下，必然带有公权力扩张与私人权利限缩的双重属性，特别是随着自由权利理念在世界范围内不断崛起，国家的强制干预权与免予国家强制干预的自由权处于一种紧张状态，形成了当下应急管理的一对基本矛盾。要求行政主体实施应急行为、方式及手段应当兼顾公共利益目标的实现和对行政相对人权益的保护，即所谓的"比例原则"，从规范应急权运行程序的角度为公民、法人和社会组织提供权益保障机制。

【本章小结】

本章介绍了应急法的基本范畴、调整对象、基本原则、基本特征，以及应急管理法的基本功能。

【核心概念】

（1）应急法是调整因预防突发事件的发生以及突发事件引发的紧急情况而制定的，处理国家机关之间、国家与公民之间、不同公民之间关系的法律规范和法律原则的总和。

（2）应急法的调整对象是人们在应急管理过程中产生的各种社会关系。

（3）法的功能，是指法作为一种特殊的社会规范本身所固有的性能和功用。

【案例分析与小组讨论】

2023 年 5 月 9 日，福建省莆田市应急管理局执法人员对莆田市某工贸有限公司开展执法检查，发现该公司将所属闲置厂房通过签订租赁合同方式出租给多家单位，出租方未与承租单位签订专门的安全生产管理协议，也未在租赁合同中明确双方的安全生产管理职责。该公司上述行为违反了《安全生产法》第四十九条第二款的规定。莆田市应急管理局依据《安全生产法》第一百零三条第二款的规定，责令该公司限期改正，并处人民币 1.5 万元罚款；对该公司主要负责人陈某某处人民币 0.3 万元罚款。

（1）上述案例中，执法过程如何体现应急法的基本原则？

（2）上述案例中，应急管理综合执法部门做出处罚是否需要信息公开？

（3）上述案例中，应急管理执法主体和客体各是什么？

【延伸阅读】

[1] 林鸿潮. 应急法概论 [M]. 北京：应急管理出版社，2020.

[2] 代海军. 应急法要义 [M]. 北京：应急管理出版社，2023.

[3] 李退桢. 应急法治概论 [M]. 北京：应急管理出版社，2023.

[4] 王红建，刘辉. 健全国家应急管理法律体系问题研究 [M]. 北京：法律出版社，2021.

[5] 刘锐. 中国应急管理法治年度报告（2019—2020）[M]. 北京：中国政法大学出版社，2021.

第 2 章　应急法的渊源与体系

【学习目标】

1. 明确国内外应急法律体系的历史、现状与发展趋势。
2. 掌握法的渊源的内涵以及国内外应急法的渊源。
3. 分析与理解应急法的组织体系建设思路与方向。

【本章导引】

中国是统一的、多民族的、单一制的社会主义国家。为维护国家法制统一，体现全体人民的共同意志和整体利益，中国实行统一而又分层次的立法体制[1]。2007 年 8 月 30 日，第十届全国人大常委会第二十九次会议通过了《中华人民共和国突发事件应对法》；2024 年 6 月 28 日，第十四届全国人民代表大会常务委员会第十次会议第一次修订。《突发事件应对法》的出台与实施，标志着中国规范应对各类突发事件共同行为的基本法律制度已确立，为有效实施应急管理提供了更加完备的法律依据和法制保障。自此，中国应急管理法律体系表现为以《宪法》为依据（含紧急状态的相关规定），以《突发事件应对法》为核心，以相关单项法律法规为配套（如《防洪法》《传染病防治法》《安全生产法》等）的特点。此外，一些应急管理相关法中的部分条款、有关国际条约和协定、突发事件应急预案也对中国应急管理的法律体系形成了有力的补充。

2.1　国内外应急法的渊源

2.1.1　法的渊源的定义

法的渊源简称"法源"，主要指法律规范的来源或源头，是指能作为法律决定的前提的那些法律资料。法的渊源一词在中外法学著述中是一个有多种诠释、包括多种含义而并非特指某一确定含义的概念。它可以指法的实质渊源，即法是根源于社会物质生活条件还是神的意志、君主意志或人民意志；可以指法的形式渊源，即法的各种具体表现形式，如宪法、法律、法规；可以指法的效力渊源，即法产生于立法机关还是其他主体，

---

〔1〕　中国的法治建设［EB/OL］.（2008 - 02 - 28）. https：//www.gov.cn/zhengce/2008 - 02 /28/content_2615764. htm.

产生于什么样的立法机关或其他主体；可以指法的材料渊源，即形成法的材料来源于成文法还是来源于政策、习惯、宗教、礼仪、道德、典章或理论、学说等。

中西方法学的著述对法的渊源的解说，有一点是共同的，就是认为法的渊源主要指法的效力来源，亦即根据法的效力来源不同对法所作的基本分类。在中国，法的渊源的含义的规范化表述，是指由不同国家机关制定、认可和变动的，具有不同效力或地位的各种法的形式。法的渊源的重要意义主要包括以下几方面。

首先，法的渊源是区分法与其他社会规范的一个重要标志。不是所有的社会规范都是法，只有那些由一定国家机关通过一定程序制定或认可、成为法的一种渊源的社会规范，才是法。要把某种意志上升为法这种特殊的社会规范，必须使这种意志采取法的表现形式。一般来说，只有成为法的渊源的社会规范，才能成为司法机关办案的依据。了解当代中国法的渊源，才能明了当前中国有哪些形式或种类的法，才能明了当前中国司法机关的办案依据主要有哪些。

其次，法的渊源所以有不同的类别，是因为它们由不同的国家机关产生或认可。立法者不能制定或认可不属于自己权限范围的法的渊源。研究法的渊源问题有助于解决什么样的国家机关有权产生什么形式的法的问题。

再次，不同的法的渊源可以表现不同的法的效力等级，研究法的渊源有助于采取适当的形式表现不同的法的效力等级，有助于明确什么样的法的效力高些，什么样的法具有最高效力。

最后，不同法的渊源适合于调整不同的社会关系，不同法的渊源亦有不同的技术特点，研究法的渊源问题，有助于立法者采取适当的法的形式调整一定的社会关系，运用特定立法技术制定或认可特定形式的法。

2.1.2 国内应急法的渊源概况

突发事件种类繁多，不同种类突发事件的应对既有共性，亦有特别要求。因此，一般法之外还存在大量针对特定事件制定的单行法；突发事件的应对工作同时又具有阶段性的特点，预防和准备、处置、恢复和救助三个不同阶段所要解决的问题和拟采取的应对措施存在很大差别。因此，一般法之外还存在针对不同阶段制定的阶段性立法。我国已初步建立以《突发事件应对法》为基本法、大量单行立法、相关法与之并存的应急管理法律体系，应急管理法的渊源可以根据当前法律现状进行梳理，主要包括宪法、法律层面立法、应急单行法、应急相关法、行政法规与地方性法规的应急类法规和规章、有关国际条约和协定以及应急管理预案。

1. 宪法

宪法既是法的渊源概念，也是法的体系概念。作为法的渊源，宪法是国家最高权力机关经由特殊程序制定和修改的，综合性地规定国家、社会和公民生活的根本问题的，具有最高法的效力的一种法。它在法的渊源体系中居于最高的、核心的地位，是一级大法或根本大法。从实质特征看，宪法制定和修改的程序更严格。只有最高国家权力机关——全国人大才能行使制定和修改宪法的权力，宪法的修改须由全国人大常委会或五分之一以上全国人大代表提议，并由全国人大以全体代表的三分之二以上的多数通过。

2003 年 12 月 22 日，对外公布的中共中央修宪建议中提出了"紧急状态"的制宪问题，"紧急状态"概念被引入我国立法。"紧急状态"入宪，标志着中国应急管理进入对各种不确定因素所引起的突发事件的全面法律治理阶段。但紧急状态是一种极端的社会危机状态。它的法律标志是宪法规定的国家民主决策体制的运行发生严重障碍，公民的基本宪法权利受到严重限制和剥夺，只有符合这些标志的事件才适用宪法中的"紧急状态"。相关的条款主要涉及战争状态和紧急状态的决定和宣布，明确了国家机关行使紧急权力的宪法依据，确定了国家紧急权力必须依法行使的基本原则。2004 年宪法修正案通过后，涉及战争状态和紧急状态的条款有三条：第六十七条、第八十条和第八十九条。第六十七条第（十八）项和第（二十）项分别规定了全国人大常委会决定进入战争状态和紧急状态的权限，第八十条规定由国家主席宣布进入战争状态和紧急状态。第八十九条规定国务院依照法律规定决定省、自治区、直辖市范围内部分地区进入紧急状态。但是这种情况在中国发生的概率很小，大部分突发事件适用《突发事件应对法》。

2. 法律层面立法

法律层面制定了应对一般性突发事件的基本法《突发事件应对法》。《突发事件应对法》结束了我国突发事件预防与应对无基本法的历史，是我国应急法律制度走向法制统一的标志。作为规范突发事件应对工作的国家层面法律，《突发事件应对法》加强了突发事件应对工作的统一性和规范性，首次系统、全面地规范了突发事件应对工作的各个领域和各个环节，确立了应对工作应当遵循的基本原则，建构了一系列基本制度，为突发事件应对工作的全面法律化和制度化提供了最基本的法律依据。

法律层面关于突发事件的立法中有一部分是专门立法，包括《防震减灾法》《防沙治沙法》《防洪法》《传染病防治法》等；多数立法并非关于突发事件预防和应对的专门立法，只是部分条款与突发事件的应对相关，内容相对简单，但由于规定在部门管理法中，又具有很强的针对性。例如，自然灾害类的《水法》《森林法》，事故灾难类的《安全生产法》《消防法》，公共卫生事件类的《食品卫生法》《国境卫生检疫法》，社会安全事件类的《国家安全法》《国防法》。

3. 应急单行法

我国存在大量单行立法。这些立法有的是关于突发事件应对的专门单行立法，如《防震减灾法》《破坏性地震应急条例》《突发公共卫生事件应急条例》等；多数则是部门管理的行政立法中部分条款涉及突发事件的应对工作。单行立法的优点是针对性强，或者结合某类突发事件的特点，或者结合某个阶段应对工作的特点，规定更具针对性的应对措施。

数量众多的单行立法已经覆盖了突发事件的各个领域。《突发事件应对法》将突发事件分为自然灾害、事故灾难、公共卫生事件和社会安全事件。四类事件之下又可以细分为诸多种类，如自然灾害包括洪水、地震、台风、冰雪等，事故类就更多了。我国现行的单行立法可以说基本覆盖了人类目前认识到的、已经发生的各类突发事件。当然，很多立法的规定非常不完善，但就其覆盖面而言，形式上已经覆盖了一般性突发事件领域中的各种类型突发事件的应对。

单行立法主要遵循一事一立法的立法思路，不重视阶段性立法。作为基本法的《突发事件应对法》只能是对各类突发事件应对共同的问题作出规定，在基本法之外不可避免存在大量分散的单行立法。一事一立法具有应对措施更具针对性的优点，但存在立法重复，浪费立法资源，或者立法之间存在不应存在的矛盾等问题。此外，一事一立法不利于整合突发事件应对平台，造成应对资源的浪费。

4. 应急相关法

应急法制体系是一个庞大、复杂的规范体系，除了专门的应急管理法律之外，其他法律中也广泛存在着某些与应急管理相关的制度。这些制度可能是某部法律的个别章节，也可能仅是个别条款。比如，我国的《刑法》《治安管理处罚法》《劳动法》《道路交通安全法》等大量法律都存在应急管理的相关规定。

5. 行政法规与地方性法规

行政法规层面分布的专门性立法数量最多，包括《破坏性地震应急条例》《突发公共卫生事件应急条例》以及针对 2008 年汶川大地震后面临的艰巨而又复杂的灾后重建工作所制定的区域性立法《汶川地震灾后恢复重建条例》[7]。地方性法规数量最为庞大，规章的数量相对较少。地方性法规与规章的立法多数是实施性立法。

6. 国际条约和协定

国际条约和协定中有关应急管理的制度主要包括两类。

1) 有关共同应对某类突发事件的条约和协定，如针对恐怖袭击、劫持航空器、海难、海啸等事件的国际法规范，如中国参加的国际社会"反劫机三公约"，即《东京公约》《海牙公约》和《蒙特利尔公约》。

2) 国际人权公约中对紧急状态下人权克减的规定，如《公民权利和政治权利公约》《欧洲人权公约》《美洲人权公约》中的相关规定。

7. 应急管理预案

有关应急管理预案是否属于应急管理法律体系的一部分，或者说如何确定应急预案的效力，人们在认识上还存在分歧。但整体来看，中国的国家级、省级应急预案发布后，在应急管理实践中发挥了重要的规范和指引功能，已经成为应急管理法律体系的一部分，一定级别的应急预案在事实上具有相当于行政法规或规章的效力，为有效应对突发事件发挥了重要的基础性作用。

2.1.3 国外应急法的渊源概况

1. 英美法系国家——以美国为例

美国的公共危机应对体系和应急法制具有代表性。其应急法制的宪政基础，包括美国宪法有关宣布紧急状态的权力分配、紧急状态下的公民权利、戒严法的宣布以及国会对行政机关的授权等。美国应急法制的主要立法，包括 1950 年《斯坦福法案》（《灾害救助和紧急援助法》）及其在 1974 年的修正案，1968 年《洪水保险法》与《国家洪水保险计划》，1973 年《洪水灾害防御法》，1974 年《灾害救助和紧急援助法》，1976 年《国家紧急状态法》，1977 年《国家地震灾害减轻法》，1990 年《美国油污法》，1992 年《联邦应急计划》，以及相关的反恐怖袭击立法。

2. 大陆法系国家——以法国为例

法国的突发事件和应急法制也很有特色。其有关紧急状态的法律规定，在很大程度上反映出法国以总统为权力中心的宪政与行政体制的特点。通过对法国公共健康安全应急防范机制的简要考察，可以看出其对预防原则的严格贯彻、安全防范体系的建立以及计划和模拟演练相结合等突出特征。

2.2 国内外应急法律体系的历史、现状与发展

2.2.1 国内应急管理法律体系的历史、现状与发展

1. 国内应急管理法律体系的历史

新中国成立后，党和国家高度重视应急管理工作。1949 年 11 月，成立了中央救灾委员会；1954 年首次规定戒严制度。自 20 世纪 90 年代以来，经过近四十年的发展，我国在应急管理领域的立法方面取得了重大进展，应急管理法律体系逐渐形成并趋于完善，与之相配套的应急管理制度也初步建立。2003 年"非典"之后，我国开始建立以"一案三制"为核心的应急管理体系，将应急管理上升为法定行为。应急管理成为我国各级政府加强社会管理、搞好公共服务的基本职能和基本制度。

2007 年 8 月 30 日，第十届全国人大常委会第二十九次会议通过了《中华人民共和国突发事件应对法》，对突发事件的管理体制、预防与应急准备、监测与预警、应急处置与救援、事后恢复与重建等方面作了全面规定。2024 年 6 月 28 日，第十四届全国人民代表大会常务委员会第十次会议修订，进一步完善"党委领导、政府负责、部门联动、军地联合、社会协同、公众参与、科技支撑、法治保障"的治理体系。《突发事件应对法》出台后，我国应急管理法律体系表现为以宪法为依据，以《突发事件应对法》为核心，以相关单项法律法规为配套（如《防洪法》《传染病防治法》《安全生产

法》）的特点。随后陆续颁布了一系列与应对突发事件相关的法律法规，各地根据这些法律法规又颁布了适用于本行政区域的地方立法，从而初步构建了一个从中央到地方的突发事件应急管理法律规范体系。

党的十八大以来，以习近平同志为核心的党中央提出了全面依法治国的新理念新思想新战略，开辟了全面依法治国理论和实践的新境界，开启了中国特色社会主义法治的新时代。党中央、国务院高度重视应急管理工作，将应急处置能力作为国家治理能力的重要组成部分。党的十八大报告提出，要加快形成源头治理、动态管理、应急处置相结合的社会管理机制。强化应急管理工作、提高应急处置能力，是预防和减少各类事故、灾害和事件造成损失的重要防护工程，是推进国家治理体系和治理能力现代化的应有之义。党的十九届四中全会提出了坚持和完善中国特色社会主义制度、推进国家治理体系和治理能力现代化的总体目标。2019 年 11 月 29 日，习近平总书记在中央政治局第十九次集体学习时强调，充分发挥我国应急管理体系特色和优势，积极推进我国应急管理体系和能力现代化。党的二十大报告提出，提高防灾减灾救灾和重大突发公共事件处置保障能力，加强国家区域应急力量建设。

2. 我国应急管理法律体系的现状分析

我国应急法治建设步伐过去长期陷于停滞乃至倒退之中，这种状况直到改革开放之后才得以改观，陆续出台了应急管理方面的一些单行法律、法规和规章，初步建立起危机管理体制与机制，但仍然非常薄弱、多有空白。2003 年 SARS 疫情的严峻考验成为一个重大转折，政府的危机管理能力开始受到前所未有的反思和重视，也由此获得长足发展。编制各类应急预案，健全应急管理体系，完善应急法律规范，就成为提高政府危机管理能力的重要举措。新中国成立 70 余年来，党中央、国务院高度重视应急管理工作，我国应急管理"一案三制"工作取得显著成效。在应急法律建设方面，制定了《突发事件应对法》以及相关法律法规 100 余部，基本建立了以宪法为依据、以《突发事件应对法》为核心，以相关法律法规为配套的应急管理法律体系，从而使应急工作可以做到有章可循、有法可依。

3. 我国应急管理法律体系的特点

应急管理法律体系是中国特色法治的重要组成部分，其法律体系呈现以下几个特点。

第一，重突发事件的事中处置，轻事前预防和事后补偿、救助。突发事件的应对包括预防和准备、应急处置、事后恢复和救助三个环节。多数单项立法以事件的处置作为核心内容，对应对组织和应对措施有较为具体的规定，对预防阶段和灾后恢复、补偿、救助则欠缺规定，或者虽然有规定，但通常较为原则，缺乏具体制度。

第二，在组织机构上重视纵向机关之间的领导与被领导关系。欠缺机关之间横向关系的协调与合作的具体规定。多数立法都规定了应急工作的主管机关和协助机关，明确了这些机关的职责，但对于省际协调与合作，中央部门与地方政府之间的关系等没有制度约束，实践中主要靠更高一级领导协调、机关负责人之间的私人关系等非制度因素来解决。

第三，在突发事件的应对工作中，行政主导色彩较强，不重视社团组织和志愿者等社会力量的参与。目前立法主要规定了政府如何组织实施灾后重建工作，对于如何调动社会力量、如何充分发挥公民自救，只有一些原则性的宣示，欠缺对民间力量参与灾后重建工作的制度性安排。

第四，就应对措施而言，重视强制手段的运用，忽视行政指导等柔性执法手段的运用。突发事件的应对需要赋予政府必要的权力，以便采取措施迅速控制局面、恢复秩序。所以各国应急立法都赋予政府在突发事件中享有极大的紧急处置权力，我国立法也不例外。但突发事件应对实践表明，突发事件的应对不仅需要强制处置措施，同时也需要政府运用好行政指导等柔性执法手段，引导民众在突发事件中配合政府。

第五，立法重视对政府实体应对权力的配置，缺乏如何正当行使这些权力的程序性规定。现行立法多数重视对政府在应对突发事件中享有何种权力的规定，以保证政府有足够的手段和措施来应对突发事件。但对于遵循何种程序行使这些权力尚欠缺规定，形成较为明显的重实体、轻程序的立法格局。

4. 我国应急管理法律体系的发展

1) 统一立法与专门立法相结合

统一的突发事件应对基本法只是提供公共应急制度中的基本准则、基本职权和基本程序，它不会简单地替代专门应急法，而是为现行和将来的专门应急立法规定标准和要求。而且，根据突发事件分类、分级与分期的客观规律，应急机制、应急措施及专业手段不可能由一部法律"一刀切"。因此，需要统一立法与专门立法相结合。

2) 增强立法可操作性

在我国现有应急立法中，有些立法的内容较为原则、抽象，缺乏具体的实施细则、办法相配合，可操作性不强。因此，增强立法可操作性也是完善我国应急立法的重点工作，目前，我国应加快《灾害救助条例》《气象灾害防御条例》《防暴雨台风条例》《雷电防护条例》《安全生产应急管理条例》等应急法规的调研和制定，并进一步修订完善有关法规、政策和标准，加快制定完善社会捐赠税收优惠、社会力量动员补偿、救援人员保障抚恤等方面的政策，以进一步推动各项应急管理工作深入开展。

3) 清理现行立法，对相关立法予以配套、协调

由于缺乏统一的上位法，加之部门利益和地方利益的局限性，我国原有应急法律规范之间往往缺乏协调统一，甚至互相矛盾和冲突。统一的《突发事件应对法》制定后，应及时对现有应急法律规范进行系统的清理，如法律的修改、修订、废止、解释等，从而消除上述弊端，实现应急法律规范体系的协调统一。同时，相关立法不够配套也制约了我国公共应急法制的有效实施。因此，除了统一和专门的应急立法，还要逐步完善与突发事件应对密切相关的法律制度。

4）及时更新应急立法

理论上讲，立法应具有一定的预见性、涵盖性并给新的未知的危险因素预留一定的空间。但是，在日新月异的现代社会，尤其是影响经济社会发展的不确定因素增加和更新速度较快，任何"完善"都不可能是一劳永逸的，相反，需要不断地、持续地更新。就我国而言，新颁布的《突发事件应对法》尽管意义重大但也只是公共应急法制完善的阶段性成果，应立足于国情和社会的发展变化，不断地、及时地完善和更新公共应急管理法律体系。

5）常态法制的改善

常态法制与应急法制是相辅相成的，如果注意力仅停留在"突发"和"应急"上，可能陷入"扬汤止沸"的困境。突发公共事件的背后往往有着常态体制和法制不健全的根源，这些问题的解决已不单单是应急法制的任务，更是常态法制的内容。只有常态法制改善了，那些引发突发事件的根本原因才能消除，良好的常规行政是对突发事件最好的防治。

2.2.2　国外应急管理法律体系的历史、现状与发展

1. 英美法系国家——以美国为例

1）美国应急管理法律体系的历史

美国专门的应急管理法最早可以追溯到 1803 年颁布的《国会法》（*Congressional Act of 1803*）。1803 年，美国新罕布什尔镇发生了一起重大火灾事故，大火烧毁了近半个城市并导致大量灾民无家可归。由于受灾严重，超出了地方政府的承受能力，在接受地方政府的申请后，美国国会颁布了该法，并对新罕布什尔镇提供了灾后恢复的财政援助。在此之后的近 150 年里，美国国会共批准了 128 个灾难救助法案。由于没有统一的立法框架，这种针对单个灾难而颁布的救助法案数量在逐渐增多，使应急管理法律体系愈发显得臃肿不堪。总体来说，美国应急管理和立法的发展大致经历了 6 个时期。

19 世纪初至 20 世纪 50 年代是灾害管理初期。19 世纪初，美国地方政府在救灾援助中承担主要责任，当资源及能力不足时通常向州政府请求援助，但大多数州政府不能或不愿提供太多帮助。联邦政府亦存在类似问题，关于应急管理，当时并没有明确的法规政策，联邦政府不清楚是否应该干预。20 世纪 30 年代，联邦政府开始投资应急管理领域。《1934 年防洪法》授权陆军工程师兵团设计和建造防洪工程。

20 世纪 70 年代是美国国家级应急管理体制形成时期。1970 年，联邦应急管理的各种职能分散在多个联邦部门和机构，包括商务部（气候、预警及消防）、综合事务管理局（行政持续、储备、联邦准备）、财政部（进口调查）、核管理委员会（发电）、住房和城市发展部（洪灾保险和救灾）。军队中还有民用防备代办处（核攻击）及美

国陆军工程师兵团（洪水控制）。参与风险和灾害管理的联邦机构有上百个之多。20世纪60年代的飓风、地震促使美国国会颁布《1974年救灾法》。随后，1978年6月19日，时任美国总统卡特将3号重组计划转交美国国会。该计划明确提出将减灾、备灾与应急行动归并为一个联邦紧急管理机构，设立联邦紧急管理局（FEMA），直属总统领导。

20世纪80年代是美国防核预案与民防的重现时期。20世纪80年代早期与中期没有发生重大自然灾害，却给FEMA提出了许多挑战。FEMA由许多独立部门分工运作，在美国国会批准设立FEMA时没有要求各部门对灾害采取协调一致的反应。

1982年，时任总统里根任命具有反恐准备和培训背景的癸佛瑞达将军为FEMA主管，其按照行政政策并结合自身的背景重组了FEMA，将应对核攻击作为当务之急，重新调整了FEMA的内部资源分配，寻求增加预算，以加强和提高FEMA对国家安全的责任。而后总统又任命百克顿将军为FEMA主管。百克顿任职期间将应急管理项目依其重要性排序，在列出的20多个主要项目中，地震、飓风和洪水等重大自然灾害排在最后。事实上仍延续了国家安全优先模式，忽视重大自然灾害带来的威胁。

20世纪90年代是综合灾害管理时期。1992年，时任总统克林顿任命的威特为陷入困境的FEMA带来了崭新的领导风格。威特是FEMA的第一位具有实际应急管理经验的主管，他所做的最重要的政策调整是将以防核为主的应急管理方针转变为综合减灾方针，即综合管理所有自然及人为灾害。威特的领导能力以及他所做的改革经历了一系列自然灾害的检验。健全的应急管理实践成为应对经济和环境问题不可分割的组成部分。为培养应急管理人才，近60多所州立高等院校设立了应急管理专业。截至20世纪末，FEMA成为世界上公认的卓越应急管理机构，其模式被多个国家效仿。

21世纪初是美国反恐主导时期。2011年，时任总统小布什任命没有应急管理经验的奥博为FEMA主管。奥博上任后重组FEMA并重新设立国家防备办公室（Office of National Preparedness，ONP），该办公室最早创建于20世纪80年代，是为第三次世界大战而设立，于1992年取消。重建后，该办公室的主要职责是应对恐怖主义袭击。"9·11"事件发生后，FEMA迅速启动联邦方案，在短时间内将数百名联邦应急人员派往纽约和弗吉尼亚州开展应急行动，证明了美国应急响应系统的高效强健。2002年11月25日，小布什签署《2002国家安全法》，任命汤姆·里奇为国家安全部（Department of Homeland Security，DHIS）部长。该法案授权对联邦政府进行大改组，旨在保护美国免遭恐怖袭击，减少面对恐怖威胁的脆弱性，并尽量减少潜在的恐怖主义袭击和自然灾害所造成的损害。国家安全部于2003年1月24日正式成立。

2010年至今是美国应急管理法律法规的重大改革时期。2011年日本东部大地震发生后，美国政府未雨绸缪，迅速对自身的应急管理体系作了大幅改革，即"2011版"美国应急管理改革。2011年3月30日，在日本大地震发生19天后，时任总统奥巴马签发了《总统政策第8号指令》（以下简称"PPD-8"），旨在应对美国面临的国内综合性国家安全问题。PPD-8 对全国准备目标与准备系统等作出了具体部署，加强准备工作成为应急管理体系改革的基本导向，并提出明确要求与考核指标。PPD-8 要求国家安全部部长在指令发布后的 180 天内向总统递交《全国准备目标》（以下简称《目标》）。《目标》不但考虑了具体的、威胁、脆弱性及风险，还考虑了区域特点，包括具体的、可衡量的、优化的指标来降低相关风险。《目标》中明确界定了美国政府针对特定类型、对美国国家安全造成巨大风险的突发事件所应具备的核心应对能力。同时，强调实现综合的、多层次的、全国的准备方法来优化资源的使用。《目标》还结合国家安全战略、总统政策指令等重要政策，为跨机构应急管理工作提供有力指导。

2）美国应急管理法律体系的现状与发展

美国是一个联邦制国家，联邦政府和各州（部分州还以本州宪法为参照）均形成了具有各自特点的法律体系。总体上说，各州的法律体系不得与联邦法律体系相抵触，层级上要比联邦的低，但是各州的法律法规会在细节内容上更加具体和严格，特别是结合本州的风情民俗及历史社会发展特点，是对联邦法律体系的一个有力的补充。因此，研究美国应急管理法律体系，可以从联邦和州两个层面入手，分析每个层面的法律特点及相互关系，进而掌握美国应急管理法律体系概貌。

美国法律体系较为复杂，按照各法律与应急管理相关性的大小，美国应急管理法律体系以宪法为根本，分为联邦和州两个层面。其中，在联邦层面上，按照法律与应急管理关系的紧密程度，可划分为专门、相关和其他应急管理法律；在州层面上，首先是在使用联邦法律且州法律不与美国宪法和联邦法律相抵触的基础上，以州宪法为根本，并依据各类法律与应急管理的紧密程度，进而也可划分为专门、相关和其他应急管理法律；另外，州内部的市、县、郡和自治区等行政区划也有一定的立法权，因此也有相关的应急管理法律。

2. 大陆法系国家——以德国为例

1）德国应急管理法律体系的历史

德国在应急管理方面具有健全的法律法规。1949 年，联邦德国成立后，开始重视民防和灾害应对工作。1949 年 5 月 23 日，《德意志联邦共和国基本法》（以下简称《德国基本法》）生效，确定了德国的五项基本制度：共和制、民主制、联邦制、法治国家和社会福利制度。1956 年联邦德国通过了《德国基本法》修正案，同意联邦政府建立联邦武装力量，同时联邦政府也被允许对民事保护进行立法。1957 年 10 月 9 日，德国制定《民事保护措施方案》，自 1958 年 12 月 5 日起生效，根据该法律的规定，德国联邦政府成立联邦民事保护局。1974 年 7 月 10 日，《民事保护措施方案》修订，联邦民事保护局的名称也改为联邦民防局。1968 年，立法部门对《德国基本法》做了较大的修改。

1990 年，随着柏林墙的拆除，民主德国和联邦德国正式统一，对德国的法制发展产生了巨大的影响。1990年1月22日，德国通过了《联邦技术救援志愿者法》，为技术救援署的发展和志愿者队伍的壮大进一步提供了法律保障。1997年，德国修订颁布了《民事保护和灾难救助法》，它是德国政府应对各类突发事件的一部重要法律，该法指导各部门在出现对公民生命财产造成威胁的公共危机事件时采取各类相关措施，为公民提供各种保护和保障。该法涉及内容广泛，职责规定明确，分级分类明晰，要求具体到位，便于在紧急情况下操作指挥。其中，有关报告制度、公开透明度、公民知情权和接受舆论监督、接受联邦议员和州议员质询建议等规定，为紧急状态下公民各项权益的保护提供了有力保障。

2001年9月11日，美国世贸中心遇到袭击，2002年8月易北河洪灾之后，德国联邦政府和各州合作对全国的民防和灾难保护进行了深入的评估，发现联邦和各州在协调方面存在一些问题。德国各州纷纷着手修订灾害管理和保护本国公民免受恐怖袭击和其他罕见危险的计划。2002年12月6日，联邦政府各州内政部长和参议员常设会议通过了《民事保护新战略》。该策略使得所有州都将拥有"各级统一的指挥和控制系统"，要求联邦政府在发生重大损害的情况下更积极地介入灾害救援，与州政府建立更有效的协调机制，承担处理突发全国性重大灾害和紧急情况的重要职责，从而确立德国民防和灾害保护的新秩序。在此基础上，2004年5月1日，联邦政府在内政部设立联邦民事保护和灾害援助局。作为德国应急管理的核心机构，内设7个职能中心，分别为应急管理和灾难救援中心、应急准备和国际事务规划中心、重大基础设施保护中心、灾难医疗预防中心、民事保护研究中心、培训中心、技术和设备中心。联邦民事保护和灾害援助局的关键作用就在于把各专业结合成一个统一、高效的民事保护体系。2008年，德国进一步修订了《民事保护和灾难救助法》，明确了民事保护的协调措施和资源管理工作、联邦的救灾职责和任务、民事保护和灾害管理的培训和进修工作、风险分析、关键基础设施以及各种标准和框架方案。2009年4月，联邦议会对《民事保护和灾难救助法》进行修订，在第十六条新增了联邦对州的灾难救援进行协调与支持等内容。在单行法律方面有《交通保障法》《铁路保障法》《食品保障法》等，此外，联邦政府还出台了一些预防立法，如《食品预防法》《电信预防法》《能源预防法》等。与此同时，德国各州都有着完备的关于民事保护和灾难救助的法律设置，这些法律法规对紧急状态下政府的管理权限、应急处置措施和程序、政府责任、公民权利和义务等方面都有明确的法律界定，为政府实施应急处置提供了具有可操作性的法律依据，同时可以起到限制滥用行政权力的作用。

2) 德国应急管理法律体系的现状与发展

德国作为联邦制国家，在应急管理法律方面，以宪法《德国基本法》为基础，以《民事保护和灾难救助法》等一系列单行法律为核心，联邦政府和州政府分工协作。其中，《德国基本法》体现了德国应急管理的基本理念，《民事保护和灾难救助法》等一系列单行法规定了应急管理的内容。按照《德国基本法》第二章第三十条和第三十五条之规定，战争和武装冲突由《民事保护和灾难救助法》予以规定，灾难和其他严重紧急情况由联邦州《灾害防护法》对联邦灾难救援进行补充，日常危险则是由《消防法》《救护工作法》等进行规定。

从层次上来看，德国的应急管理法律主要包括《德国基本法》、一系列针对特定类型突发事件的单行法律以区各州所指定的民事保护和灾难救助相关法律。

德国各州都有完备的关于民事保护和灾难救助的法律设置。按照德国《联邦民事保护和灾难救助法》的规定，州政府有权通过制定法规确立多个乡镇、乡镇团体或乡镇协会共同承担所有或单个民事保护职责，确立相关部门负责民事保护的领导工作。目前，各州也制定了《防火法》《消防法》《灾害防护法》《救护工作法》等法律。此外，各州还根据自身的特点制定了相应的应急管理法律，如《黑森州救护法》《黑森州公共秩序和安全法》《黑森州消防法》《巴伐利亚州灾难防护法》。根据灾情的严重程度和波及范围，州的相关法律在两个层面上得到执行，部分应急管理法规都在县、市和乡镇地区实施。如果灾情升级，超出了县、乡镇的应急救援能力时，则应遵守联邦州的有关法律。如按照《灾难防护法》的规定，当灾害超出县政府的救援能力时，则州政府会自动接管救灾工作，在全州范围内调动救援力量。

2.3　国内外应急法的组织体系

2.3.1　国内应急管理法的组织体系

以 2005 年为界，我国政府突发公共事件管理机构的设置可以分为两个阶段。2005年之前，应对突发公共事件主要采取建立"临时指挥部"的形式，临时指挥部的领导为政府行政首脑，成员为政府各部门行政首脑。2003 年"非典"之后，国家提高了对突发公共事件应对工作的重视程度，同年 7 月 28 日，在中央召开的防治"非典"工作会议上，胡锦涛总书记和温家宝总理明确提出要加快建立突发公共事件应急机制，提高政府应对公共危机的能力。2005 年 12 月，国务院办公厅设置国务院应急管理办公室（国务院总值班室），承担国务院应急管理的日常工作和国务院总值班工作，履行值守应急、信息汇总和综合协调职能，发挥运转枢纽作用。此后，我国地方各级政府陆续成立突发公共事件管理机构。

2006 年之后，我国政府突发公共事件管理机构的设置呈现出三个特点，即常设性、系统性和专业性。常设性是针对临时性而言的，我国政府突发公共事件管理机构的普遍设立，在组织形式上改变了以往应急管理中依靠成立"临时指挥部"的权宜做法，意味着我国原有政府机构序列的某种新变化，从更深层次看，也是我国政府职能面对社会复杂程度加剧情态所进行的适应性调整。因为，任何政府机构的增减都要受制于社会变化和政府职能调整。系统性是针对个别性而言的，上至中央政府、下至县级以上地方各级政府，我国政府系统突发公共事件管理机构在纵向上是成系统的、上下对口的，这种应急管理组织体系与我国其他政府职能部门的领导体制一脉相承，是行政领导、行政指挥的组织保障。专业性是针对粗放性而言的，现实中，我国政府在许多管理领域仍存在着粗放有余而集约不足、专业化不足的倾向。粗放管理的原因是多方面的，其中最主要的变量是意识、技术、机构与人员等。按照《国家突发公共事件总体应急预案》的分类，我国政府基于不同职能部门的职责权限所设立的专项突发公共事件管理机构，对于有效处置发生在特定领域的、不同类别的突发公共事件较为有利，意味着我国应急管理已逐步从粗放管理转向了专业管理。

2018年3月13日，十三届全国人大一次会议听取了全国人大常委会关于国务院机构改革方案的说明；3月17日，全国人大表决通过了国务院机构改革方案；3月21日，中共中央印发了《深化党和国家机构改革方案》（以下简称《方案》）。《方案》决定，将国家安全生产监督管理总局、国务院办公厅应急管理办公室、公安部消防局、国家防汛抗旱总指挥部、水利部、国家减灾委员会、民政部救灾司、国务院抗震救灾指挥部、中国地震局、国家森林防火指挥部、国家林业局、国土资源部、农业部等10余个部门的防灾救灾职责进行整合，组建应急管理部，这可以作为我国应急管理体系进入新阶段的标志。应急管理部的成立，符合应急管理组织体系"整体性"建设的要求，是践行总体国家安全观的关键步骤。

2.3.2 国外应急管理法的组织体系

1. 英美法系国家——以美国为例

美国的应急管理组织体系在发展变化着的实践中逐渐完善成熟，应急管理已走向专业化和职业化。其主要特点是：政府系统与非政府系统之间、联邦政府与地方政府之间协同合作，已基本建立起一个比较完善的应急管理组织体系，形成了联邦、州、县、市、社区5个层次的应急管理与响应机构。联邦政府应急管理由总统负责指挥、控制和协调，总统有权宣布国家或地区陷入紧急事态或重大灾难。

美国联邦应急管理局是联邦政府处置突发事件的最高管理机构，包括总部、内设机构、10个区域办公室以及国家应急训练中心。主要负责联邦政府对大型灾害和其他突发事件的预防、监测、响应和恢复工作。国土安全部是美国公共安全管理的统管部门，9·11事件发生后，FEMA被纳入国土安全部，成为其下属机构。FEMA的首要任务是减少生命和财产损失，保护国家免遭危险，包括自然灾害、恐怖主义行为和其他人为的灾害，并领导和支持全国的应急管理系统。通常情况下，FEMA与联邦的其他应急管理部门和组织一起通力合作，这些合作伙伴包括国家和地方的各级应急管理机构，27个联邦办事处，以及美国红十字会等非政府组织。

在地方上，各州以及各州管辖的地方政府均设有应急管理办公室，它们分别处在应急管理组织体系的第二、第三层次，每一个层次的管理机构都有一个在非常时期具有相当职权的运行部门——应急运行调度中心。同时，美国应急管理体系还有红十字会等各种非政府组织的协调配合，有志愿者和志愿者组织的积极参与，它们承担了部分的管理职能。可以看出，美国已经形成了组织机构相当完备的应急管理组织体系，各级政府组织和各种非政府组织都在应急管理中承担各自的职能，这保证了在突发事件发生时各种社会资源能得到充分调配，从而形成了高效的应急管理合力。

2. 大陆法系国家——以俄罗斯为例

俄罗斯在应急管理组织体系方面具有独特的特征。总统具有应急管理的绝对领导权，直接领导俄罗斯应急管理决策中枢——联邦安全会议。联邦安全会议是俄罗斯应急反应的常设机构，负责国家的安全事务。主席由总统担任，副主席由总理担任，会议秘书由总统直接任命并直接向总统负责。紧急状态部是俄罗斯处置突发事件的核心执行机构，是直接对总统负责的"民防、紧急状态和消除自然灾害后果部"下辖联邦紧急状态行动指挥中心。该中心内设民防与灾害管理研究所和救援培训中心，并分设八个区域紧急状态行动，指挥中心以及拥有包括国家消防队、民防部队、搜救队、水下设施事故救援队等多支专业应急救援队伍。民防部队受紧急状态部的直接指挥，由现役军人组成，是俄罗斯紧急状态部应急救援的中流砥柱。

在联合应急方面，1994年俄罗斯联邦建立了由89个联邦主体组成的"俄罗斯联邦紧急状态预防和响应统一国家体系"的应急组织体系，这一体系包含五个层级：组织层级、地方层级、区域层级、大区域层级和联邦层级，每一个层级都有自身相应的应急职责和功能，实行逐级负责、垂直管理。由此可见，俄罗斯应急管理组织体系突出了决策系统和执行系统的协同合作，总统和联邦安全会议具有决策的强势，紧急状态部有独立部队的支持，有层级分明的垂直管理模式，保证了应急管理的高效、快捷。

【本章小结】

本章主要介绍了法的渊源的内涵以及国内外应急法的渊源，重点分析了国内外应急法律体系的历史、现状与发展趋势，并介绍了国内外应急法的组织体系。

【核心概念】

（1）法的渊源简称"法源"，主要指法律规范的来源或源头，是指能作为法律决定的前提的那些法律资料。

（2）"一案三制"是应急管理体系建设的基本框架，其中"一案"是指制订、修订应急预案；"三制"则是指建立健全应急管理的体制、机制和法制。

【延伸阅读】

[1] 韩大元，莫于川. 应急法制论——突发事件应对机制的法律问题研究 [M].
北京：中国法制出版社，2005.

[2] 莫纪宏. "非典"时期的非常法治——中国灾害法与紧急状态法一瞥. 北京：
法律出版社，2003.

[3] 贺佑国，刘文革. 国外应急管理法制研究 [M]. 北京：应急管理出版
社，2019.

[4] 马怀德. 应急管理法治化研究 [M]. 北京：法律出版社，2010.

第3章 应急管理法律关系

【学习目标】

1. 明确应急管理法律关系中权利义务的内容和应急管理法律关系主客体的范围。
2. 掌握应急管理法律关系的概念和特征、构成要素及其分类。
3. 分析与理解应急管理法律关系主体的权利、行为和责任能力的主要内涵。

【本章导引】

党的二十大报告指出，"全面依法治国是国家治理的一场深刻革命，关系党执政兴国，关系人民幸福安康，关系党和国家长治久安。必须更好发挥法治固根本、稳预期、利长远的保障作用，在法治轨道上全面建设社会主义现代化国家。我们要坚持走中国特色社会主义法治道路，建设中国特色社会主义法治体系、建设社会主义法治国家，围绕保障和促进社会公平正义，坚持依法治国、依法执政、依法行政共同推进，坚持法治国家、法治政府、法治社会一体建设，全面推进科学立法、严格执法、公正司法、全民守法，全面推进国家各方面工作法治化……到 2035 年……基本建成法治国家、法治政府和法治社会。"[1] 应急管理法律法规是社会主义法规体系的最重要组成部分，明确法律关系问题对于精准理解应急管理法律的地位与作用具有至关重要的作用。

3.1 应急管理法律关系概述

3.1.1 应急管理法律关系的概念

1. 应急管理法律关系的定义

法律关系的观念起源于古代罗马法中"债"的概念，即法锁。而作为一个专门的概念，法律关系是由 19 世纪德国著名法理学家弗里德里希·卡尔·冯·萨维尼（Friedrich Carl von Savigny）在其经典名著《当代罗马法体系》中第一次明确阐述的。法律关系是指法律规范在调整人们的行为过程中所形成的具有法律上权利义务形式的社会关系。应急管理法律关系指的是在应急管理法律规范调整社会关系的过程中所形

---

〔1〕习近平．高举中国特色社会主义伟大旗帜 为全面建设社会主义现代化国家而团结奋斗——在中国共产党第二十次全国代表大会上的报告〔EB/OL〕.（2022-10-25）. https：// www.gov.cn/xinwen/2022-10/25/content_5721685.htm.

成的人与人之间的权利义务关系。

2. 应急管理法律关系的特征

应急管理法律关系的主要特征包括：其一，应急管理法律关系的产生以应急管理法律规范的存在为前提，如果没有相应的应急管理法律规范的存在，就不可能产生应急管理法律关系。其中，2024 年修订的《突发事件应对法》作为应急管理领域的基本法，对我国应急管理法律关系的形成具有重要的影响；其二，应急管理法律关系是以应急管理法律规范的权利义务为内容的社会关系，它是应急管理法律化的权力义务关系，是一种明确的、固定的权力义务关系，也是应急管理法律关系与其他类别的社会关系的重要区别。应急管理法律法规调整社会关系的主要方式是通过安排和配置人们之间的权利和义务来具体实现的，这种权利和义务是应急管理法律法规明确规定的，也可以是由法律授权当事人在法律法规范围内自行约定的；如 2021 年修订的《安全生产法》中规定了生产经营单位从业人员具有八项权力和四项义务；其三，应急管理法律关系以国家强制力作为保障手段。应急管理法律关系是应急管理法律规范的实现形式，是应急管理法律规范的内容（行为模式及其后果）在现实社会生活中得到具体的贯彻。换言之，人们按照应急管理法律规范的要求行使权利、履行义务并由此而产生特定的法律上的联系，这既是一种法律关系，也是法律规范的实现状态。通过社会舆论和道德约束来实现的社会关系具有不稳定性和非强制性。而在应急管理法律关系中，一个人可以做什么、不可以做什么和必须做什么都是国家意志的体现，反映了国家对社会秩序的一种维持态度。当应急管理法律关系受到破坏时，就意味着国家意志所授予的权利受到侵犯，意味着国家意志所设定的义务被拒绝履行。这时，权利受侵害一方就有权请求国家机关运用国家强制力，责令侵害方履行义务或承担未履行义务所应承担的法律责任，也即对违法者予以相应的制裁。我国《突发事件应对法》第九十五条即规定了九种责任追究情形。

3.1.2 应急管理法律关系的种类

应急管理法律关系具有不同的表现形式与丰富的内容。按照不同的标准可以做不同的分类。

1. 宪法法律关系和部门法法律关系

根据法律关系所体现的社会内容的性质，可以将法律关系区分为宪法法律关系和部门法法律关系。宪法法律关系是指由宪法或宪法性法律所确认或创立的、直接反映政治、经济、社会制度及公民基本权利义务等内容的法律关系。部门法法律关系是指依据具体的部门法而形成的法律关系。需要注意的是，将法律关系区分为宪法法律关系与部门法法律关系的意义在于根据法律关系的性质和内容选择在法律上解决相关问题的方式和途径。

2. 绝对法律关系和相对法律关系

依照法律关系主体是否完全特定化，可以将法律关系分为绝对法律关系和相对法律关系。绝对法律关系指存在着特定的权利主体而没有特定义务主体的法律关系，主要是指权利人无须义务人以积极作为协助既可以实现的某些民事法律关系，其义务人是不特定的任何人，如所有权关系、人身权关系、知识产权关系。相对法律关系指存在于特定的权利主体和特定的义务主体之间的法律关系，主要是指权利人须义务人协助才能实现其权利的法律关系，其义务人为特定的当事人，如债券关系。

3. 平权型法律关系和隶属型法律关系

依照法律关系各主体间的法律地位是否平等，可以将法律关系分为平权型法律关系和隶属型法律关系。平权型法律关系又称为横向法律关系，指存在于法律地位平等的当事人之间的法律关系，如在突发事件应急处置过程中，同一应急处置小组中的不同参与单位（不包含该应急处置小组的牵头单位）之间的法律关系。隶属型法律关系又称为纵向法律关系，指一方当事人可以依据职权而直接要求他方当事人为或不为一定行为的法律关系，如应急专项指挥部应急指挥长与其组成成员之间的关系或突发事件处置过程中现场指挥部与各个应急处置小组之间的法律关系。

3.2　应急管理法律关系的构成要素

应急管理法律关系的构成要素是指构成应急管理法律关系必须具备的内容和因素。根据法律关系的一般原理，应急管理法律关系都必须具备三个要素才能构成，即应急管理法律关系的主体、应急管理法律关系的内容和应急管理法律关系的客体。

3.2.1　应急管理法律关系的主体

法律关系的主体是法律关系的参加者，是指参加法律关系，依法享有权利和承担义务的当事人，也即在法律关系中，一定权利的享有者和一定义务的承担者。在每一项具体的法律关系中，主体的多少各不相同，大体上都属于相对应的双方：一方是权利的享有者，称为权利人；另一方是义务的承担者，称为义务人。应急管理法律关系的主体是指应急管理法律关系的参加者，是指参加应急管理法律关系，依法享有权利和承担义务的自然人、法人或国家，它是构成应急管理法律关系的最根本的要素。

1. 应急管理法律关系主体的范围

现阶段，我国应急管理法律关系的主体主要包括：（1）自然人（公民）。这里的公民既指中国公民，也指居住在中华人民共和国领域内或在境内活动的外国公民和无国籍人。在应急管理法律关系主体中，个人的权利能力和行为能力受年龄等条件限制较小。（2）机构和组织（法人），主要包括三类。一是各种国家机关（立法机关、行政机关和司法机关等）；二是各种企事业组织和在中国领域内设立的中外合资经营企业、中外合作经营企业和外资企业；三是各政党和社会团体。这些机构和组织主体，在法学上可以统称为"法人"。其中，既包括公法人（参与宪法关系、行政法律关系、刑事法律关系的各机关、组织），也包括私法人（参与民事或商事法律关系的机关、组织）。中国的国家机关和组织，可以是公法人、也可以是私法人，依其所参与的法律关系的性质而定。（3）国家不是法人，但直接参与应急管理活动，并对公共安全等各项应急管理制度给予财政上支持，从而是应急管理法律关系的特殊主体。

2. 应急管理法律关系主体的构成资格与条件

公民和法人成为法律关系的主体，享有权利和承担义务，必须具有权利能力和行为能力，即具有法律关系主体构成的资格。应急管理法律关系主体的构成资格与条件是权利能力与行为能力。

权利能力，又称权义能力（权利义务能力），指的是应急管理法律关系主体依法享有权利和承担义务的资格。这是应急管理法律法规对一定主体资格的最为核心的确认，是应急管理法律关系主体能够参加任何法律关系的必备条件，是法律关系主体实际取得的权利、承担义务的前提条件。公民的权利能力可以从不同角度进行分类。首先，根据享有权利能力的主体范围不同，可以分为一般权利能力和特殊权利能力。前者又称基本的权利能力，是一国所有公民均具有的权利能力，它是任何人取得公民法律资格的基本条件，不能被任意剥夺或者解除。后者是公民在特定条件下具有的法律资格。这种资格并不是每个公民都可以享有，而只授予某些特定的法律主体。一般认为，自然人的权利能力，始于出生，终于死亡；法人的权利能力，始于法人依法成立之时，自法人解散或撤销时消灭。《民法典》第二章第十三条规定，自然人从出生时起到死亡时止，具有民事权利能力，依法享有民事权利，承担民事义务。其范围是由法人成立的宗旨和业务范围决定的。如国家机关及其工作人员行使职权的资格，就是特殊的权利能力。其次，按照法律部门的不同，可以分为民事权利能力、政治权利能力、行政权利能力、劳动权利能力、诉讼权利能力等。这其中既有一般权利能力（如民事权利能力），也有特殊权利能力（政治权利能力、劳动权利能力）。

行为能力，是指应急管理法律关系主体能够通过自己的行为实际取得权利和履行义务的能力。公民的行为能力是公民的意识能力在法律上的反映。确定公民有无行为能力，其标准包括：一是能否认识自己行为的性质、意义和后果；二是能否控制自己的行为并对自己的行为负责。因此，公民是否达到一定年龄、神智是否正常，就成为公民享有行为能力的标志。例如，婴幼儿、精神病患者，因为他们不可能预见自己行为的后果，所以在法律上不能赋予其行为能力。在这里，公民的行为能力不同于其权利能力。具有行为能力必须首先具有权利能力，但具有权利能力，并不必然具有行为能力。这表明，在每个公民的法律关系主体资格构成中，这两种能力可能是统一的，也可能是分离的。

公民的行为能力可以进行不同的分类。其中较为重要的一种分类，是根据其内容不同分为权利行为能力、义务行为能力和责任行为能力。权利行为能力是指通过自己的行为实际行使权利的能力。义务行为能力是指能够实际履行法定义务的能力。责任行为能力（简称责任能力）是指行为人对自己的违法行为后果承担法律责任的能力。它是行为能力的一种特殊形式。

公民的行为能力问题，是由法律予以规定的。世界各国的法律，一般都把本国公民划分为完全行为能力人、限制行为能力人和无行为能力人。

1）完全行为能力人

这是指达到一定法定年龄、智力健全、能够对自己的行为负完全责任的自然人。《民法典》规定，18 周岁以上的自然人是成年人，具有完全的民事行为能力，可以独立进行民事活动，是完全民事行为能力人。16 周岁以上不满 18 周岁的公民，以自己的劳动收入为主要生活来源的，也被视为完全民事行为能力人。

2）限制行为能力人

这是指行为能力受到一定限制，只具有部分行为能力的公民。例如，《民法典》规定，8 周岁以上的未成年人，不能完全辨认自己行为的精神病人，是限制行为能力人。刑法将已满 14 周岁不满 16 周岁的公民视为限制行为能力人（不完全的刑事责任能力人），犯故意杀人、故意伤害致人重伤或者死亡、强奸、抢劫、贩卖毒品、放火、爆炸、投放危险物质罪的，应当负刑事责任。刑法将已满 12 周岁不满 14 周岁的公民视为限制行为能力人（不完全的刑事责任能力人），犯故意杀人、故意伤害罪，致人死亡或者以特别残忍手段致人重伤造成严重残疾，情节恶劣，经最高人民检察院核准追诉的，应当负刑事责任。

3）无行为能力人

这是指完全不能以自己的行为行使权利、履行义务的公民。在民法上，不满 8 周岁的未成年人，完全的精神病人是无行为能力人。在刑法上，不满 12 周岁的未成年人和精神病人，也被视为无刑事责任能力人。

法人组织也具有行为能力，但与公民的行为能力不同，其主要表现为：第一，公民的行为能力有完全与不完全之分，而法人的行为能力总是有限的，由其成立宗旨和业务范围所决定。第二，公民的行为能力和权利能力并不是同时存在的。也就是说，公民具有权利能力却不一定同时具有行为能力，公民丧失行为能力也并不意味着丧失权利能力。与此不同，法人的行为能力和权利能力却是同时产生、同时消灭的。法人一经依法成立，就同时具有权利能力和行为能力，法人一经依法撤销，其权利能力和行为能力也就同时消灭。

3.2.2　应急管理法律关系的客体

应急管理法律关系的客体是指法律关系主体的权利和义务指向的对象。应急管理法律主体之间建立起的权利义务关系所指向的具体目标，是人们通过自己的意志和行为影响和改变的对象。在当代法律制度中，应急管理法律关系客体主要有以下几类。

1. 物

能成为法律关系客体的物是指能满足人们需要，具有一定的稀缺性，并能为人们现实支配和控制的各种物质资源。这里的物是指物质财富，既包括自然物，如森林、河流、草木、矿物等，又包括人造物，如房屋、汽车、机械设备等。应急管理法律关系客体中的物专指满足应急管理法律关系主体需要，具有一定使用价值的物质资源总和。

2. 非物质财富

非物质财富，又称为精神产品或精神财富，其主要包括两方面的具体内容，一是人们运用脑力劳动创造的智力成果；二是与人身、人格相联系的公民和组织的肖像、名誉、隐私等，其与人特定的身份直接相连。

3. 行为

行为是过程与结果的统一。法律行为是指能引起法律关系产生、变更和消灭的人的活动。法律行为主要包括：作为（积极的行为）、不作为（消极的行为）和不纯正的不作为。

1）作为

作为即积极的行为，是指以积极的身体举动实施应急管理法律法规所禁止的行为。作为是危害行为的主要形式，在我国刑法中绝大部分犯罪以作为的形式实施，如故意杀人罪、放火罪、抢劫罪、盗窃罪、强奸罪等。作为不仅指利用自己身体实施的积极举动，还包括利用他人、利用物质工具、利用动物乃至利用自然力实施的举动，如教唆他人杀人、利用遥控飞机纵火这两种行为均属于作为犯罪。

2）不作为

不作为，即消极的行为，是指不实施其依法有义务实施的行为。在我国刑法中有的犯罪只能由不作为构成，如遗弃罪，这种犯罪也称为纯正不作为犯。

3）不纯正不作为

有的犯罪既可由作为形式实施，也可以由不作为形式实施，这种犯罪称为不纯正不作为犯。不纯正不作为犯罪，是指行为人负有实施某种积极行为的特定法律义务，并且能够实行而不实行的犯罪形式。例如，宋某因家庭琐事与妻子李某争吵，宋某骂李某干脆死了算了，李某即在家当着宋某的面上吊自缢。宋某坐视不救，李某因未得救而窒息死亡。法院判决宋某故意杀人罪。在这个案例中，宋某与李某系夫妻关系，根据我国现行的《民法典》规定，夫妻之间具有相互抚养的义务，况且在李某上吊自缢这个法益危险状态的产生事件中，存在宋某与之争吵并辱骂其"去死"的因果关系力，且宋某具有施救能力。据此，宋某的犯罪行为即属于不纯正的不作为犯罪行为。

按照不同的分类标准，行为还可以分为不同的类别。根据行为主体的数量，可以分为单方行为和多方行为；根据行为本身是否合法，可以分为合法行为和违法行为；根据是否由当事人自由选择民事行为，可以分为要式行为和非要式行为；按照行为是否受自身意志支配，可以分为自主行为和代理行为；根据行为的公法性质或私法性质，可以分为公法行为和私法行为。

4. 其他

这是指能够满足人们有关物质和精神需要的其他财富。需要注意的是，在法律上，人是人身、人格和人的活动的复合体。"人"的整体只能是法律关系的主体，不能成为法律关系的客体。但人身、人格和人的活动能够成为法律关系的客体。

3.2.3　应急管理法律关系的内容

应急管理法律关系的内容就是应急管理法律关系主体之间的法律权利和法律义务，是应急管理法律关系主体针对客体在一定条件下依法享有的权利和承担的义务，是人们之间利益的获取或付出的状态。

1. 应急管理法律权利

应急管理法律权利，是指应急管理法律法规所确认和保障的权利人为满足一定的利益的意志和行为自由，它表现为应急管理法律关系的主体可以根据应急管理法律法规的规定为一定行为、不为一定行为或要求他人为一定行为、不为一定行为。《安全生产法》第三章规定了生产经营单位的从业人员有如下权利：一是对其作业场所和工作岗位存在的危险因素、防范措施及事故应急措施的知情权；二是对本单位安全生产工作的建议权；三是对本单位安全生产工作中存在问题的批评权、检举权和控告权；四是拒绝违章指挥和强令冒险作业权；五是有权停止作业或者在采取可能的应急措施后撤离作业场所；六是因生产安全事故受到损害的索赔权；七是获得符合国家标准或行业标准劳动防护用品的权利；八是获得安全教育和培训的权利。

突发事件应对过程中，政府机关的公权力主要包括：一是启动应急响应（宣布进入应急状态），指挥协调各级各类突发事件。二是对危及突发事件和应急管理活动的危险源进行调查评估，如《突发事件应对法》第三十三条规定，县级人民政府、省级和设区的市级人民政府分别对本行政区域内容易引发自然灾害、事故灾难和公共卫生事件的危险源、危险区域进行调查、登记、风险评估，定期进行检查、监控，并责令有关单位采取安全防范措施。三是突发事件应急监测权力。《突发事件应对法》第五十八条规定县级以上人民政府及有关部门应当根据自然灾害、事故灾难和公共卫生事件的种类和特点，开展突发事件的应急监测工作。四是突发事件动态信息报送，如《突发事件应对法》第五十九条、第六十一条、第六十二条规定了县级以上人民政府应当建立或者确定本地区统一的突发事件信息系统，汇集、储存、分析、传输和报送突发事件的信息。五是采取突发事件预警期的应急措施，《突发事件应对法》第六十六条、第六十七条分别规定了县级以上人民政府低级别、高级别预警期采取的五项和十三项措施。六是采取突发事件应急响应处置措施，《突发事件应对法》第七十三条、第七十四条规定了各级人民政府在自然灾害、事故灾难和公共卫生事件三大类突发事件以及社会安全事件的十一项和五项应急处置措施。七是开展应急物资储备，临时征用各种人力和物力资源。八是各级人民政府应当加强应急资金预算、管理与使用。九是设立新闻发言人制度，《突发事件应对法》第八条规定，有关人民政府和部门应当做好新闻媒体服务引导工作，支持新闻媒体开展采访报道和舆论监督。十是对各级人民政府及部门突发事件应对工作进行全过程监督的权力。

2. 应急管理法律义务

应急管理法律义务，是指应急管理法律法规规定的义务人为满足权利人一定的利益的意志和行为自由所必须接受的限制和约束。《安全生产法》第三章规定了生产经营单位的从业人员有如下义务。一是自律遵规义务：从业人员在作业过程中，应当严格落实岗位安全责任，遵守本单位的安全生产规章制度和操作规程，服从管理，正确佩戴和使用劳动防护用品。二是自觉学习安全生产知识的义务：掌握本职工作所需的安全生产知识，提高安全生产技能，增强事故预防和应急处理能力。三是危险报告义务：从业人员发现事故隐患或者其他不安全因素，应当立即向现场安全生产管理人员或者本单位负责人报告。

各类单位和公民个人在应急状态下更多体现的是法律义务。

（1）各类单位：一是开展危险源辨识评估和隐患排查治理，制定安全风险防范措施；二是加强应急救援资金、物资的管理和使用；三是组织公众开展自救互救等先期处置工作；四是组织本单位应急救援队伍和工作人员营救受害人员，疏散、撤离、安置受到威胁的人员，控制危险源，标明危险区域，封锁危险场所，并采取其他防止危害扩大的必要措施，同时向所在地县级人民政府报告。

（2）公民个人层面：一是应急状态下保持高度关注的义务，公民在应急状态时期要时刻关注政府所采取的各项紧急措施，并作出适当的反应；二是公民在应急状态时期应当主动接受政府的各项紧急措施，特别是各项管制的义务；三是公民要接受其宪法和法律规定的权利受到政府一定限制的义务。

3.3　应急管理法律关系的运行和实现

3.3.1　应急管理法律关系的产生、变更和终止

1. 应急管理法律关系的产生

应急管理法律关系的产生是指主体之间依据应急管理法律法规而形成一定的权利

义务关系。

2. 应急管理法律关系的变更

应急管理法律关系的变更是指由于符合应急管理法律法规规定的一定法律事实的出现而引起应急管理法律关系诸要素发生了变动，主要包括：一是主体变更，是指应急管理法律关系主体数目增多或减少，也可以是主体改变。二是客体变更，是指法律关系中权利义务所指向的事物发生变化。客体变更可以是范围变更，也可以是性质变更。三是法律关系主体与客体的变更，必然导致相应的权利和义务的变更，即内容变更。

3. 应急管理法律关系的终止

应急管理法律关系的终止，是指法律关系主体之间的权利义务不复存在，彼此丧失了约束力，主要包括：一是自然终止，是指某类应急管理法律关系所规范的权利义务顺利得到履行，取得了各自的利益，从而使该法律关系达到完结；二是协议终止，是指应急管理法律关系主体之间协商解除某类应急管理法律关系规范的权利义务，致使该法律关系归于终止；三是违约终止，是指应急管理法律关系主体一方违约，或发生不可抗力，致使这类法律关系规范的权利不能实现。

3.3.2　应急管理法律关系产生、变更和消灭的前提与条件

1. 基于法律事实

所谓法律事实是指由法律规定的、能够引起法律关系产生、变更或消灭的客观情况或现象。需要注意的是，法律事实不一定等于客观事实。

法律事实分为法律事件和法律行为两类。法律事件是指法律规则所规定的，不以人的主观意志为转移的，并且能够引起一定法律关系产生、变更和消灭的事实或现象。其中又可分为两类：第一类是自然事件；第二类是社会事件。法律行为是指法律规范中规定的，在一定主体意志支配下作出的，能引起法律关系产生、变更和消灭的人的活动。

应急管理法律事实是应急管理法律规范所规定的、能够引起法律后果即应急管理法律关系产生、变更和消灭的现象。应急管理法律事实分为应急管理法律事件和应急管理法律行为两类。应急管理法律事件是指应急管理法律规则所规定的，不以应急响应主体的主观意志为转移的，并且能够引起一定应急管理法律关系产生、变更和消灭的事实或现象。应急管理法律行为是指应急管理法律规范中规定的，在一定主体意志支配下作出的，能引起应急管理法律关系产生、变更和消灭的人的活动。在应急管理领域，地震、洪水、台风、海啸、泥石流等自然灾害以及非典、禽流感、新冠疫情等事件都属于应急管理法律事件，打砸抢烧、校车事件、非法集资、踩踏事件、损害公共安全设施等均属于应急管理法律行为。例如，重庆市永川区金山沟煤矿"10·31"

瓦斯爆炸事故、江苏响水天嘉宜化工有限公司"3·21"特别重大爆炸事故、河南安阳市凯信达商贸有限公司"11·21"特别重大火灾事故等事故灾难类突发事件最初是由应急管理法律行为引发的，后续演化转变为不以应急响应主体意志为转移的应急管理法律关系事件。

2. 基于法律行为

1）法律行为的定义

法律行为是法理学最基本的范畴之一。法律调整社会关系是通过调整人与人之间的交互行为实现的，行为是法的核心要素。法律行为一词，最早来自民法学。德国法学家丹尼尔·奈特尔布拉德（Daniel Nettelbladt）在1748年首次使用这一概念。如何定义法律行为，在法学界一直存在争议，综合而言，大致可以将现代意义上的法律行为定义为人们所实施的、具有法律意义的，能产生一定法律后果的行为。

2）法律行为的特征

（1）社会性，法律行为作为人的活动，具有社会性的特征，法律行为并不是一种孤立的行为，其必然会对社会生活中的他人产生直接或间接的影响。需要注意的是，纯粹自我指向的行为，一般不具有法律意义。

（2）法律性，法律行为是法的现象的重要组成部分，是由法律规定的、具有法律意义、可以用法律进行评价的人的行为，由此区别于一般的社会行为。

（3）意志性，法律行为为人所实施，自然受人的意志支配和控制。正是通过意志的表现，行为才获得了人的行为的性质。需要注意的是，纯粹无意识（无意志）的行为，不能被视为法律行为。

3）法律行为的结构

（1）内在意志。即法律行为有一个内在的、主观的领域，包括动机、目的和认知能力等要素。

（2）外在表现。即法律行为外在地客观表现为行动、手段和效果等要素。

4）法律行为的分类

（1）根据行为与法律的要求是否一致，可将法律行为分为合法行为、违法行为和中性行为。合法行为就是指人们的符合法律要求的行为，如依法纳税、依法结婚、依法抢救国家财物等均属于合法行为。违法行为是指违反国家现行法律规定，危害法律所保护的社会关系的行为，如抢劫、杀人、放火、偷盗等均属于不合法行为。中性行为介于合法行为与违法行为之间，没有得到法律的允许又没有受到法律的禁止，即处于现行法律的调整范围之外的"法律真空"或"法律漏洞"。

（2）根据行为人的具体行为方式，可将法律行为分为积极法律行为（作为）和消极法律行为（不作为）。积极法律行为就是行为人以积极的、直接对客体发生作用的方式进行的活动，表现为一定的动作或者动作系列，能够引起客体内容或性质的变化。消极法律行为是指行为人以消极的、间接对客体发生作用的方式进行的活动，表现为不做出一定的动作，保持客体不变或者容许、不阻止客体发生变化。

（3）根据法律行为的效力对象和生效范围，可将法律行为分为抽象法律行为和具体法律行为。抽象法律行为是针对未来发生的不特定事项而做出的、制定和发布普遍性行为规范的行为。具体法律行为是针对特定对象，就特定的具体事项而做出的、只有一次性法律效力的行为。

（4）根据行为的主体情况，可将法律行为分为个体法律行为和群体法律行为。个体行为就是由自然人个人意识和意志所支配、并由自己直接做出的行为。群体行为是由两个以上的自然人有组织的、基于某种共同意志或追求所做出的趋向一致的行为。

应急管理法律行为是应急管理法律关系主体自觉自愿实施的能够产生一定法律后果的行为。《突发事件应对法》第七十三条规定了自然灾害、事故灾难或公共卫生事件发生后履行统一领导职责的人民政府应当采取下列一项或者多项应急处置措施：一是组织营救和救治受害人员，转移、疏散、撤离并妥善安置受到威胁的人员以及采取其他救助措施；二是迅速控制危险源，标明危险区域，封锁危险场所，划定警戒区，实行交通管制、限制人员流动、封闭管理以及其他控制措施；三是立即抢修被损坏的交通、通信、供水、排水、供电、供气、供热、医疗卫生、广播电视、气象等公共设施，向受到危害的人员提供避难场所和生活必需品，实施医疗救护和卫生防疫以及其他保障措施；四是禁止或者限制使用有关设备、设施，关闭或者限制使用有关场所，中止人员密集的活动或者可能导致危害扩大的生产经营活动以及采取其他保护措施；五是启用本级人民政府设置的财政预备费和储备的应急救援物资，必要时调用其他急需物资、设备、设施、工具；六是组织公民、法人和其他组织参加应急救援和处置工作，要求具有特定专长的人员提供服务；七是保障食品、饮用水、药品、燃料等基本生活必需品的供应；八是依法从严惩处囤积居奇、哄抬价格、牟取暴利、制假售假等扰乱市场秩序的行为，维护市场秩序；九是依法从严惩处哄抢财物、干扰破坏应急处置工作等扰乱社会秩序的行为，维护社会治安；十是开展生态环境应急监测，保护集中式饮用水水源地等环境敏感目标，控制和处置污染物；采取防止发生次生、衍生事件的必要措施。《突发事件应对法》第七十四条规定了社会安全事件发生后可以采取的五项应急处置措施：一是强制隔离使用器械相互对抗或者以暴力行为参与冲突的当事人，妥善解决现场纠纷和争端，控制事态发展；二是对特定区域内的建筑物、交通工具、设备、设施以及燃料、燃气、电力、水的供应进行控制；三是封锁有关场所、道路，查验现场人员的身份证件，限制有关公共场所内的活动；四是加强对易受冲击的核心机关和单位的警卫，在国家机关、军事机关、国家通讯社、广播电台、电视台、外国驻华使领馆等单位附近设置临时警戒线；五是法律、行政法规和国务院规定的其他必要措施。这些既是应急管理合法行为，又是包含个体行为和群体行为的积极、具体的应急管理法律行为。

【本章小结】

本章介绍了应急管理法律关系的概念、基本特征与种类，阐明了应急管理法律关系的主体、内容和客体的构成要素，以及应急管理法律关系的运行和实现。

【核心概念】

(1) 应急管理法律关系，是指在应急管理法律规范调整社会关系的过程中所形成的人与人之间的权利义务关系。

(2) 应急管理法律关系的主体，是指应急管理法律关系的参加者，在应急管理法律关系中依法享有权利和承担义务的自然人、法人或国家。

(3) 权利能力，又称权义能力（权利义务能力），指的是应急管理法律关系主体依法享有权利和承担义务的资格。

(4) 行为能力，是指应急管理法律关系主体能够通过自己的行为实际取得权利和履行义务的能力。

(5) 应急管理法律权利，是指应急管理法律规范所确认和保障的权利人为满足一定的利益的意志和行为自由，它表现为应急管理法律关系的主体可以根据应急管理法律法规的规定为一定行为、不为一定行为或要求他人为一定行为、不为一定行为。

(6) 应急管理法律义务，是指应急管理法律规范规定的义务人为满足权利人一定的利益的意志和行为自由所必须接受的限制和约束。

【案例分析与小组讨论】

2023年2月22日13时12分许，内蒙古自治区阿拉善盟孪井滩生态移民示范区内蒙古新井煤业有限公司露天煤矿发生特别重大坍塌事故，造成53人死亡、6人受伤，直接经济损失20430.25万元。6时30分，挖机司机、自卸卡车司机、钻机司机等222人陆续进入作业现场。11时56分起，事发区域西侧、顶部等地点发生小面积滑塌，边坡坡面及底部出现裂缝、冒尘等滑塌征兆。12时27分，在事发区域东侧边界处标高1395米台阶坡脚进行爆破作业。12时40分，176名作业人员午饭后返回采场作业。13时许，宏鑫垚公司李某到西区南帮查看施工作业时，发现北帮边坡异常后使用对讲机分别于13时6分许、10分许、12分许喊话，通知"挖机装完后撤离""所有汽车、挖机向后撤""所有人员撤离"。13时12分许，采场北帮边帮岩体发生大面积滑落坍塌，现场59名作业人员和17台挖机、27台自卸卡车、8台钻机、4台皮卡车、1台装载机、1台小型客车等58台作业设备被埋，最终造成53人死亡、6人受伤。事发区域最终形成最大厚度105米、体积约756万立方米的堆积体，破坏范围南北最长630米、东西最宽 520 米，面积约 23 万平方米。[1]

请结合案情描述，试回答以下问题：

（1）本案例中体现的法律关系主体包括哪些？

（2）本案例中包含的法律关系内容有哪些？

（3）本次特大事故给应急管理工作带来的启示包括哪些？

【延伸阅读】

[1] 法律出版社法规中心. 中华人民共和国突发事件应对法 [M]. 北京：法律出版社，2024.

[2] 中国法制出版社. 中华人民共和国安全生产法 [M]. 北京：中国法制出版社，2021.

[3] 法律出版社法规中心. 中华人民共和国民法典 [M]. 北京：法律出版社，2023.

[4] 中国法制出版社. 中华人民共和国刑法 [M]. 北京：中国法制出版社，2021.

---

〔1〕　内蒙古阿拉善新井煤业有限公司露天煤矿"2·22"特别重大坍塌事故调查报告公布 [EB/OL]. (2023-08-29). https：//www.gov.cn/lianbo/difang/202308/content_6900787.htm.

第4章　应急管理法律责任

【学习目标】

1. 明确法律责任及竞合、归责、免责的基本理念。

2. 掌握违反应急管理法的民事责任、行政责任和刑事责任。

3. 分析解决应急管理中的具体问题。

【本章导引】

2022年5月7日至9日，国务院安委会贵州省工贸行业专项督导帮扶组在S公司开展抽查检查时，发现该公司存在多项违法行为，督导帮扶组随即将案件线索移交给属地监管部门。贵州省六盘水市钟山区应急管理局接到移送线索后立即按程序立案查处，确认该公司存在23项违法行为。其中涉及"钢八条"的违法行为共有4项：炼钢转炉操作室违规设在铁水吊运影响范围内；炼钢钢水跨西侧钢包热修工位未按规定设置高度不小于2米，宽度超出热修工作区1米以上的实体耐火挡墙；4号高炉风口以上平台和3号、4号高炉重力除尘器卸灰平台以及煤气柜进出口管道地下室未按规定设置固定式一氧化碳监测报警装置，风口平台固定式一氧化碳监测报警装置数量不足；铸铁车间吊运铁水的起重机不符合冶金起重机相关要求；炼钢渣跨未使用带固定式龙门钩的冶金铸造起重机。检查发现的23项违法行为分别违反了《安全生产法》第三十六条第一款、第四十一条第二款，《工贸企业有限空间作业安全管理与监督暂行规定》第六条第二款、第七条、第八条、第十二条第二款、第十八条和第十九条第二项等规定。该公司主要负责人龙某存在未组织及时消除生产安全事故隐患的违法行为，违反了《安全生产法》第二十一条第五项的规定。[1]

4.1　应急法律责任概述

4.1.1　法律责任

1. 法律责任的概念

法律责任是指行为人由于违法行为、违约行为或者由于法律规定而应承受的某种

---

〔1〕　应急管理部公布一批"一案双罚"典型执法案例 推动企业主要负责人扛好安全生产"第一责任"［EB/OL］. (2022-06-17). https://finance.sina.com.cn/jjxw/2022-06-17/doc-imizirau9039315.shtml.

不利的法律后果。法律责任的构成要件主要包括客观的违法或违约行为、主观过错、损害后果、客观行为和损害后果之间的因果关系等。法律责任归责原则，是指将不利的法律后果强加于行为人所依据的准则，包括过错原则、无过错原则、严格责任原则、公平责任原则，体现了法在道义和社会层面上的价值。法律责任有三大类，即民事法律责任、刑事法律责任和行政法律责任。法律责任的类别、形式，和法律部门并非一一对应的关系，民事法律规范和行政法律规范中都会涉及刑事法律责任。

2. 法律责任产生的原因

（1）违法：违反法定义务。

（2）违约：违反约定义务。

（3）法律规定的责任：既没有违反法定义务，也没有违反约定义务，而是由于法律上的特殊规定而承担的不利法律后果。

3. 法律责任的特点

（1）法律责任的最终依据是法律。

（2）法律责任具有国家强制性。

4.1.2　法律责任的竞合

1. 法律责任竞合的定义

法律责任的竞合，是指由于某种法律事实的出现，导致两种或两种以上的法律责任产生，而这些责任之间相互冲突的现象。

2. 法律责任竞合的特点

（1）数个法律责任的主体为同一法律主体。不同法律主体的不同法律责任可以分别追究，不存在相互冲突的问题。

（2）责任主体实施了一个行为。如果是数个行为分别触犯不同的法律规定，并且符合不同的法律责任构成要件，则应针对各行为追究不同的法律责任，而不能按责任竞合处理。

（3）该行为符合两个或两个以上的法律责任构成要件。行为人虽然仅实施了一个行为，但该行为同时触犯了数个法律规范，符合数个法律责任的构成要件，因而导致了数个法律责任的产生。

（4）数个法律责任之间相互冲突。当责任主体的数个法律责任既不能被其中之一吸收，也不能并存，而如果同时追究，显然有悖法律原则和精神时，就发生法律责任间的冲突，产生竞合。

3. 法律责任竞合的产生原因

之所以会发生法律责任的竞合，是因为不同的法律规范从不同的角度对社会关系加以调整，而由于法律规范的抽象性以及社会关系的复杂性，不同的法律规范在调整社会关系时可能产生一定的重合，使得一个行为同时触犯不同的法律规范，面临数种法律责任，从而引起法律责任的竞合问题。

4. 法律责任竞合的初步解决办法

法律责任竞合，一般采用"从一重"或交由当事人自主选择的方法解决。当然，法律责任竞合可以发生在不同的法律部门之间，即民事责任、刑事责任和行政责任之间也可能出现互相排斥的情形。对此，有人认为应当民事责任优先，有人认为刑事责任优先，具体还要根据案件实际情况分析适用。

4.1.3 归责与免责

1. 法律责任的归责原则

在我国，法律责任归责的原则主要可以概括为：责任法定、公正原则、效益原则和责任自负原则。

2. 法律责任的免责条件

（1）时效免责。

（2）不诉及协议免责。

（3）自首、立功免责。

（4）因履行不能而免责，即法不强人所难。

（5）不可抗力、正当防卫、紧急避险免责。

3. 法律责任与法律制裁

（1）法律制裁是指特定国家机关对违法者依其法律责任而实施的强制性惩罚措施。

（2）有法律责任不一定有法律制裁，有法律制裁一定有法律责任。

（3）法律制裁依其性质可以分为：刑事制裁，民事制裁，行政制裁（分为行政处罚和行政处分），违宪制裁。

4.2 违反应急管理的法律责任

4.2.1 违反应急管理的民事责任

1. 民事责任概述

民事责任是民事法律责任的简称，是指民事主体不履行或者不完全履行民事义务应当依法承担的不利后果。不履行或者不完全履行民事义务，就是违反民事义务。民事责任既是违反民事义务所承担的法律后果，也是救济民事权利损害的必要措施，还是保护民事权利的直接手段。

民事责任除具有法律责任所固有的一般特征外，还有其自身的法律特征。民事责任以民事义务为基础；民事责任具有国家强制性；民事责任主要是财产责任。民事责任在内容性质和原则方面也具有区别于其他法律责任形式的特征，主要体现为强制性、财产性和补偿性。民事法律责任分为一般侵权责任和特殊侵权责任。民事责任归责原则有：过错责任原则、过错推定原则、无过错责任原则、公平责任原则和严格责任原则。

行为人承担的与其所实施的违反法定义务或者约定义务行为，以及与救济对方当事人相适应的民事责任的具体方法和形式，称为承担民事责任的方式。承担民事责任的方式主要包括以下几种。

（1）返还财产，主要是指返还原物。

（2）恢复原状，是指恢复权利被侵害前的原有状态。

（3）修理、更换、重作，是指交付的标的物不符合合同要求的质量标准，债务人应当承担的民事责任方式。

（4）支付违约金，是指当事人通过协商预先确定的，在违约后作出的独立于履行行为之外的给付。

（5）赔偿损失，包括补偿性损害赔偿和惩罚性损害赔偿。

（6）停止侵害，是应当承担的立即停止侵害行为的民事责任方式。

（7）消除影响、恢复名誉，是指行为人在侵权行为影响所及的范围内消除不良后果，恢复受害人的名誉评价到未受侵害时的状态的民事责任方式。

（8）赔礼道歉，是侵权行为人向受害人承认错误，表示歉意，求得受害人原谅。

（9）继续履行，是指债务人应当将没有履行的义务继续履行完毕，以实现债权人的债权。

（10）排除妨碍，是指行为人实施的行为使权利人无法行使或不能正常行使自己的财产权利、人身权利，应当将妨碍权利实施的障碍予以排除。

（11）消除危险，是指行为人的行为和其管理下的物件对他人的人身和财产安全造成威胁，应当将具有危险因素的行为或者物件予以消除。

2. 应急管理中的民事责任

应急管理的法律法规中规定了较多的民事法律责任的条款，主要是政府及其工作人员的民事侵权责任和民事违约责任。在突发事件应对所导致的民事责任中，涉及不可抗力的认定、紧急避险的认定，以及政府采取的应急处置措施设定了民事权利义务所导致的责任。例如，《突发事件应对法》第一百条规定"单位或者个人违反本法规定，导致突发事件发生或者危害扩大，造成人身、财产或者其他损害的，应当依法承担民事责任。"《民法典》第一百八十二条规定："因紧急避险造成损害的，由引起险情发生的人承担民事责任。危险由自然原因引起的，紧急避险人不承担民事责任，可以给予适当补偿。紧急避险采取措施不当或者超过必要的限度，造成不应有的损害的，紧急避险人应当承担适当的民事责任。"第二百四十五条规定："因抢险救灾、疫情防控等紧急需要，依照法律规定的权限和程序可以征用组织、个人的不动产或者动产。被征用的不动产或者动产使用后，应当返还被征用人。组织、个人的不动产或者动产被征用或者征用后毁损、灭失的，应当给予补偿。"

对于实务中的一些特殊之处，有必要加以讨论。

（1）对于引发或者扩大突发事件所导致的侵权责任如何认定的问题。引发或者扩大突发事件的个人或者单位，应当承担对受害者的侵权赔偿责任。但是，很多突发事件造成的损害巨大，影响面也很宽，其产生和发展的过程也比较复杂，如果要由主张侵权赔偿的受害人承担举证责任，几乎是不可能完成的。因此，必须由政府对事件的发生和经过组织专门的调查，根据其查明的事实，司法机关再认定相关主体的民事责任。

（2）对紧急避险行为的认定。突发事件发生之后，一般人很难判断到底什么样的避险措施是适当和必要的。对此，司法机关一方面应当综合整个突发事件的发生和演变的过程来判断，而不仅仅考察避险行为发生时的事态情形；另一方面，司法机关要根据政府在事件中对公众发布的指导、建议来判断个案中的避险措施是否不当或者超过必要限度。

（3）对不可抗力的认定。《民法典》第一百八十条规定："因不可抗力不能履行民事义务的，不承担民事责任。法律另有规定的，依照其规定。不可抗力是不能预见、不能避免且不能克服的客观情况。"突发事件本身及政府采取的应对措施有可能构成不可抗力，但也不能一概而论。对于违约责任来说，判断突发事件是否具有不可预见性，不仅仅要看合同签订时事件是否已经发生或者已经发出了预警，即使对于已经发生或者已经预警的事件来说，也还是要看其发展演变过程。

（4）政府设定民事权利义务所引起的责任。按照《立法法》的规定，民事法律制度应当由法律规定，政府的行政立法无权规定民事法律制度，行政措施也不可能为民事主体设定民事上的权利义务。但在发生重大突发事件的情况下，政府采取的一些应急处置措施就有可能涉及对民事权利义务的设定，而有关主体违反了这种权利义务安排，就有可能导致民事责任。

例如，刘某家中发生火灾，消防机关出具《火灾事故认定书》载明，起火系生活用火不慎导致，消防救援时水箱储水不足导致水压不足，所以无法及时救援。同年，刘某以×物业服务企业将消防通道焊死，导致消防车无法进入楼下，且小区内水箱水压不足，延误救火时间为由向北京市丰台区人民法院提起诉讼。法院判决结果：物业服务企业就本次火灾造成的损失承担10%的责任。一是物业服务企业在电动车火灾事故中的法律责任有民事责任的补充责任，物业服务企业在住宅小区内的安全保障义务，一方面来源于物业服务合同的约定，另一方面来源于法律法规的规定，《民法典》第二百八十五条规定："物业服务企业或者其他管理人根据业主的委托，依照本法第三编有关物业服务合同的规定管理建筑区划内的建筑物及其附属设施，接受业主的监督，并及时答复业主对物业服务情况提出的询问，物业服务企业或者其他管理人应当执行政府依法实施的应急处置措施和其他管理措施，积极配合开展相关工作。"二是行政处罚，《消防法》和部分地区的消防条例规定物业服务企业应当及时消除火灾隐患、按规定配置消防设施和器材、设置消防安全标志、确保消防设施和器材完好有效、保障疏散通道与安全出口畅通等，并明令禁止任何单位、个人不得损坏、擅自挪用、拆除、停用消防设施和器材，不得堵塞消防通道。

4.2.2 违反应急管理的行政责任

1. 行政责任概述

行政责任是指行政法律关系主体由于违反行政法律规范或不履行行政法律义务而依法应承担的行政法律后果。行政责任具有以下特征：行政责任是行政主体及其公务员的责任，而不是行政相对人的责任；行政责任是一种法律责任，与道义责任、政治责任或其他性质的法律责任不同；行政责任是行政违法或行政不当所引起的法律后果。行政责任必须具备一定的条件才能构成，其构成要件包括：存在违反行政法律义务的行为；存在承担责任的法律依据；主观有过错。关于行政责任的形式和内容，根据责任主体的不同，行政责任可以分为行政主体的责任和行政公务人员的责任。（1）行政主体承担行政责任的形式：通报批评；赔礼道歉，承认错误；恢复名誉，消除影响；返还权益；恢复原状；停止违法行为；履行职务；撤销违法的行政行为；纠正不当的行政行为。（2）公务员承担行政责任的方式：通报批评；赔偿损失；行政处分。（3）行政相对方承担行政责任的方式：承认错误，赔礼道歉；接受行政处罚；履行；恢复原状；返还原物；赔偿损失。外国人及外国组织在我国境内活动时，其承担的责任形式与我国公民相同，此外，还有限期离境、禁止入境等。

行政法律责任包括行政处罚和行政处分两个方面。行政处罚是指行政机关依法对违反行政管理秩序的公民、法人或者其他组织，以减损权益或者增加义务的方式予以惩戒的行为。行政处罚主要包括以下几种。

1）警告、通报批评

警告、通报批评是对违反行政法律规范的公民、法人或者其他组织所实施仅仅影响其声誉的处罚。警告只具有精神惩戒作用，一般对实施轻微行政违法行为的相对人进行这种处罚。警告必须以书面形式作出，指明行为人的违法错误，并具有令其改正、纠正违法的性质，具有国家强制性。

2）罚款、没收违法所得、没收非法财物

罚款、没收违法所得、没收非法财物是要求违反行政法律规范公民、法人或者其他组织在一定期限内缴纳一定数量货币的处罚。罚款是一种财产罚，通过减少当事人财产的方式，达到处罚的目的。通常由法律、法规和规章规定一定的数额或者幅度；

没收是将生产、保管、加工、运输、销售违禁物品或者实施其他营利性违法行为的相对人与违法行为相关的财物收归国有的制裁。没收范围包括违法所得和非法财物。违法所得是指公民、法人及其他组织在形式上有法律依据的前提下，因行为不符合法律所规定的要求而得到的收入。非法财物是指公民、法人或者其他组织在没有经行政管理机关允许的前提下，即进行了应当经行政管理机关批准的行为，因进行这些非法行为而得到的收入、工具、违禁物品等。

3）限制开展生产经营活动、责令停产停业、责令关闭、限制从业

限制开展生产经营活动是指行政机关依法限制违反行政管理秩序的当事人从事新的生产经营活动或者扩大生产经营活动范围的行政处罚。限制开展生产经营活动通常适用于那些违反市场监管、环境保护、安全生产等法律法规的企业。例如，当企业违反环保法规，造成严重环境污染时，环保部门可依法对其采取限制生产或停产的行政处罚措施。责令停产停业属于能力罚，即在停产停业期间，受处罚的当事人不得进行生产作业或者工作，但其法律资格并没有剥夺，在符合法律、法规和规章规定的标准和要求以后，无须重新申请许可证或者营业执照就可以继续进行生产、作业或者工作。责令停产停业实际上是限制当事人已经具有的权能，这是责令停产停业与吊销许可证或者营业执照之间的本质区别。责令关闭通常针对的是企业违反了相关法律法规，但其违法程度可能尚未达到吊销营业执照的程度。责令关闭意味着企业必须停止其经营活动，但在一定条件下有可能恢复。限制从业是指行政机关依法对违反行政管理秩序的相对人在一定时期内限制其从事一定职业、职位的行政处罚，针对是公民而非企事业单位。

4）暂扣许可证或执照、吊销许可证或执照、降低资质等级

暂扣许可证或执照，是中止行为人从事某项活动的资格，待行为人改正以后或经过一定期限以后，再发还许可证或执照。吊销许可证或执照是对违法者从事某种活动的权利或享有的某种资格的取消。暂扣、吊销许可证或执照是一种比责令停产停业更为严厉的行为能力罚，主要针对那些严重违反行政管理法律法规的行为。降低资质等级作为一种行政处罚，其目的是通过降低被处罚主体的资格等级，直接限制其经营范围，从而达到间接取消其已获得的某种主体资格的惩戒效果。

5）行政拘留

行政拘留是公安机关对违反治安管理的人在短期内剥夺其人身自由的一种强制性惩罚措施。由于行政拘留是行政处罚中最严厉的一种，因而法律对其适用作了严格的规定：在适用机关上，只能由公安机关决定和执行；在适用对象上，一般只适用于严重违反治安管理法规的自然人，但不适用于精神病患者、不满14岁的公民以及孕妇或者正在哺乳自己1周岁以内的婴儿的妇女，同时也不适用于我国的法人和其他组织；在适用时间上，为1日以上，15日以下；在适用程序上，必须经过传唤、讯问、取证、裁决、执行等程序。

2. 应急管理中的行政处罚

在应急管理过程中，行政处罚的适用可以分为三种情况。

（1）当事人实施了与突发事件应对直接相关的违法行为，应当给予处罚的。例如，有关单位没有按规定采取预防措施，导致发生严重突发事件的；没有做好应急设备、设施日常维护、检测工作，导致发生严重突发事件或者突发事件危害扩大的；突发事件发生后，不及时组织开展应急救援工作，造成严重后果的；编造并传播有关突发事件事态发展或者应急处置工作的虚假信息，或者明知是有关突发事件事态发展或者应急处置工作的虚假信息而进行传播的。

（2）当事人实施的违法行为与突发事件并不直接相关，但对突发事件应对工作造成不利影响的。这些违法行为在平常状态下也应当给予处罚，但在突发事件应对期间其违法后果比平时更加严重，可能被处以比平时更重的行政处罚。例如，囤积居奇、哄抬物价的行为在任何时候都应当受到处罚，而在突发事件发生之后，采取这种方式抬高应急物资或者生活物资的价格，对社会秩序的影响要远远大于平时，应当受到更加严厉的处罚。

（3）当事人在突发事件应对期间有治安违法行为，应当给予治安处罚的。这种情况主要发生在应急处置阶段，有些单位和个人不服从政府及其有关部门发布的决定、命令或者不配合其依法采取的措施，有的就会构成违反治安管理行为。应急管理领域的法律、法规不会直接设定治安处罚事由，而是先规定对于某些违法行为给予其他的行政处罚，再规定如果这些情况构成治安违法的，由公安机关依法给予治安处罚。这些情况是否构成治安违法，还要根据《治安管理处罚法》上规定的各种治安违法行为构成要件来判断。总的来说，突发事件应对期间可能给予治安处罚的情形主要包括：①扰乱公共秩序类行为；②导致安全事故危险类行为；③阻碍国家机关执行职务类行为；④煽动、策划非法集会、游行、示威，不听劝阻的行为。

如本章导引部分的案例中，调查查清事故暴露出的主要问题是煤矿严重违法建设生产，施工单位违法冒险蛮干，中介机构、监理公司故意弄虚作假，有关部门监管不严不实，地方党委、政府失管失察。事后，对相关 11 家单位及其有关人员涉及违法违规问题的行政处罚，移交内蒙古自治区人民政府组织有关地区和部门依法依规处理。

4.2.3 违反应急管理的刑事责任

1. 刑事责任概述

刑事责任是指违反刑事法律规定，对犯罪分子追究刑事责任。刑事责任包括主刑和附加刑。刑事责任与行政责任的不同之处主要体现在：一是追究的违法行为不同，行政责任追究的是一般违法行为，刑事责任追究的是犯罪行为；二是追究责任的机关不同，追究行政责任由国家特定的行政机关依照有关法律的规定决定，追究刑事责任只能由司法机关依照《刑法》的规定决定；三是承担法律责任的后果不同，刑事责任是最严厉的制裁，最高可以判处死刑。

刑事责任包括两类问题：一是犯罪；二是刑罚。具体表现为犯罪分子有义务接受司法机关的审讯和刑罚处罚。我国刑法规定：故意犯罪，应当负刑事责任；过失犯罪，法律有规定的才负刑事责任。我国《刑法》第三十三条规定的主刑的种类有管制、拘役、有期徒刑、无期徒刑、死刑；第三十四条规定附加刑的种类有罚金、剥夺政治权利、没收财产。附加刑也可以独立适用。对犯罪的外国人，也可以独立或附加适用驱逐出境。

刑事责任的法律事实根据，在于行为人的行为具备刑法规定的犯罪构成。犯罪构成是犯罪概念的具体化，是犯罪基本属性的法律表现。构成犯罪，必须具备四个基本要件，即犯罪的客体、犯罪的客观方面、犯罪的主体、犯罪的主观方面。一个人的行为具备刑法所规定的犯罪构成，就说明了该人犯了罪，就应当负刑事责任。因此，行为具备犯罪构成是刑事责任的法律事实根据。根据犯罪与刑事责任内在的引起与被引起的必然因果联系，确定行为是否构成犯罪也就确定了刑事责任的存在与否。

2. 应急管理中的刑事责任

与应急管理相关的刑事责任有如下几种。

（1）因导致或者扩大突发事件引起的刑事责任。在暴力型的社会安全事件中，主要涉及的罪名是《刑法》分则第一章的危害国家安全类罪名、第二章的危害公共安全类罪名。在生产安全事故中，主要涉及的罪名有重大责任事故罪，重大劳动安全事故罪，大型群众性活动重大安全事故罪，危险物品肇事罪，工程重大安全事故罪，教育设施重大安全事故罪，消防责任事故罪，不报、谎报安全事故罪等。

（2）因妨害应急处置秩序引起的刑事责任。政府对突发事件实施的应急处置措施是典型的执行公务的行为，个人和单位具有高度配合义务，使用暴力、聚众等方式对抗应急处置措施，或者对抗应急处置措施造成严重后果，或者以制造恐慌等方式破坏应急处置工作的，应当追究刑事责任。

（3）在突发事件应对工作中的职务犯罪。主要指的是公职人员严重渎职，导致了突发事件的发生或者扩大，或者对突发事件处置不力造成严重后果，应当承担刑事责任的情况。

例如，2023年4月18日12时50分，北京市丰台区靛厂新村291号北京长峰医院发生重大火灾事故，造成29人死亡、42人受伤，直接经济损失3831.82万元。经国务院事故调查组调查认定，这是一起因事发医院违法违规实施改造工程、施工安全管理不力、日常管理混乱、火灾隐患长期存在，施工单位违规作业、现场安全管理缺失，加之应急处置不力，地方党委、政府和有关部门职责不落实而导致的重大生产安全责任事故。事故发生后2小时内未书面报告事故信息，不符合《北京市突发事件总体应急预案》及北京市应急值守工作有关规定。医院主要负责人未按要求及时上报事故死亡人员信息，存在明显迟报行为。相关 19 人因涉嫌重大责任事故罪，被司法机关批准逮捕。[1]

4.2.4　违反应急管理的党纪处分

1. 党纪处分概述

党纪处分是指党员、党组织存在违反《中国共产党章程》和其他党内法规，如《中国共产党纪律处分条例》，违反国家法律法规，违反党和国家政策，危害党、国家和人民利益的行为，依照规定应当给予纪律处理或者处分。党纪处分的对象是违犯党纪应当受到党纪责任追究的党组织和党员，依据主要是《中国共产党纪律处分条例》《中国共产党党内监督条例》等党内法规，党纪处分对应的是违纪行为，党的先锋队性质和先进性要求决定了党规党纪严于国家法律。《中国共产党纪律处分条例》第二十八条规定，对涉嫌犯罪以外的其他违法行为，在给予政务处分的同时，是否需要给予相应的党纪处分，应看该行为是否符合"损害党、国家和人民利益"的情形。

党纪处分共有五种，分别是：警告、严重警告、撤销党内职务、留党察看、开除党籍。这五种处分形式根据违纪行为的严重程度和情节，分别对应了不同的处理方式。

1）警告处分

警告处分是党组织认为党员的行为已经违反了党的纪律，但情节较轻，通过警告的方式，希望党员能够自觉纠正错误，防止类似问题再次发生。警告是党纪处分中最轻的一种，它是对党员违反党的纪律的行为给予的一种口头或书面警告，以提醒其认识到自己的错误，促使其改正。适用情况为党员的行为虽然违反了党的纪律，但情节轻微，没有造成严重后果，或者党员在违纪行为中起次要、辅助作用，且能够积极配合组织调查，主动认错悔错。受到警告处分后的一年内，不得在党内提升职务和向党外组织推荐担任高于其原任职务的党外职务。党员受到警告处分后，虽然不会丧失党员的权利和资格，但会在党组织内部进行通报批评，并在一定范围内公示。同时，党员的晋升、奖励等方面可能受到影响。更重要的是，警告处分是对党员个人声誉的一种损害，可能导致其在党组织内部的信任度降低。

2）严重警告处分

严重警告处分是党组织认为党员的行为已经严重违反了党的纪律，需要通过更加严肃的方式促使其认识到问题的严重性，并坚决改正。严重警告是比警告更重的党纪处分，它适用于党员所犯错误性质和程度比警告处分严重，但构不成撤销党内职务（或无党内职务又构不成留党察看）处分的情况。适用情况为党员的行为违反了党的纪律，情节较为严重，或者在违纪行为中起主要作用，且未能积极配合组织调查，认错

---

[1] 北京长峰医院重大火灾事故调查报告公布 [EB/OL]. (2023-10-25). https://www.mem.gov.cn/gk/zfxxgkpt/fdzdgknr/202310/t20231025_466731.shtml.

态度不好。党员受到严重警告处分后，会在一定范围内公示，并可能受到更加严格的组织管理和监督。此外，党员的晋升、奖励等方面也可能受到更加严重的影响。同时，严重警告处分也会对党员的个人声誉造成更大的损害，可能导致其在党组织内部的地位下降。虽然没有固定的时间限制，但严重警告处分对党员的影响是长期的。

3）撤销党内职务处分

撤销党内职务是指撤销党员在党内经过选举或由党组织任命而担任的党的各级组织及其工作部门中的领导职务。撤销党内职务处分是指组织认为党员的行为已经严重违反了党的纪律，且情节严重到一定程度，需要通过撤销其党内职务的方式来维护党的纪律和形象。适用于党员的行为违反了党的纪律，情节严重，且在违纪行为中起主要作用，或者已经给党的事业造成了一定的损失。如果党员在受到警告或严重警告处分后，仍然不改正错误，继续违反党的纪律，也可能会受到撤销党内职务的处分。党员受到撤销党内职务处分后，将会失去原有的领导职务，且在一段时间内不得再次担任相应的领导职务。此外，撤销党内职务处分还会对党员的个人声誉和职业发展造成较大的影响，可能导致其未来的晋升和奖励受到限制。

4）留党察看处分

留党察看处分是党组织认为党员的行为已经严重违反了党的纪律，但鉴于其尚未完全丧失共产党员的条件，可以给予其留党察看的机会，以观后效。留党察看是仅次于开除党籍的一种较重的党纪处分，适用于严重违纪、但尚未丧失共产党员条件，不宜再担任现任全部党内职务的党员。党员受到留党察看处分后，将被暂时停止行使党员权利，但仍然保留党员资格。留党察看期间，党员需要接受组织的严格管理和监督，并在一定范围内公示。如果党员在留党察看期间能够改正错误，表现良好，则可以恢复其党员权利；如果仍然坚持错误，则可能受到开除党籍的处分。

5）开除党籍处分

开除党籍处分是党组织认为党员的行为已经严重违反了党的纪律，且情节极其严重，已经完全丧失了共产党员的条件，因此将其开除出党。开除党籍是最重的党纪处分，适用于党员的行为严重违反了党的纪律，情节极其严重，给党的事业造成了重大损失，或者党员在受到其他党纪处分后仍然不改正错误，继续违反党的纪律。党员受到开除党籍处分后，将失去党员资格和相应的权利，且在一定时间内不得再次入党。

2. 应急管理中的党纪处分

严格地说，所有应当给予党员党纪处分、应当给予公职人员政务处分的情形，在应急管理过程中都有可能出现。与应急管理工作关系密切、发生频率较高的主要是如下几类情形。

1）对突发事件的发生负有责任

一般来说，公职人员本身不会是引发突发事件的源头，其对于事件发生的责任主要表现在没有按要求履行预防职责方面，如没有依法采取风险管理措施、没有按规定排查隐患、没有按规定对已经发现的安全隐患进行排除治理，导致发生了突发事件，或者在原生事件爆发之后没有采取必要的防范措施导致发生次生、衍生事件。

2）对应急准备不足负有责任

应急准备不足主要表现在没有按规定对可能发生的突发急事件进行必要的准备，严重影响突发事件应对效果的情况。比如，没有按规定编制应急预案、没有按法律要求建立应急救援队伍、没有储备在数量和规格上符合要求的应急物资、没有配置必要的应急设施设备或者已经配置的设施设备无法使用等。

3）对突发事件信息进行了错误的处理

这种行为主要体现在没有按要求建立突发事件信息的监测网络和报告制度；迟报、谎报、瞒报、漏报有关突发事件信息；向上级机关或者其他机关通报、报送、公布了虚假信息；没有及时对有关突发事件信息进行分析研判，贻误了发布预警的时机，导致损害后果；没有按规定及时发布突发事件预警，或者发布预警之后没有及时采取预警期的控制措施，导致损害后果等。

4）在突发事件处置中负有责任的

这种情形主要体现在没有按规定及时采取措施处置突发事件或者处置不当，造成损害后果；不服从上级机关对突发事件应急处置工作的统一领导、指挥和协调；执行上级决定的应急处置措施不及时、不到位，造成损害后果；在应急处置过程中滥用职权，侵犯公民、法人或者其他组织的合法权益等。

5）在灾后恢复重建中负有责任的

这种情形主要体现在没有及时组织开展生产自救、恢复重建等善后工作，或者没有按规定和上级机关的要求落实恢复重建计划；不按照规定对突发事件中的受害人员及时采取救助措施；不及时进行灾后总结报告，或者无正当理由不落实经过上级政府批准的恢复重建改进措施等。

6）在突发事件应对过程中侵犯公私财产权益的

这种情形主要体现在截留、挪用、私分或者变相私分应急救援资金、物资；违法征用财产，或者不及时归还被征用的财产，或者对被征用财产的单位和个人不按规定给予补偿。

【本章小结】

本章主要介绍了法律责任及其竞合、归责、免责的基本概念，重点分析了违反应急管理的民事责任、行政责任、刑事责任和党纪处分。

【核心概念】

（1）法律责任是指行为人由于违法行为、违约行为或者由于法律规定而应承受的某种不利的法律后果。

（2）法律责任的竞合，是指由于某种法律事实的出现，导致两种或两种以上的法律责任产生，而这些责任之间相互冲突的现象。

【案例分析与小组讨论】

2020年3月7日19时14分，位于福建省泉州市鲤城区的欣佳酒店所在建筑物发生坍塌事故，造成29人死亡、42人受伤，直接经济损失5794万元。

经调查，泉州市新星机电工贸有限公司、欣佳酒店及其实际控制人杨某无视国家有关城乡规划、建设、安全生产以及行政许可法律法规，在未依法履行基本建设程序、未依法取得相关许可的情况下，又擅自加盖夹层，组织无资质的施工人员，将原为四层（局部五层）的建筑物改扩建为七层，未经竣工验收及备案投入使用；伪造虚假资料，用于向原泉州市公安消防支队申办欣佳酒店建筑物（原四层建筑）消防设计备案、消防竣工验收备案等手续。在发现建筑物钢柱严重变形后，未依法办理加固工程质量监督手续，违法组织无资质的施工人员对钢柱进行焊接加固作业，违规冒险蛮干，直接导致建筑物坍塌。

请结合案情描述，试回答以下问题：

（1）试分析事故发生单位与有关企业、有关部门存在的主要问题。

（2）请依据有关法律法规，对事故有关单位及责任人给出处理建议。

【延伸阅读】

［1］胡建森．行政法学（第五版）（上下册）［M］．北京：法律出版社，2023.

［2］张明楷．刑法学（第6版）（上下册）［M］．北京：法律出版社，2021.

［3］王利明．民法学［M］．北京：高等教育出版社，2021.

［4］应急救援系列丛书编委会．应急救援案例精选与点评［M］．北京：中国石化出版社，2008.

中篇 应急法分论

第5章 国家紧急状态基本制度

【学习目标】

1. 明晰国家紧急状态基本制度和国家安全基本状况。
2. 掌握《国家安全法》的基本框架与主要内容。
3. 分析和解决国家安全领域相关的法律问题。

【本章导引】

2020年8月，国家安全机关侦破河北某高校学生田某涉嫌煽动颠覆国家政权案。经查明，田某，1999年生，河北某高校新闻系学生。田某长期收听境外反华媒体广播节目，经常浏览境外大量有害政治信息，逐渐形成反动思想。2016年1月，田某开通境外社交媒体账号，开始同境外反华敌对势力人员进行互动，接受所谓"民主宪政"的理论影响，反动思想日渐顽固。进入大学后，田某经境外反华媒体记者引荐，成为某西方知名媒体北京分社实习记者，并接受多个境外反华敌对媒体邀请担任驻京记者。在此期间，田某大量接收活动经费，介入炒作多起热点敏感事件，累计向境外提供反宣素材3000余份，刊发署名文章500余篇。在境外蛊惑教唆下，田某于2018年创办了一个境外反动网站，大肆传播各类反动信息和政治谣言，对我国进行恶毒攻击。2019年4月，田某受境外反华媒体人邀请秘密赴西方某国，同境外20余个敌对组织接触，同时接受该国10余名官员直接问询和具体指令，秘密搜集提供污蔑抹黑我国的所谓"证据"。田某与境外反华组织接触开展的一系列渗透活动，严重危害我政治安全。国家安全机关通过严密侦查，于2019年6月依法将田某抓捕归案。[1]

5.1 国家紧急状态法律制度

5.1.1 国家紧急状态及其特征

1. 紧急状态的内涵与特征

紧急状态，是指发生或者即将发生特别重大突发事件，需要国家机关行使紧急权

---

〔1〕 国家安全机关公布4起危害国家安全典型案例［EB/OL］.（2021-04-15）. http：// www. xinhuanet. com/politics/2021-04/15/c_1127331422. htm.

力予以控制、消除其社会危害和威胁时，有关国家机关按照宪法、法律规定的权限决定并宣布局部地区或者全国实行的一种临时性的严重危急状态。一般来说，紧急状态具有以下四个方面的特征。

第一，紧急状态是国家和社会面临极端严重的危害和威胁的状态，当特别严重的突发事件严重危害到较大范围，甚至威胁到国家安全时，就需要通过法律程序使整个国家或者某个区域进入一种临时性的非常状态，以便国家可以依法采取特殊措施及时控制危害。紧急状态与普通应急情况的主要区别在于危害和威胁的社会公共性、社会整体性和极端严重性。

通常，一个国家或地区的宪法和法律应当对可以导致紧急状态的危险和威胁及其程度作出规定，对于不能预见或者难以确定其危险性和危险程度的情况，应当规定有关国家机关的认定职责和权限。

根据我国《突发事件应对法》的规定，可以造成极端社会危害性的事件可以概括为自然灾害、公共卫生事件、事故灾难、社会公共安全事件四大类，其他可能导致紧急状态，但是目前还难以准确预见的突发公共事件，可以由最高国家权力机关和最高国家行政机关根据实际情况来确定。

第二，紧急状态下，国家机关需要行使紧急权力和采取一切必要的非常措施，否则不足以控制和消除极端严重的威胁和危害。由于国家和社会整体利益受到威胁和危害，为控制这种极端威胁和危害，相关国家机关被赋予一定的紧急权力，可以采取有效和合法的一切措施应对这种紧急状态。

第三，紧急状态下，社会成员将负担非常的社会义务。为了维护、保全国家和社会整体利益，法律赋予公民的一些权利和自由将受到一定的限制，个人的财产可能被征用。

第四，紧急状态是一种非常的法律状态。实行紧急状态的目的是通过对国家一些权力的调整、对社会成员一些权利义务的重新确定，及时、有效地控制、消除威胁和危害。

2. 紧急状态与突发事件

一般而言，国家对社会的管理有常态管理和非常态管理之分，突发事件应对是一种非常态化管理。紧急状态是由突发事件引起的，是突发事件的特别状态，实行紧急状态是处置突发事件的特别手段。只有当人民生命财产安全、国家安全、公共安全或者生态环境受到特别重大突发事件的极端严重社会危害或者威胁，采取法律、法规规定的一般处置措施不足以消除、控制危险时，才需要宣布实施紧急状态，赋予政府采取特别处置措施的权力。实施紧急状态对国家的政治、经济和社会发展都会带来很大的影响，是迫不得已采取的断然措施。我们只有从制度上确保能够有效预防、及时处置各种突发事件，才能少用，甚至不用实施紧急状态这种有一定副作用的特殊手段。

3. 紧急状态的分类

紧急状态涵盖的范围很广，一般可分为两类：一类是政治性紧急状态，如骚乱、动乱、叛乱、恐怖袭击等；一类是社会性紧急状态，如重大自然灾害、重大技术事故、重大公共安全事件。根据其实施范围的大小，分为全国性紧急状态和地方性紧急状态。

5.1.2 国家紧急状态的主要制度

国家紧急状态是一种非常特殊的制度，实践中很少适用。我国宪法规定的紧急状态及其决定和宣布程序十分严格。由于实行紧急状态涉及对国家权力的调整、对公民基本权利的限制等重大问题，必须慎之又慎，我国紧急状态由宪法及相关法律规定。宪法规定，全国或者个别省、自治区、直辖市进入紧急状态由全国人大常委会决定、国家主席宣布，省、自治区、直辖市范围内部分地区进入紧急状态由国务院决定并宣布。

1. 紧急状态法定制度

紧急状态法定制度是实行宪政和法治的结果，具体立法形式因各国宪法规定的不同而有所不同。实行紧急状态是处置突发事件的特别手段，因而紧急状态立法的主要目的之一应该是有效预防、及时处置各种突发事件，防止、减少可能导致需要实施紧急状态的情况发生。

紧急状态立法所针对的危害和威胁，长期以来主要集中于战争和内乱两大类（内乱主要是国内大规模暴力冲突）。20世纪中期以来，随着经济发展和科技进步，社会生活中的不确定因素增多，突发公共事件的种类也复杂起来。人类社会面临的威胁和危害，从传统的战争、内乱，扩展到生物危机、生态危机、经济危机、恐怖袭击、灾难性技术事故、严重气象灾害和地质灾害等地球物理灾害，乃至天文灾害。突发事件的发生频率加快、规模扩大、国际化程度提高。近几年，许多国家和地区都根据所面临的实际威胁和危害，制定或者修改了紧急状态的专门法律制度，如美国、加拿大、俄罗斯、英国、澳大利亚等。

各国关于紧急状态的立法，从宪法与紧急状态法的关系看，有两种模式：一是宪法对紧急状态作出原则性规定，此后根据宪法的规定制定紧急状态法。例如法国、俄罗斯的模式。二是宪法没有直接规定有关紧急状态的内容，而是由单行法律直接对紧急状态作出规定，例如美国、日本的模式。英国等实行不成文宪法的国家，情况特殊一些。

从紧急状态法与一般突发事件应对法的关系看，也有两种立法模式：一是紧急状态法与突发事件应对法分别立法。例如美国、俄罗斯、土耳其等的模式。二是紧急状态法与一般突发事件应对法合并立法。例如日本、澳大利亚等的模式。

我国目前还没有制订专门的紧急状态法，有关紧急状态的立法主要在《宪法》及有关国家安全立法中。宪法对紧急状态作了原则性规定，规定了三类非常法律状态：紧急状态、战争、动员。战争和动员问题依据宪法和国防法、国防动员法等有关法律处理，《戒严法》则专门用于处理发生严重危及国家的统一、安全或者社会公共安全的动乱、暴乱或者严重骚乱等紧急状态。

紧急状态立法的发展趋势，从世界上一些国家有关突发事件应对和紧急状态的立法来看，有以下几个显著特点和发展趋势：一是高度重视突发事件应对法律体系和应急预案体系建设；二是授予政府充分的权力，又对其权力的行使加以严格限制，以防止政府滥用权力，保护公民权利；三是突发事件应对和紧急状态制度合并立法，实行紧急状态是突发事件应急处置阶段可能需要采取的手段之一。如果突发事件的预防有效，应急准备充分，应急处置恰当，就可以有效控制事态发展、减少损害。这与实行紧急状态的目标是一致的。

2. 紧急状态决定制度

紧急状态的决定，是国家机关在紧急情况发生后是否进入非常法律状态的重大决策。这一决策包括停止执行宪法、法律的某些规定，属于最高国家机关的核心职权，必须由宪法作出规定。

我国《宪法》规定了紧急状态的决定机关和权限。根据《宪法》第六十七条和第八十九条的规定，有权决定紧急状态的机关分别是全国人大常委会和国务院。其权限划分是：全国人大常委会有权决定全国或者个别省、自治区、直辖市进入紧急状态，国务院有权依照法律规定决定省、自治区、直辖市范围内部分地区进入紧急状态。此外，为了及时作出应急反应，对于全国或者个别省、自治区、直辖市进入紧急状态的决定，国务院依法还有提请全国人大常委会作出决定的请求权。

在紧急状态下，国务院和有关省级人民政府可以决定实行宵禁和新闻管制，实行互联网和通信管制，禁止或者限制集会、游行、示威、举行会议等群体性活动，推迟举行选举，中止特定社会团体的活动，限制个别经济活动，延长被拘留和服刑人员的监禁期限；国务院可以决定采取外汇和国际贸易等方面的管制措施以及税收、金融、价格等方面的调控与管制措施。必要时，国务院和有关省级人民政府，还可以在实行紧急状态前先行采取这些紧急措施。

3. 紧急状态宣布制度

紧急状态的宣布权是一项十分重要的程序性权力，是紧急状态决定生效的必要程序条件，它不仅适用于进入紧急状态，还应当适用于紧急状态的中止、延长和终止。对于防止紧急状态决定权的滥用，具有重要作用。

我国《宪法》规定了紧急状态的宣布机关和权限。根据《宪法》第八十条和第八十九条的规定，有权宣布进入紧急状态的分别是国家主席和国务院。国家主席根据全国人大常委会的决定，宣布全国或者个别省、自治区、直辖市进入紧急状态；国务院决定并宣布省、自治区、直辖市范围内部分地区进入紧急状态。因此，对全国或者个别省、自治区、直辖市实施紧急状态，其决定机关和宣布机关是不同的，决定机关是国家的权力机关，而宣布机关是国家主席；对省、自治区、直辖市范围内部分地区实施紧急状态，由国务院作出决定并宣布。

4. 紧急状态的终止与恢复制度

紧急状态终止后，应当尽快恢复生产、生活、工作和社会秩序，有关人民政府应当采取措施巩固应急处置工作成果，组织开展生产自救、修复被损坏的公共设施、评估损失、制定恢复重建计划、总结经验教训，组织制定并实施善后工作计划。国务院应当制定扶持受影响地区有关行业发展的优惠政策。

5.2　国家安全法律制度

5.2.1　《国家安全法》的立法概况

1. 《国家安全法》的立法依据

立法依据是指立法活动应遵循的法律渊源。国家安全法律制度是国家安全法治建设的基础性工作，国家安全立法是完善国家安全法律制度的重要途径。一般而言，广义上的国家安全法律制度涉及传统的谍报、军事国防、反恐等领域，从发展趋势看，涉及经济安全、生态安全、信息网络安全、核安全等新兴领域的国家安全已经成为国家安全立法的热点，与总体国家安全观相适应，多个国家安全领域的立法形成国家安全法律体系。

《国家安全法》的制定应当以宪法为依据，其基本原则和主要内容应当源于宪法，体现宪法的基本精神。我国国家安全法的立法依据是宪法，这表明：（1）国家安全法受宪法约束，依据宪法制定，遵守宪法的相关规定，以维护宪法的最高权威，维护国家法制统一；（2）国家安全法的制定机关是宪法赋予立法权的立法机关；（3）国家安全法是维护国家安全的基本法。

1) 《宪法》关于国家安全的规定

1982 年《宪法》首次在国家根本法里写入"国家安全"。《宪法》第二十八条规定，国家维护社会秩序，镇压叛国和其他危害国家安全的犯罪活动，制裁危害社会治安、破坏社会主义经济和其他犯罪的活动，惩办和改造犯罪分子。《宪法》第四十条规定，中华人民共和国公民的通信自由和通信秘密受法律的保护。除因国家安全或者追查刑事犯罪的需要，由公安机关或者检察机关依照法律规定的程序对通信进行检查外，任何组织或者个人不得以任何理由侵犯公民的通信自由和通信秘密。

2) 《国家安全法》的宪法依据

《国家安全法》将宪法上相关国家安全之原则性、目的性条款，予以明确化、具体化，从而贯彻落实宪法规定的维护国家安全与利益之义务，因而，《国家安全法》是对宪法中关于国家安全相关规定的落实，《国家安全法》的制定正是全国人大常委会作为立法机关履行立法委托之义务，完成宪法委托的国家安全立法任务的体现。《宪法》规定，全国人民代表大会及其常务委员会行使国家立法权、全国人大常委会制定和修改除应当由全国人民代表大会制定的法律以外的其他法律，这是全国人大常委行使国家安全立法权的宪法依据，也是一项关于国家安全立法的宪法委托。虽然，前述相关宪法条文均未对国家安全立法作出明确而直接的立法指示，但是，要求立法者担负起宪法维护国家安全目标之实现义务，而行使宪法赋予的立法权，制定国家安全基本法，为维护国家安全提供有效的制度性保障，就是维护国家安全、实现国家安全目标的重要表现。宪法的相关内容是国家安全法的立法依据，这些依据可以分为以下三类。

（1）相关国家机关维护国家安全之职权职责条款，这些条款主要有：一是涉及各个国家机关的职权职责等内容，如全国人大享有"决定战争和和平问题"的职权，全国人大常委会享有决定战争状态的宣布、决定动员、决定进入紧急状态等职权，国家主席享有宣布进入紧急状态和战争状态、发布动员令等职权，国务院享有规定各部委之组成与职权、领导各部委工作、依法决定省域内部分地区进入紧急状态等职权。二是相关国家安全常设机关之组织构架条款，多规定国家安全机关的组成及其职权，如关于中央军事委员会的组成等。

（2）公民、组织维护国家安全之义务条款。宪法赋予一国公民、组织与危害国家安全的行为做斗争的积极作为义务，此为国家安全立法的义务根据条款。这些条款主要涉及与敌对势力敌对分子斗争的义务，完成祖国统一的义务，维护民族团结的义务，促进世界和平的义务，维护社会主义制度的义务，打击危害国家安全犯罪活动的义务，维护国家安全、国家荣誉、国家利益的义务等。

（3）国家安全客体利益条款。涉及国家安全客体利益，为国家安全立法的客观法益，各国宪法对此均有所规定，此为国家安全立法的目标指引和间接依据。国家安全客体利益条款，是指涉及国家主权、国家领土、国家政权、国家制度等方面的条款，这些条款主要涉及国家意识形态与执政党的领导、国家领土、政党体制与统一战线、民族团结与平等、国际和平与安全、政权组织形式、基本制度体制、公民基本权益等，宪法所规定的国体、政体、政权组织形式、政党体制、基本制度等构成国家安全的客体法益，这是国家安全法要保护的法益。

2.《国家安全法》的立法背景

国家安全是国家生存发展最重要、最基本的前提和基础。没有国家安全，任何经济、民生和民主，任何改革、发展和建设都无从谈起。正因如此，所有国家都将维护国家安全作为国家的头等大事，通过法律维护国家安全是现代社会维护国家安全的必由之路和有效途径，也是各国维护国家安全的通行做法和国际惯例。

1）总体国家安全观的形成

我国国家安全观经历了从传统国家安全观到新国家安全观再到总体国家安全观的转变，国家安全的内涵随之不断发展，日益丰富。

新中国成立之初的国土安全与政治安全。新中国成立后，"国家安全"一词最早出现在 1955 年 7 月颁布实施的《无线电器材管理条例》中。改革开放以前，由于冷战时期严峻的国际形势和国内高度政治化的社会状态，国家安全的内涵主要体现在国土安全和政治安全，维护国家安全是军队（人民解放军）、武警、公安、安全部门的主要职责和目标。1983 年，全国人大批准设立国家安全部，成为我国政府负责国家安全事务的专门机关，此时国家安全的概念被局限在一个政府部门的职责范围内，进一步缩至反间谍等隐蔽斗争的专门工作领域。

改革开放以后国家安全范围的拓展。改革开放以后，国家的外部环境逐渐缓和，随着国内政治、经济体制等改革的进一步深化，对外开放的进一步加强，国家安全涉及的领域日益广泛。党的十六大以后，党和国家提出了四个最需重视的安全领域，即政治安全、经济安全、文化安全、信息安全，并被区分为传统安全和非传统安全，把威胁国家安全和社会稳定的主要原因归为"敌对势力"，体现出当时的国家安全观重点关注的仍是外部的、传统的安全领域，主要涉及领土主权、军事国防、政治安全等。

总体国家安全观的形成及内涵。随着国内进一步深化改革、综合国力的提升、国际局势的变化，我国的国家安全形势面临诸多新变化、新挑战，复杂性与严峻性前所未有，生存安全与发展安全并存，传统安全威胁与非传统安全威胁交织，国家安全面临的新形势、新变化催生了总体国家安全观。

2013 年 11 月，党的十八届三中全会通过《中共中央关于全面深化改革若干重大问题的决定》，提出设立国家安全委员会，完善国家安全体制和国家安全战略，确保国家安全。2014 年 4 月 15 日，习近平总书记主持召开中央国家安全委员会第一次会议并发表重要讲话，首次提出总体国家安全观。总体国家安全观打破了传统国家安全范围的局限，细化了国家安全涵盖的领域，同时，总体国家安全观又超越了传统安全和非传统安全思路的局限，依据对立统一的辩证思维创造性地提出了外部安全与内部安全、国土安全与国民安全的关系。

在总体国家安全观的指导下，2015 年 1 月中共中央政治局审议通过《国家安全战略纲要》，该纲要提出，坚持正确义利观，实现全面、共同、合作、可持续安全，在积极维护我国利益的同时，促进世界各国共同繁荣；运筹好大国关系，塑造周边安全环境，加强同发展中国家的团结合作，积极参与地区和全球治理，为世界和平与发展作出应有贡献；强调必须毫不动摇坚持中国共产党对国家安全工作的绝对领导，坚持集中统一、高效权威的国家安全工作领导体制。

新时代国家安全体系的构建。2021 年是"十四五"开局之年，中国开启了全面建设社会主义现代化国家的新征程，党的十九届五中全会提出"统筹发展和安全，建设更高水平的平安中国"，这意味着，在新发展阶段，国家安全问题被摆在了更加突出的位置。中国的发展迈上更高一级台阶，不仅发展任务更加繁重，所面临的安全风险和挑战也更加复杂和严峻。为了应对这种新的挑战，中国在总体国家安全观的指导下，致力于构建新的国家安全体系，即以人民安全为宗旨，以政治安全为根本，以经济安全为基础，以军事、文化、社会安全为保障，以促进国际安全为依托，力求构建覆盖政治安全、国土安全、军事安全、经济安全、文化安全、社会安全、科技安全、信息安全、生态安全、资源安全、核安全等各领域的总体国家安全体系。

2）国家治理体系和治理能力现代化建设

2013 年 11 月，党的十八届三中全会通过《中共中央关于全面深化改革若干重大问题的决定》，明确"完善和发展中国特色社会主义制度，推进国家治理体系与治理能力现代化"作为全面深化改革的总目标；"设立国家安全委员会，完善国家安全体制和国家安全战略，确保国家安全"。

2019 年 10 月，党的十九届四中全会审议通过《中共中央关于坚持和完善中国特色社会主义制度，推进国家治理体系和治理能力现代化若干重大问题的决定》，进一步推进国家治理体系和治理能力现代化建设。国家治理体系和治理能力是一个国家制度和制度执行能力的集中体现。国家治理体系是在党领导下管理国家的制度体系，包括经济、政治、文化、社会、生态文明和党的建设等各领域体制机制、法律法规安排，也就是一整套紧密相连、相互协调的国家制度；国家治理能力则是运用国家制度管理社会各方面事务的能力，包括改革发展稳定、内政外交国防、治党治国治军等各个方面。国家治理体系和治理能力是一个有机整体，相辅相成，有了好的国家治理体系才能提高治理能力，提高国家治理能力才能充分发挥国家治理体系的效能。

2024 年 6 月，党的二十届三中全会审议通过《中共中央关于进一步全面深化改革推进中国式现代化的决定》，提出聚焦建设更高水平平安中国，健全国家安全体系，强化一体化国家战略体系，增强维护国家安全能力，创新社会治理体制机制和手段，有效构建新安全格局。健全国家安全体系。强化国家安全工作协调机制，完善国家安全法治体系、战略体系、政策体系、风险监测预警体系，完善重点领域安全保障体系和重要专项协调指挥体系。构建联动高效的国家安全防护体系，推进国家安全科技赋能。

3. 有关国家安全的立法概况

我国国家安全法治建设分为以政治安全和军事安全为中心的国家安全法制形成与曲折发展时期、以传统国家安全观法律化为重点的国家安全法制完善与逐步发展时期、以总体国家安全观为指导的国家安全法治建设与全面推进时期等三个阶段[1]，反映在国家安全立法上，早期国家安全相关的立法把国家安全事务限定在政治、军事等领域，侧重于

---

[1]　杨宗科，张永林 . 中国特色国家安全法治道路七十年探索：历程与经验 [J]. 现代法学，2019，41（3）：3-22.

打击间谍犯罪，且过于依赖国防军事力量，新时期国家安全专门立法的内容则日益广泛。

1）反间谍立法

1983 年国家安全部成立后，国家开始推进有关国家安全的立法。1993 年 2 月 22 日，第七届全国人民代表大会常务委员会第三十次会议通过的《国家安全法》第四条规定了五种危害中华人民共和国国家安全的行为。1994 年 5 月，国务院发布《国家安全法实施细则》，进一步对《国家安全法》规定的危害国家安全的其他破坏活动进行细化。1993 年《国家安全法》及《国家安全法实施细则》主要规定了国家安全机关履行的职责，特别是反间谍工作方面的职责，实际上是以国家安全机关的反间谍工作为中心的国家安全立法，为国家安全机关反间谍工作提供了法律依据，国家安全工作走上了法治化的轨道。其后，刑法与刑事诉讼法的相关规定为打击危害国家安全犯罪提供了实体法和程序法的依据，如 1997 年 3 月第八届全国人大第五次会议修订的《刑法》，将 1979 年《刑法》中的"反革命罪"修改为"危害国家安全罪"，1999 年 3 月修订后的《宪法》第十七条将"反革命的活动"修改为"危害国家安全的犯罪活动"。

2014 年 11 月《反间谍法》颁布施行，同时废止了 1993 年《国家安全法》。2017 年 11 月，《反间谍法实施细则》施行，1994 年 6 月颁布的《国家安全法实施细则》也被废止。《反间谍法》及其实施细则对 1993 年《国家安全法》及其实施细则，从名称到内容进行了全面修订，突出了反间谍工作的特点，将间谍组织招募人员等六类行为确定为间谍行为，首次对具体间谍行为进行法律认定。作为我国反间谍工作领域的一部重要法律，对防范、制止和惩治间谍行为，维护国家安全，起到了基础性法律保障作用，进一步规范、加强了反间谍工作。

2）国防立法

国防是国家生存与发展的安全保障，传统国家安全中，军事安全占据至关重要的地位，国防军事力量对于国家安全的重要性不言而喻。因此，国防立法是传统国家安全观时期特别重要的立法。为了建设和巩固国防，保障改革开放和社会主义现代化建设的顺利进行，1997 年 3 月 14 日，第八届全国人民代表大会第五次会议通过《国防法》，并于 2020 年 12 月进行修订，其中立法目的部分增加了"实现中华民族伟大复兴"的内容，这也是《国家安全法》的立法目的。

国家安全的其他专门立法。新时期国家安全内涵十分广泛，这方面的专门立法也较多，主要有：《反分裂国家法》《戒严法》《突发事件应对法》《反恐怖主义法》《核安全法》《网络安全法》《国家情报法》《生物安全法》《境外非政府组织境内活动管理法》等。

国家安全法律体系建设。1983 年国家安全部成立后，国家安全多个领域的专门性立法相继出台，尤其是总体国家安全观形成以后，国家安全立法涉及政治安全、国土安全、军事安全、经济安全、社会安全、生态安全、网络安全、文化安全、核安全、科技安全等多个领域，国家安全法律体系框架基本形成。

随着国家安全形势的发展变化，对国家安全立法提出了新的要求，亟待制定一部综合性、全局性、基础性的法律，体现新时代总体国家安全观的要求，涵盖国家安全各个领域的内容，解决国家安全各领域带有普遍性的问题，并为今后制定相关配套法律法规预留空间。加强国家安全法律体系建设，制定综合性的国家安全基本法，理顺国家安全各领域立法之间的关系，成为国家安全立法的重要任务。为全面贯彻总体国家安全观，适应推进国家安全治理体系和治理能力现代化、加强国家安全法治建设的要求，统合各领域国家安全专门立法，2015 年 7 月全国人民代表大会常务委员会审议通过《国家安全法》，将国家安全的基本内涵、国家安全工作的基本原则、相关国家安全机关的职权职责、国家安全制度、国家安全保障、公民的权利与义务等内容予以法律化。

4. 《国家安全法》的立法宗旨及适用范围

1）《国家安全法》的立法宗旨

立法宗旨是指立法目的，即制定法律所要达到的社会目的。立法宗旨是指导法律的基本思想，也是法律的灵魂。概而言之，《国家安全法》的立法宗旨就是应对新时代国家面临的安全挑战，将总体国家安全观法律化、制度化，构建国家安全法律制度体系，从而维护国家安全、保护人民的根本利益、保障改革开放和社会主义现代化建设的顺利进行，实现中华民族的伟大复兴。

（1）维护国家安全。

完善国家安全法治体系是维护国家安全的重要保障，制定《国家安全法》是维护国家安全的有效途径。党的二十大报告提出，强化国家安全工作协调机制，完善国家安全法治体系。《国家安全法》不仅确立了维护国家安全的社会主义法治原则，也为实现国家安全提供了法治保障。

（2）保护人民的根本利益。

《国家安全法》是一部以人为本、反映并契合人民群众利益的综合性国家安全基本法。《国家安全法》以人为本的立法理念，体现在立法上突破传统国家安全立法一味强调"国家安全利益优先"的理念，将"人民安全"与"人民福祉"纳入"国家安全"的内涵，并在国家安全体系中突出"以人民安全为宗旨"。《国家安全法》不仅在立法宗旨中强调"保护人民的根本利益"，也在具体条文中强调人民的根本利益、人民安全和人权保障，如第三条规定："国家安全工作应当坚持总体国家安全观，以人民安全为宗旨……"第七条规定："维护国家安全，应当遵守宪法和法律，坚持社会主义法治原则，尊重和保障人权，依法保护公民的权利和自由。"第十六条规定："国家维护和发展最广大人民的根本利益，保卫人民安全，创造良好生存发展条件和安定工作生活环境，保障公民的生命财产安全和其他合法权益。"

（3）保障改革开放和社会主义现代化建设的顺利进行。

国家安全不仅是改革开放和进行社会主义现代化建设的前提和基础，也是中国特色社会主义建设事业顺利推进的保障。改革开放以来，党和国家始终把维护国家安全和社会稳定作为一项基础性工作，为改革开放和社会主义现代化建设营造了良好环境。统筹发展与安全也是贯彻总体国家安全观的基本要求，中国特色社会主义制度为统筹发展和安全提供了坚实的制度保障，《国家安全法》通过构建一个内涵丰富的国家安全体系，全方位保障各个领域的国家安全，为改革开放和社会主义现代化建设提供了法治保障。《国家安全法》还规定了"国家根据经济社会发展和国家发展利益的需要，不断完善维护国家安全的任务"。根据这一规定，保障国家安全的任务领域将会进一步拓展。

（4）实现中华民族伟大复兴。

《国家安全法》第一条明确了"实现中华民族伟大复兴"的立法目的，开启了"伟大复兴"入法的新时代。《国家安全法》构建了新时代的国家安全体系，全方位地维护国家安全，使得中国特色社会主义各项事业得以顺利推进，促进综合国力的提升，从而实现中华民族的伟大复兴。

2)《国家安全法》的适用范围

法的适用通常有两种涵义：广义上，是指国家机关及其公职人员、社会团体和公民实现法律规范的活动，又称法的实施；狭义上，是指国家机关及其公职人员依照其职权范围把法律规范应用于具体事项的活动，又特指拥有司法权的机关及司法人员依照法定方式把法律规范应用于具体案件的活动，也称司法适用。因此，广义上的《国家安全法》的适用范围是指《国家安全法》发生作用、产生效力的范围，根据《国家安全法》第十一条、第十三条的规定，中华人民共和国公民、一切国家机关和武装力量、各政党和各人民团体、企业事业组织和其他社会组织，都有维护国家安全的责任和义务，《国家安全法》不仅是各国家机关国家安全立法、执法、司法的依据，国家机关工作人员在从事国家安全工作和涉及国家安全的活动时必须遵守《国家安全法》，任何有关组织和个人也都必须严格遵守《国家安全法》，"任何个人和组织违反本法和有关法律，不履行维护国家安全义务或者从事危害国家安全活动的，依法追究法律责任"。这里的"组织"既包括我国各级国家机关、武装力量、各政党、社会团体和企业事业组织，也包括境外的国家和地区的各种机构、组织、团体和经济实体等。"个人"主要是指具有中华人民共和国国籍的中国公民，同时也包括外国人、无国籍人以及华侨和港、澳、台人员。

《国家安全法》的司法适用问题，要从《国家安全法》在国家安全法律体系中的地位来分析。由于《国家安全法》在国家安全法律体系中属于基础性、综合性、全局性的立法，该法第二章关于"维护国家安全的任务"的规定，虽然统摄了各关联法律、法规，形成了系统的国家安全法律体系，但其关于维护国家安全的规定较为原则，难以成为办理涉及国家安全的具体案件的直接依据。如前所述，国家已经制定了涉及国家安全的核心法律如《国防法》《反间谍法》《反分裂国家法》《反恐怖主义法》等，

《刑法》《刑事诉讼法》也规定了危害国家安全的犯罪及刑事责任的追究等，涉及国家安全各领域的立法如《数据安全法》《生物安全法》等，相关职能部门、各地方人大和地方政府也制定了相应的国家安全法实施细则、地方性法规或行政规章，因此，在办理某一具体涉及国家安全的具体案件时，大都有较为具体的特别规定，可以配套使用。

5.2.2　《国家安全法》的主要内容

《国家安全法》共七章八十四条，主要内容有：第一章总则部分，包括国家安全的涵义，国家安全工作的指导思想、基本原则等；第二章规定了各领域维护国家安全的主要任务；第三章规定了各部门、各地方维护国家安全的职责；第四章规定了国家安全制度和机制；第五章规定了法治、经费、物资、人才等一系列国家安全保障措施；第六章规定了公民和组织维护国家安全应当履行的义务和依法享有的权利。

1. 国家安全的涵义、范围

《国家安全法》首次对"国家安全"概念作出明确界定：国家安全是指国家政权、主权、统一和领土完整、人民福祉、经济社会可持续发展和国家其他重大利益相对处于没有危险和不受内外威胁的状态，以及保障持续安全状态的能力。第一，国家安全的主体为"国家"，民族、地区不应成为国家安全的主体，全球安全、国际安全应当以国家安全为基础，国家安全以人民利益为主要内容。第二，国家安全的指涉对象为国家重大利益，即为国家政权、主权、统一和领土完整、人民福祉、经济社会可持续发展和国家其他重大利益。第三，外部不受威胁、内部没有危险是国家安全的理想状态。这种状态具备三个层面特征，首先是安全的客观状态，其次是人民主观感知的安全感，最后是安全化，即特定的安全风险经过一定的程序进入国家安全决策治理层面，并因而实现了国家安全的理想状态。第四，保障持续安全状态的能力是国家治理能力现代化的重要内容，国家安全领域是国家治理重要领域，维护国家安全能力是国家治理能力的核心内容。在构建国家安全体系方面，《国家安全法》除了涉及传统的国家安全重要领域，还重点明确了以下国家安全的基本内涵。

一是保障经济安全，强调国家维护国家基本经济制度和社会主义市场经济秩序，保障关系国民经济命脉的重要行业和关键领域、重点产业、重大基础设施和重大建设项目以及其他重大经济利益安全。

二是明确了文化安全，文化安全属于国家安全观中的非传统领域。文化安全主要包含两方面，一方面是强调培育和践行社会主义核心价值观；另一方面是指中华文化的安全，中华文化是人类共同的文化财产。

三是提出了维护国家网络空间主权。《国家安全法》首次明确了"网络空间主权"的概念，国家建设网络与信息安全保障体系，并加强网络管理，防范、制止和依法惩治网络攻击、网络入侵、网络窃密、散布违法有害信息等网络违法犯罪行为，维护国家网络空间主权、安全和发展利益。随着网络技术的日新月异，网络信息技术广泛运用于国家政治、经济、社会、军事等各方面管理中，各国都在加速构建各自的网络与信息安全保护体系。《国家安全法》将维护网络安全纳入了国家安全战略。

四是为太空、深海和极地等新型领域国家安全提供法律支撑。《国家安全法》对新型领域国家安全作出了规定，外层空间、国际海底区域、极地等领域的科考、资源勘探和开发利用，有利于人类的长远发展。

2. 国家安全法的基本原则

国家安全法的基本原则是指体现并贯穿于国家安全立法、执法和司法、守法等活动全过程的，具有指引性、普遍性的准则。依据《国家安全法》的文本表述和我国国家安全工作实践，我国国家安全法主要有以下基本原则。

1）坚持中国共产党对国家安全工作的领导

党的领导是中国特色社会主义制度的最大优势，推进党的领导制度化、法治化，既是加强党的领导的应有之义，也是法治建设的重要任务。国家安全工作的特殊性决定了国家安全法治建设中坚持中国共产党领导更具有特别的针对性，无论是《国家安全法》界定的国家安全的概念，还是国家安全的国家利益性、全局性、战略性特点都决定了必须在中国共产党领导下，才能作出科学决策、统一部署、强力实施。

2）国家安全法治原则

《国家安全法》第七条规定，维护国家安全应当遵守宪法和法律，坚持社会主义法治原则。有关国家机关维护国家安全的权力来自宪法和法律，应当依法行使权力，依法维护国家安全，涉及国家安全的立法以及法的适用等活动既要遵守实体法的有关规定，也必须依照法定的权限和法定的程序进行。

3）保障人权原则

《国家安全法》第七条规定，维护国家安全，尊重和保障人权，依法保护公民的权利和自由。根据上述规定，国家安全机关及其工作人员在办理涉及国家安全的案件时，可依法对特定公民采取特别措施。但是，一方面，这些特别措施仅针对特定少数人的部分权利与自由的限制，必须坚持人权保障的最低标准。另一方面，采取这些措施是为了维护国家安全，保障全体公民的生命、财产安全，保障公民的福祉。

4）国家安全原则

各国国家安全立法均在一定程度上强调国家安全（利益）的优先性，我国《国家安全法》也不例外。它以维护国家安全为首要宗旨，体现了"国家利益高于一切"的理念，例如，为保障国家安全工作的有效开展，赋予国家安全机关以特别权力，可对公民基本权利进行克减，课予公民和社会组织、团体等维护国家安全的积极作为义务等。值得注意的是，在强调国家利益的同时，必须平衡保护公民的基本权利。当二者发生冲突时，不能片面强调国家利益优先而忽视基本权利保障，而应以比例原则对此加以审查。

5）协调发展与统筹全面原则

《国家安全法》第八条第一款规定，维护国家安全，应当与经济社会发展相协调。这是由人民对国家安全内涵之理解的深化、人民国家安全观之演变、国家安全治理能力的强化三方面的因素决定的。《国家安全法》第八条第二款规定："国家安全工作应当统筹内部安全和外部安全、国土安全和国民安全、传统安全和非传统安全、自身安全和共同安全。"可见，国家安全工作必须全面统筹，兼顾内外。

6）多元治理原则

国家安全领域的多元治理原则包括治理主体的多元、治理策略的多元和治理方式的多元三个方面。在治理主体方面，《国家安全法》第十一条规定，中华人民共和国公民、一切国家机关和武装力量、各政党和各人民团体、企业事业组织和其他社会组织，都有维护国家安全的责任和义务。在治理策略方面，《国家安全法》第六条的规定，国家制定并不断完善国家安全战略，全面评估国际、国内安全形势，明确国家安全战略的指导方针、中长期目标、重点领域的国家安全政策、工作任务和措施。在治理方式方面，单一的治理方式难以整体奏效，故必须采用预防为主、标本兼治、专门工作与群众路线相结合的方式方法。

7）奖惩与教育相结合的原则

该原则包括针对积极维护国家安全之相关主体的嘉奖、对危害国家安全之相关主体的惩戒、对全体国民的国家安全教育三个方面。嘉奖方面，《国家安全法》第十二条规定，国家对在维护国家安全工作中作出突出贡献的个人和组织给予表彰和奖励。惩戒方面，《国家安全法》依据主体不同与行为性质的不同，将基于维护国家安全目的的惩戒划分为三类：一是针对国家安全机关工作人员的失误或失职等行为的惩戒，二是针对个人或社会组织不履行法定的维护国家安全的义务的惩戒，三是针对危害国家安全的行为或活动的惩戒。教育方面，《国家安全法》第十四条规定，每年4月15日设定为全民国家安全教育日；第七十六条规定，国家加强国家安全新闻宣传和舆论引导，通过多种形式开展国家安全宣传教育活动，将国家安全教育纳入国民教育体系和公务员教育培训体系，增强全民国家安全意识。

8）互信互利与平等协作原则

基于国家安全问题的跨国性、国家安全工作的涉外性、中国大国国际责任三者的考量，《国家安全法》第十条规定，维护国家安全，应当坚持互信、互利、平等、协作，积极同外国政府和国际组织开展安全交流合作，履行国际安全义务，促进共同安全，维护世界和平。

3. 维护国家安全的职责、义务

总体国家安全观指导下的国家安全体系内容广泛，涵盖各个国家安全领域，维护国家安全的主体也十分广泛，覆盖所有国家机关、企事业单位、公司、政党团体和全体公民。

1）中国共产党对国家安全工作的领导

中央国家安全领导机构负责国家安全工作的决策和议事协调，研究制定、指导实施国家安全战略和有关重大方针政策，统筹协调国家安全重大事项和重要工作，推动国家安全法治建设；地方各级党委国家安全委员会，其既是领导、议事、协调机构，又承担推动国家安全法治建设的具体职责。

2）有关国家机关依照宪法行使职权

全国人民代表大会及其常务委员会、中华人民共和国国家主席等依照宪法规定行使职权。全国人民代表大会依照宪法规定，决定战争和和平的问题，行使宪法规定的涉及国家安全的其他职权；全国人民代表大会常务委员会依照宪法规定，决定战争状态的宣布，决定全国总动员或者局部动员，决定全国或者个别省、自治区、直辖市进入紧急状态，行使宪法规定的和全国人民代表大会授予的涉及国家安全的其他职权；中华人民共和国国家主席根据全国人民代表大会的决定和全国人民代表大会常务委员会的决定，宣布进入紧急状态，宣布战争状态，发布动员令，行使宪法规定的涉及国家安全的其他职权。国务院、中央军事委员会等依照宪法和法律分别制定有关国家安全的行政法规、军事法规。

3）国家安全法治实施主体及其责任

国家安全法治专门实施主体，涵盖具有维护国家安全职责的所有国家机关，涉及政治安全、国土安全、军事安全、经济安全、文化安全、社会安全、科技安全、信息安全、生态安全、资源安全、核安全等十一个国家安全领域。不断强化的金融安全，粮食安全，生物安全，极地、深海、太空安全，人工智能安全、海外利益安全等的延伸，总体国家安全体系不断延伸扩展，在相应领域负有组织、领导、管理、执法、司法职责的国家机关、企事业单位、人民团体均属于国家安全法治实施主体。

《国家安全法》规定了中央国家机关各部门按照职责分工，贯彻执行国家安全方针政策和法律法规，管理指导本系统、本领域国家安全工作。实际上，国务院机构改革后的22个组成部门，党中央机构改革后的16个组成机构，都承担实施《国家安全法》的职责，国家安全部、公安部、外交部、国防部等传统国家安全机关承担实施《国家安全法》《反间谍法》《保守国家秘密法》等传统国家安全法律的职责，工业和信息化部负责协调维护国家信息安全，实施网络安全、信息安全方面的法律法规，商务部负责制定、实施外商投资审查法律法规，科学技术部负责科技安全法律法规的实施，国土资源部负责土地资源、矿产资源、海洋资源等自然资源的规划、管理、保护与合理利用，环境保护部负责实施核安全、环境安全法律法规等。相关行政机关要严格执法，把依法行政作为国家安全工作的重要遵循，模范执行国家安全的各项法律法规。

人民法院依照法律规定行使审判权，人民检察院依照法律规定行使检察权，依法惩治危害国家安全的犯罪。国家安全机关、公安机关依法搜集涉及国家安全的情报信息，在国家安全工作中依法行使侦查、拘留、预审和执行逮捕以及法律规定的其他职权。有关军事机关在国家安全工作中依法行使相关职权。

《国家安全法》明确了地方维护国家安全的责任，特别规定了香港特别行政区、澳门特别行政区应当履行维护国家安全的责任。

4）国家机关工作人员的职责

《国家安全法》第十三条规定，国家机关工作人员在国家安全工作和涉及国家安全活动中，滥用职权、玩忽职守、徇私舞弊的，依法追究法律责任。

5）公民、组织维护国家安全的义务

公民和组织维护国家安全的义务主要有：遵守宪法、法律法规关于国家安全的有关规定；及时报告危害国家安全活动的线索；如实提供所知悉的涉及危害国家安全活动的证据；为国家安全工作提供便利条件或者其他协助；向国家安全机关、公安机关和有关军事机关提供必要的支持和协助；保守所知悉的国家秘密；法律、行政法规规定的其他义务。任何个人和组织不得有危害国家安全的行为，不得向危害国家安全的个人或者组织提供任何资助或者协助。机关、人民团体、企业事业组织和其他社会组织应当对本单位的人员进行维护国家安全的教育，动员、组织本单位的人员防范、制止危害国家安全的行为。

4. 国家安全基本制度

《国家安全法》确立了四项国家安全制度，即国家安全情报信息制度；国家安全风险预防、评估和预警制度；国家安全审查监管制度；国家安全危机管控制度。

1）国家安全情报信息制度

《国家安全法》不仅原则上规定国家健全统一归口、反应灵敏、准确高效、运转顺畅的情报信息收集、研判和使用制度，建立情报信息工作协调机制，实现情报信息的及时收集、准确研判、有效使用和共享；而且对涉及国家安全的情报信息搜集、报送、鉴别、筛选、综合、研判分析等做了具体的规定。

2）国家安全风险预防、评估和预警制度

为加强各领域国家安全风险的防范与预警，《国家安全法》规定：第一，制定和完善应对国家安全风险的预案；第二，建立国家安全风险评估机制，定期开展各领域国家安全风险调查评估，有关部门应当定期向中央国家安全领导机构提交国家安全风险评估报告；第三，健全国家安全风险监测预警制度，根据国家安全风险程度，及时发布相应风险预警；第四，建立危害国家安全的事件报告制度，县级以上地方人民政府及其主管部门对可能即将发生或者已经发生的危害国家安全的事件应当立即按照规定向上一级人民政府及其有关主管部门报告，必要时可以越级上报。

3）国家安全审查监管制度

为有效应对经济安全问题，我国早已设立了经济安全审查监管制度，2011年国务院办公厅发布的《关于建立外国投资者并购境内企业安全审查制度的通知》，建立了外国投资者并购境内企业安全审查部际联席会议制度，具体承担外国投资并购安全审查工作；2019年颁布实施的《外商投资法》原则性确立了"国家外商投资审查制度"，还有进出口贸易等需要进行国家安全审查，防止出现危害国家安全的贸易风险。《国家安全法》重申国家安全审查监管制度，除了原则性规定"建立国家安全审查和监管的制度和机制"以外，对审查主体及其职责、审查的主要内容等作了明确的规定，中央国家机关各部门依照法律、行政法规行使国家安全审查职责，依法作出国家安全审查决定或者提出安全审查意见并监督执行，省、自治区、直辖市依法负责本行政区域内有关国家安全审查和监管工作，对影响或者可能影响国家安全的外商投资、特定物项和关键技术、网络信息技术产品和服务、涉及国家安全事项的建设项目，以及其他重大事项和活动，进行国家安全审查，有效预防和化解国家安全风险。

4）国家安全危机管控制度

《国家安全法》规定：国家应当建立统一领导、协同联动、有序高效的国家安全危机管控制度，同时，对国家安全危机管控的主要内容作了具体规定。

危及国家安全事件的管控处置。发生危及国家安全的重大事件，中央有关部门和有关地方根据中央国家安全领导机构的统一部署，依法启动应急预案，采取管控处置措施。发生危及国家安全的特别重大事件，需要进入紧急状态、战争状态或者进行全国总动员、局部动员的，由全国人民代表大会、全国人民代表大会常务委员会或者国务院依照宪法和有关法律规定的权限和程序决定。国家决定进入紧急状态、战争状态或者实施国防动员后，履行国家安全危机管控职责的有关机关依照法律规定或者全国人民代表大会常务委员会规定，有权采取限制公民和组织权利、增加公民和组织义务的特别措施。国家安全威胁和危害得到控制或者消除后，应当及时解除管控处置措施，做好善后工作。

国家安全危机的信息报告与发布。根据《国家安全法》的规定，国家健全国家安全危机的信息报告和发布机制。国家安全危机事件发生后，履行国家安全危机管控职责的有关机关，应当按照规定准确、及时报告，并依法将有关国家安全危机事件发生、发展、管控处置及善后情况统一向社会发布。

5. 国家安全保障

根据《国家安全法》的规定，国家应当健全国家安全保障体系，增强维护国家安全的能力。这个保障体系应包含以下主要内容：第一，健全国家安全法律制度体系，推动国家安全法治建设，为国家安全提供法治保障；第二，经费保障，国家加大对国家安全各项建设的投入，保障国家安全工作所需经费和装备；第三，物资保障，承担国家安全战略物资储备任务的单位，应当按照国家有关规定和标准对国家安全物资进行收储、保管和维护，定期调整更换，保证储备物资的使用效能和安全；第四，科技保障，鼓励国家安全领域科技创新，发挥科技在维护国家安全中的作用；第五，人才保障，国家采取必要措施，招录、培养和管理国家安全工作专门人才和特殊人才，根据维护国家安全工作的需要，国家依法保护有关机关专门从事国家安全工作人员的身份和合法权益，加大人身保护和安置保障力度；第六，社会支持与配合，国家安全机关、公安机关、有关军事机关开展国家安全专门工作，可以依法采取必要手段和方式，有关部门和地方应当在职责范围内提供支持和配合；国家加强国家安全新闻宣传和舆论引导，通过多种形式开展国家安全宣传教育活动，将国家安全教育纳入国民教育体系和公务员教育培训体系，增强全民国家安全意识。

【本章小结】

本章主要介绍了国家紧急状态的基本制度状况，详细论述了《国家安全法》的立法宗旨以及国家安全的涵义和范围，明确了国家安全工作应遵循的基本原则，并阐述了国家安全基本制度和国家安全保障机制。

【核心概念】

（1）紧急状态，是指发生或者即将发生特别重大突发事件，需要国家机关行使紧急权力予以控制、消除其社会危害和威胁时，有关国家机关按照宪法、法律规定的权限决定并宣布局部地区或者全国实行的一种临时性的严重危急状态。

（2）国家安全是指国家政权、主权、统一和领土完整、人民福祉、经济社会可持续发展和国家其他重大利益相对处于没有危险和不受内外威胁的状态，以及保障持续安全状态的能力。

（3）总体国家安全观是一个内容丰富、开放包容、不断发展的思想体系，其核心要义可以概括为五大要素和五对关系。五大要素就是要以人民安全为宗旨，以政治安全为根本，以经济安全为基础，以军事、科技、文化、社会安全为保障，以促进国际安全为依托。五对关系就是既重视发展问题，又重视安全问题；既重视外部安全，又重视内部安全；既重视国土安全，又重视国民安全；既重视传统安全，又重视非传统安全；既重视自身安全，又重视共同安全。

【延伸阅读】

[1] 贾宇. 中国国家安全法教程 [M]. 北京：中国政法大学出版社，2021.

[2] 李竹，肖君. 国家安全法学（2024 修订）[M]. 北京：法律出版社，2024.

[3] 叶青. 国家安全法学 [M]. 北京：北京大学出版社，2023.

[4] 刘跃进. 国家安全学 [M]. 北京：中国政法大学出版社，2004.

第6章　应急管理基本制度

【学习目标】

1. 明确应急立法的现状和法律框架。
2. 掌握四类突发事件应急管理法律制度的主要内容。
3. 分析与理解突发事件应对法的立法目的、基本特点和主要制度建设。

【本章导引】

居安思危、未雨绸缪，这既是一种生活经验，也是公共治理的智慧。沉痛的事故教训表明，如果缺乏事前风险防控意识，考虑不周、防范不力，当危机到来时，就可能慌了手脚、乱了方寸，甚至加剧事态的恶化。[1] 每一次突发事件，都在检视着一个国家的应急体系建设和应急法治水平。我国是灾害多发频发的国家，随着城镇化、工业化步伐加快，各类事故隐患和安全风险交织叠加、易发多发。改革开放以来，我国应对包括自然灾害、事故灾难、公共卫生事件等在内的各类突发事件的能力不断提高，应急法治也在战胜一次次考验、克服一场场危机的过程中不断健全，展现了我国突发事件应对体制机制的特色和优势。但同时，近年来的实践也暴露出我国现行法律制度的短板和弱项，如何依法、科学、高效应对突发事件，如何平衡好应急处置效率与保障人权的关系，如何补好"应急法治观念和能力"这门课，成为摆在我们面前的现实问题。面对突发事件，依法应对最可靠、最稳妥。《突发事件应对法》作为应对各类突发事件的综合性基本法律，是应急管理领域的"龙头法"，承担着依法应对危机、保护人民群众生命财产安全的重要任务。

6.1　《突发事件应对法》的主要内容

6.1.1　立法目的和调整范围

《突发事件应对法》主要在明确党对突发事件应对工作的领导、完善突发事件应对管理与指挥体制、信息报送和发布、完善应急保障制度、加强突发事件应对能力建设、

---

〔1〕　首次修订完成！《中华人民共和国突发事件应对法》全面解读［EB/OL］.（2024-07-16）. https：//www.henanrd.gov.cn/2024/07-16/198308.htm.

全流程完善突发事件应对处置等方面作出了规定。

1. 立法目的

突发事件应急管理是一项内容庞杂、情况多变，涉及各方面利益又需要各方面参与，理论性和实践性都很强的工作，必须在法律上对这项工作的各个方面、各个环节进行严格规范。《突发事件应对法》把预防和减少突发事件的发生，控制、减轻和消除突发事件引起的严重社会危害，提高突发事件预防和应对能力，规范突发事件应对活动作为立法的重要目的和出发点，通过规范突发事件应对活动，确立突发事件的预防与应急准备、监测与预警、应急处置与救援等方面的机制和制度，最大限度地控制突发事件的发生和灾害的扩大，从而保护人民生命财产安全，维护国家安全、公共安全、生态环境安全和社会秩序。

2. 调整范围

《突发事件应对法》第二条规定：“突发事件的预防与应急准备、监测与预警、应急处置与救援、事后恢复与重建等应对活动，适用本法。”这表明《突发事件应对法》的调整范围，从突发事件应对过程看，首先要设法预防和减少突发事件发生；其次，当无法避免的突发事件发生后，政府应当采取应急措施予以处置，以控制事态发展和危害扩大，防止其演变为需要实行紧急状态予以处理的特别严重的事件。在发生特别严重突发事件、采取一般应急措施未能有效控制和消除其严重危害时，就要依法宣布进入紧急状态，采取更为严格的应急措施以控制事态发展。

6.1.2　法律地位和基本特点

1. 法律地位

《突发事件应对法》是适用于应对各类突发事件全过程的应急管理基本法，为我国应对各种突发事件提供了相对完整、统一的制度框架。《突发事件应对法》共八章106条，主要分为五个层次。

第一个层次是管理与指挥体制。主要规定了应急管理体制与工作体系。《突发事件应对法》第十六条规定，国家建立统一指挥、专常兼备、反应灵敏、上下联动的应急管理体制和综合协调、分类管理、分级负责、属地管理为主的工作体系。

第二个层次是预防与应急准备。主要规定了国家突发事件总体应急预案、专项应急预案、部门应急预案、地方各级人民政府突发事件应急预案和高危行业企业具体应急预案。在制定应急预案的同时，还要加强预防，提供保障。《突发事件应对法》第二十七条规定，县级以上人民政府应急管理部门指导突发事件应急预案体系建设，综合协调应急预案衔接工作，增强有关应急预案的衔接性和实效性。

第三个层次是监测与预警。《突发事件应对法》第六十三条规定了自然灾害、事故灾难和公共卫生事件三种突发事件的预警制度，第六十九条规定了社会安全事件的预警制度。

第四个层次是突发事件发生时的应急处置与救援。《突发事件应对法》第七十三条规定了自然灾害、事故灾难和公共卫生事件三种一般突发事件的应急处置措施。第七十四条规定了社会安全事件发生时的专门措施。第七十五条规定了政府采取不同措施的条件。

第五个层次是事后恢复与重建。该阶段应急措施停止执行，但要采取后续防范措施，防止继发性影响。《突发事件应对法》第八十六条规定，突发事件的威胁和危害得到控制或者消除后，履行统一领导职责或者组织处置突发事件的人民政府应当宣布解除应急响应，停止执行依照本法规定采取的应急处置措施，同时采取或者继续实施必要措施，防止发生自然灾害、事故灾难、公共卫生事件的次生、衍生事件或者重新引发社会安全事件，组织受影响地区尽快恢复社会秩序。

总之，《突发事件应对法》不可能穷尽所有应急法律问题，但是它规定了基本的应急管理法律规则和法律程序。

2.《突发事件应对法》的基本特点

1）理顺突发事件应对管理工作领导和管理体制

为了体现党对突发事件应对管理工作的领导，完善有关管理体制，明确各方责任，《突发事件应对法》规定：一是坚持中国共产党对突发事件应对管理工作的领导，建立健全集中统一、高效权威的中国特色突发事件应对管理工作领导体制。二是国家建立统一指挥、专常兼备、反应灵敏、上下联动的应急管理体制。三是落实深化党和国家机构改革成果，明确县级以上人民政府及应急管理、卫生健康、公安等有关部门在突发事件应对管理工作中的职责。四是明确应急指挥机构可以发布有关突发事件应对管理工作的决定、命令、措施等，解散后有关法律后果由本级人民政府承担。五是明确乡级人民政府、街道办事处和居民委员会、村民委员会在突发事件应对管理工作中的职责义务。

2）畅通信息报送和发布渠道

为了保障突发事件及其应对管理相关信息及时上传下达、畅通渠道、完善有关制度，《突发事件应对法》规定：一是建立健全突发事件信息发布和新闻采访报道制度，及时回应社会关切。二是建立网络直报和自动速报制度，提高报告效率，打通信息报告上行渠道。三是加强应急通信系统、应急广播系统建设，确保突发事件应对管理工作的通信、广播安全畅通。四是明确规定不得授意他人迟报、谎报、瞒报，不得阻碍他人报告突发事件信息。

3）完善应急保障制度

为了加强应急物资、运力、能源保障，推动有关产业发展、场所建设、物资生产储备采购等工作有序开展，为突发事件应对管理工作提供坚实物质基础，《突发事件应对法》规定：一是建立健全应急物资储备保障制度，完善重要应急物资的监管、生产、采购、储备、调拨和紧急配送体系，促进应急产业发展。二是建立健全应急运输保障体系，确保应急物资和人员及时运输。三是建立健全能源应急保障体系，保障受突发事件影响地区的能源供应。四是加强应急避难场所的规划、建设和管理工作。五是建立应急救援物资、生活必需品和应急处置装备的储备制度。六是鼓励公民、法人和其他组织储备基本的应急自救物资和生活必需品。

4）加强突发事件应对管理能力建设

为了有效提高突发事件应对管理能力，为突发事件应对管理工作提供更坚实的制度支撑、人才保障、技术支持，《突发事件应对法》规定：一是明确国家综合性消防救援队伍是应急救援的综合性常备骨干力量，规定乡村可以建立基层应急救援队伍。二是增设应急救援职业资格，明确相应资格条件。三是鼓励和支持在突发事件应对管理中依法应用现代技术手段，提高突发事件应对管理能力。四是建立健全突发事件应急响应制度，科学划分应急响应级别，及时启动应急响应。五是加强重要商品和服务市场情况监测，必要时可以依法采取干预措施。六是进一步完善应急处置措施的规定，增加限制人员流动、封闭管理等措施。

5）充分发挥社会力量作用

为了充分调动社会各方力量参与突发事件应对工作的积极性，进一步形成合力，《突发事件应对法》规定：一是建立突发事件应对管理工作投诉、举报制度，鼓励人民群众监督政府及部门等不履职行为。二是完善表彰、奖励制度，对在突发事件应对管理工作中作出突出贡献的单位和个人，按照国家有关规定给予表彰、奖励。三是鼓励和支持社会力量建立提供社会化应急救援服务的应急救援队伍。四是建立健全突发事件专家咨询论证制度，发挥专业人员在突发事件应对管理工作中的作用。五是支持、引导红十字会、慈善组织以及志愿服务组织、志愿者等参与应对突发事件。

6）保障社会各主体合法权益

为了保障突发事件应对管理工作中社会各主体合法权益，确保人民群众生命安全和身体健康，《突发事件应对法》规定：一是突发事件应对管理工作应当坚持总体国家安全观，坚持人民至上、生命至上。二是关怀特殊群体，优先保护未成年人、老年人、残疾人、孕期和哺乳期的妇女等群体。三是完善突发事件应对管理过程中的征收征用制度，维护被征收征用人的合法权益。四是关爱受突发事件影响无人照料的无民事行为能力人和限制民事行为能力人，提供及时有效的帮助。五是加强心理健康服务体系和人才队伍建设，做好受突发事件影响各类人群的心理援助工作。六是加强个人信息保护，确保突发事件应急处置中获取、使用他人个人信息合法、安全。

6.1.3　应急管理的主要制度

1. 预防与准备制度

突发事件的预防和应急准备制度是整部《突发事件应对法》中最重要的一项制度，

也是涉及条文最多的一项制度。《突发事件应对法》第三章"预防与应急准备"共32条。突发事件的预防和应急准备制度包括：一是建立健全安全管理制度；二是建立健全突发事件应对管理培训制度；三是建立健全应急物资储备保障制度；四是建立健全突发事件专家咨询论证制度。

2. 监测与预警制度

突发事件的监测与预警制度是《突发事件应对法》中最重要的制度之一。突发事件的监测与预警制度包括：国家建立健全突发事件监测制度；国家建立健全突发事件预警制度。

3. 应急处置与救援制度

突发事件发生以后，首要任务是进行有效的处置，组织营救和救治受伤人员，防止事态扩大和次生、衍生事件的发生。突发事件发生后的应急响应制度包括：一是自然灾害、事故灾难或者公共卫生事件发生后可以采取的措施；二是社会安全事件发生后可以采取的措施；三是发生突发事件、严重影响国民经济正常运行时可以采取的措施。

4. 事后恢复与重建制度

突发事件的威胁和危害基本得到控制和消除后，应当及时组织开展事后恢复和重建工作，以减轻突发事件造成的损失和影响，尽快恢复生产、生活、工作和社会秩序，妥善解决处置突发事件过程中引发的矛盾和纠纷。突发事件的事后恢复与重建制度包括：一是及时停止应急措施，同时采取或者继续实施防止次生、衍生事件或者重新引发社会安全事件的必要措施。二是制定恢复重建计划。突发事件应急处置工作结束后，有关人民政府应当在对突发事件造成的损失进行评估的基础上，组织制定受影响地区恢复重建计划。三是上级人民政府提供指导和投助。受突发事件影响地区的人民政府开展恢复重建工作需要上一级人民政府支持的，可以向上一级人民政府提出请求。上一级人民政府应当根据受影响地区遭受的损失和实际情况，提供必要的援助。四是国务院根据受突发事件影响地区遭受损失的情况，制定扶持该地区有关行业发展的优惠政策。

5. 法律责任追究制度

突发事件法律责任追究制度主要涉及对地方政府、生产经营单位及相关责任人在突发事件应对过程中的法律责任进行明确和追究。这一制度旨在确保在突发事件发生时，相关责任主体能够依法履行职责，采取必要的应对措施，以减少损失并保护公众安全。突发事件法律责任追究制度的主要内容包括以下几方面。

1）地方政府的责任

《突发事件应对法》第九十五条规定，地方各级人民政府和县级以上人民政府有关部门违反本法规定，不履行或者不正确履行法定职责的，由其上级行政机关责令改正；有下列情形之一，由有关机关综合考虑突发事件发生的原因、后果、应对处置情况、行为人过错等因素，对负有责任的领导人员和直接责任人员依法给予处分：（1）未按照规定采取预防措施，导致发生突发事件，或者未采取必要的防范措施，导致发生次生、衍生事件的；（2）迟报、谎报、瞒报、漏报或者授意他人迟报、谎报、瞒报以及阻碍他人报告有关突发事件的信息，或者通报、报送、公布虚假信息，造成后果的；（3）未按照规定及时发布突发事件警报、采取预警期的措施，导致损害发生的；（4）未按照规定及时采取措施处置突发事件或者处置不当，造成后果的；（5）违反法律规定采取应对措施，侵犯公民生命健康权益的；（6）不服从上级人民政府对突发事件应急处置工作的统一领导、指挥和协调的；（7）未及时组织开展生产自救、恢复重建等善后工作的；（8）截留、挪用、私分或者变相私分应急救援资金、物资的；（9）不及时归还征用的单位和个人的财产，或者对被征用财产的单位和个人不按照规定给予补偿的。

2）生产经营单位和公民个人的责任

《突发事件应对法》第九十六条规定，有关单位有下列情形之一，由所在地履行统一领导职责的人民政府有关部门责令停产停业，暂扣或者吊销许可证件，并处 5 万元以上 20 万元以下的罚款；情节特别严重的，并处 20 万元以上 100 万元以下的罚款：（1）未按照规定采取预防措施，导致发生较大以上突发事件的；（2）未及时消除已发现的可能引发突发事件的隐患，导致发生较大以上突发事件的；（3）未做好应急物资储备和应急设备、设施日常维护、检测工作，导致发生较大以上突发事件或者突发事件危害扩大的；（4）突发事件发生后，不及时组织开展应急救援工作，造成严重后果的。其他法律对前款行为规定了处罚的，依照较重的规定处罚。第九十七条规定，违反本法规定，编造并传播有关突发事件的虚假信息，或者明知是有关突发事件的虚假信息而进行传播的，责令改正，给予警告；造成严重后果的，依法暂停其业务活动或者吊销其许可证件；负有直接责任的人员是公职人员的，还应当依法给予处分。第九十八条规定，单位或者个人违反本法规定，不服从所在地人民政府及其有关部门依法发布的决定、命令或者不配合其依法采取的措施的，责令改正；造成严重后果的，依法给予行政处罚；负有直接责任的人员是公职人员的，还应当依法给予处分。第九十九条规定，单位或者个人违反本法第八十四条、第八十五条关于个人信息保护规定的，由主管部门依照有关法律规定给予处罚。第一百条规定，单位或者个人违反本法规定，导致突发事件发生或者危害扩大，造成人身、财产或者其他损害的，应当依法承担民事责任。第一百零一条规定，为了使本人或者他人的人身、财产免受正在发生的危险而采取避险措施的，依照《民法典》《刑法》等法律关于紧急避险的规定处理。第一百零二条规定，违反本法规定，构成违反治安管理行为的，依法给予治安管理处罚；构成犯罪的，依法追究刑事责任。

6.2 四类突发事件应急法律制度

6.2.1 事故灾难类应急法律制度

事故灾难是指在人们生产、生活过程中发生的，直接由人的生产、生活活动引发的，违反人们意志的、迫使活动暂时或永久停止，并且造成大量的人员伤亡、经济损失或环境污染的意外事件。事故灾难是《突发事件应对法》确定的四类突发事件之一，其应急管理法律法规的核心内容就是规定政府、生产经营单位和从业人员及其他主体在预防、准备、响应和恢复的不同阶段应有的责任、权利和义务，从而充分调动和发挥各方主体应急救援的能动性，有效避免不利于救援的各项行为，同时充分保障各主体应享有的利益不被侵犯。事故灾难应急管理主要法律法规包括《安全生产法》《消防法》《生产安全事故应急条例》《生产安全事故应急预案管理办法》以及其他事故灾难相关的法律规定。本书以《安全生产法》为重点，介绍生产安全事故灾难应急管理的相关规定和要求。

《安全生产法》是生产安全事故领域内的一部基础性、综合性法律，重点规制了生产经营单位在应急能力和应急准备方面的责任。

1. 加强生产安全事故应急能力建设

生产安全事故应急能力建设主要体现在重点行业、领域中的应急救援基地和应急救援队伍，既需要各级政府的重点推动，也要有生产经营单位和其他社会力量的参与。《安全生产法》第七十九条第一款规定："国家加强生产安全事故应急能力建设，在重点行业、领域建立应急救援基地和应急救援队伍，并由国家安全生产应急救援机构统一协调指挥；鼓励生产经营单位和其他社会力量建立应急救援队伍，配备相应的应急救援装备和物资，提高应急救援的专业化水平。"第八十二条规定："危险物品的生产、经营、储存单位以及矿山、金属冶炼、城市轨道交通运营、建筑施工单位应当建立应急救援组织；生产经营规模较小的，可以不建立应急救援组织，但应当指定兼职的应急救援人员。"

2. 建立生产安全事故应急救援信息系统

在生产安全事故应急救援中，政府承担着实施应急通信、应急分析、应急决策、应急指挥、应急处置和紧急救援的基本任务，为了科学、准确、及时地应对事故灾难，政府需要建立生产安全事故应急救援信息系统。《安全生产法》第七十九条第二款规定："国务院应急管理部门牵头建立全国统一的生产安全事故应急救援信息系统，国务院交通运输、住房和城乡建设、水利、民航等有关部门和县级以上地方人民政府建立健全相关行业、领域、地区的生产安全事故应急救援信息系统，实现互联互通、信息共享，通过推行网上安全信息采集、安全监管和监测预警，提升监管的精准化、智能化水平。"

3. 加强地方政府的救援责任

县级以上地方各级人民政府承担应急救援责任，并制定相关的应急预案，逐步完善应急救援体系。《安全生产法》第八十条规定："县级以上地方各级人民政府应当组织有关部门制定本行政区域内生产安全事故应急救援预案，建立应急救援体系。乡镇人民政府和街道办事处，以及开发区、工业园区、港区、风景区等应当制定相应的生产安全事故应急救援预案，协助人民政府有关部门或者按照授权依法履行生产安全事故应急救援工作职责。"

4. 生产经营单位应急能力建设与应急准备职责

生产经营单位是事故发生后的第一响应单位，要做好事故的报告、先期处置和自救工作，因此要提高单位自身的应急救援能力，做好应急准备工作。《安全生产法》第八十一条规定："生产经营单位应当制定本单位生产安全事故应急救援预案，与所在地县级以上地方人民政府组织制定的生产安全事故应急救援预案相衔接，并定期组织演练。"第八十二条规定："危险物品的生产、经营、储存单位以及矿山、金属冶炼、城市轨道交通运营、建筑施工单位应当建立应急救援组织；生产经营规模较小的，可以不建立应急救援组织，但应当指定兼职的应急救援人员。危险物品的生产、经营、储存、运输单位以及矿山、金属冶炼、城市轨道交通运营、建筑施工单位应当配备必要的应急救援器材、设备和物资，并进行经常性维护、保养，保证正常运转。"

5. 事故发生后的应急处置和救援工作责任

生产经营单位、负有安全生产监督管理职责的部门和政府在事故报告上的义务和责任。《安全生产法》第八十三条规定："生产经营单位发生生产安全事故后，事故现场有关人员应当立即报告本单位负责人。单位负责人接到事故报告后，应当迅速采取有效措施，组织抢救，防止事故扩大，减少人员伤亡和财产损失，并按照国家有关规定立即如实报告当地负有安全生产监督管理职责的部门，不得隐瞒不报、谎报或者迟报，不得故意破坏事故现场、毁灭有关证据。"第八十四条规定："负有安全生产监督管理职责的部门接到事故报告后，应当立即按照国家有关规定上报事故情况。负有安全生产监督管理职责的部门和有关地方人民政府对事故情况不得隐瞒不报、谎报或者迟报。"第八十五条规定："有关地方人民政府和负有安全生产监督管理职责的部门的负责人接到生产安全事故报告后，应当按照生产安全事故应急救援预案的要求立即赶到事故现场，组织事故抢救。参与事故抢救的部门和单位应当服从统一指挥，加强协同联动，采取有效的应急救援措施，并根据事故救援的需要采取警戒、疏散等措施，防止事故扩大和次生灾害的发生，减少人员伤亡和财产损失。事故抢救过程中应当采取必要措施，避免或者减少对环境造成的危害。任何单位和个人都应当支持、配合事故抢救，并提供一切便利条件。"

6.2.2 自然灾害类应急法律制度

自然灾害是指自然环境中对人类生命安全和财产构成危害的自然变异和极端事件，或者是对自然生态环境、人居环境和人类及其生命财产造成破坏和危害的自然现象。自然灾害是《突发事件应对法》确定的四类突发事件之一，其在防震减灾、火灾应急管理、洪涝灾害应急管理、环境灾害治理等领域形成较为完整的自然灾害防治法律体系。自然灾害应急管理的主要法律法规包括《防震减灾法》《防洪法》《森林防火条例》以及其他自然灾害相关的法律规定。本书以《防震减灾法》为重点介绍自然灾害应急管理的相关规定和要求。

《防震减灾法》对我国防震减灾领域中的各个方面的社会关系作了全面的法律规定，是调整防震减灾中的各个社会关系的基本法律规范。

1. 地方政府防震减灾规划

防震减灾规划是加强地震灾害预防、提高综合防震减灾能力的重要依据。防震减灾是一项社会系统工程，制定防震减灾规划，是贯彻落实"预防为主"方针的具体步骤，是增强防震减灾能力的需要。防震减灾规划由国务院地震工作主管部门、县级以上地方人民政府负责管理地震工作的部门或者机构会同同级有关部门组织编制。编制完成后，由组织编制的部门报同级人民政府批准后组织实施。规划经批准后，编制部门要及时对规划的主要目标和任务进行分解，明确责任，保障规划的实施落到实处。《防震减灾法》第四条规定："县级以上人民政府应当加强对防震减灾工作的领导，将防震减灾工作纳入本级国民经济和社会发展规划，所需经费列入财政预算。"

2. 地震监测预报

1）建立多学科地震监测系统

《防震减灾法》第十七条规定："国家加强地震监测预报工作，建立多学科地震监测系统，逐步提高地震监测预报水平。"

2）专用地震监测台网和强震动监测设施

《防震减灾法》第十九条规定："水库、油田、核电站等重大建设工程的建设单位，应当按照国务院有关规定，建设专用地震监测台网或者强震动监测设施，其建设资金和运行经费由建设单位承担。"

3）海域地震活动监测和火山活动监测

《防震减灾法》第二十二条规定："沿海县级以上地方人民政府负责管理地震工作的部门或者机构，应当加强海域地震活动监测预测工作。海域地震发生后，县级以上地方人民政府负责管理地震工作的部门或者机构，应当及时向海洋主管部门和当地海事管理机构等通报情况。"

4）地震监测信息共享平台建设

《防震减灾法》第二十五条规定："国务院地震工作主管部门建立健全地震监测信息共享平台，为社会提供服务。县级以上地方人民政府负责管理地震工作的部门或者机构，应当将地震监测信息及时报送上一级人民政府负责管理地震工作的部门或者机构。专用地震监测台网和强震动监测设施的管理单位，应当将地震监测信息及时报送所在地省、自治区、直辖市人民政府负责管理地震工作的部门或者机构。"

5）地震重点监视防御区的地震监测工作

《防震减灾法》第三十条规定："国务院地震工作主管部门根据地震活动趋势和震害预测结果，提出确定地震重点监视防御区的意见，报国务院批准。国务院地震工作主管部门应当加强地震重点监视防御区的震情跟踪，对地震活动趋势进行分析评估，提出年度防震减灾工作意见，报国务院批准后实施。地震重点监视防御区的县级以上地方人民政府应当根据年度防震减灾工作意见和当地的地震活动趋势，组织有关部门加强防震减灾工作。地震重点监视防御区的县级以上地方人民政府负责管理地震工作的部门或者机构，应当增加地震监测台网密度，组织做好震情跟踪、流动观测和可能与地震有关的异常现象观测以及群测群防工作，并及时将有关情况报上一级人民政府负责管理地震工作的部门或者机构。"

6）地震烈度速报系统建设

《防震减灾法》第三十一条规定："国家支持全国地震烈度速报系统的建设。地震灾害发生后，国务院地震工作主管部门应当通过全国地震烈度速报系统快速判断致灾程度，为指挥抗震救灾工作提供依据。"

7）地震预报的统一发布

《防震减灾法》第二十九条规定："国家对地震预报意见实行统一发布制度。全国范围内的地震长期和中期预报意见，由国务院发布。省、自治区、直辖市行政区域内的地震预报意见，由省、自治区、直辖市人民政府按照国务院规定的程序发布。除发表本人或者本单位对长期、中期地震活动趋势的研究成果及进行相关学术交流外，任何单位和个人不得向社会散布地震预测意见。任何单位和个人不得向社会散布地震预报意见及其评审结果。"

3. 地震灾害预防

地震灾害预防包括工程性预防与非工程性预防两大部分。工程性预防措施是指人们为了防止建（构）筑物在地震时遭受破坏而采取的预防措施，包括选择场地，采取适当的地基处理措施，合理的结构布局与抗震设计演算和构造措施，合适的材料，以及严格按抗震设计施工和维护保养措施。非工程性的防御措施主要指各级人民政府及其有关部门或者机构和社会公众依法开展的各项减灾活动，这些活动旨在提高抗御地震灾害能力，增强社会的防震减灾意识，主要包括建立健全防震减灾工作体系，编制防震减灾规划，开展防震减灾知识的宣传，抗震救灾资金和物资的适当储备，以及地震灾害保险。

1）有关建设工程的强制性标准应当与抗震设防要求相衔接

《防震减灾法》第三十六条规定："有关建设工程的强制性标准，应当与抗震设防要求相衔接。"

2）组织制定地震小区划图

《防震减灾法》第三十七条规定："国家鼓励城市人民政府组织制定地震小区划图。地震小区划图由国务院地震工作主管部门负责审定。"

3）加强农村民居抗震设防管理

《防震减灾法》第四十条规定："县线以上地方人民政府应当加强对农村村民住宅和乡村公共设施抗震设防的管理，组织开展农村实用抗震技术的研究和开发，推广达到抗震设防要求、经济适用、具有当地特色的建筑设计和施工技术，培训相关技术人员，建设示范工程，逐步提高农村村民住宅和乡村公共设施的抗震设防水平。国家对需要抗震设防的农村村民住宅和乡村公共设施给予必要支持。"

4）统筹安排地震应急避难场所建设

《防震减灾法》第四十一条规定："城乡规划应当根据地震应急避难的需要，合理确定应急疏散通道和应急避难场所，统筹安排地震应急避难所必需的交通、供水、供电、排污等基础设施建设。"

5）依靠科技推进建设工程抗震设防

《防震减灾法》第四十三条规定："国家鼓励、支持研究开发和推广使用符合抗震设防要求、经济实用的新技术、新工艺、新材料。"

6）安排地震重点监视防御区的抗震救灾资金、物资储备

《防震减灾法》第四十二条规定："地震重点监视防御区的县级以上地方人民政府应当根据实际需要，在本级财政预算和物资储备中安排抗震救灾资金、物资。"

7）做好防震减灾知识宣传教育工作

《防震减灾法》第四十四条规定："县级人民政府及其有关部门和乡、镇人民政府、城市街道办事处等基层组织，应当组织开展地震应急知识的宣传普及活动和必要的地震应急救援演练，提高公民在地震灾害中自救互救的能力。机关、团体、企业、事业等单位，应当按照所在地人民政府的要求，结合各自实际情况，加强对本单位人员的地震应急知识宣传教育，开展地震应急救援演练。学校应当进行地震应急知识教育，组织开展必要的地震应急救援演练，培养学生的安全意识和自救互救能力。新闻媒体应当开展地震灾害预防和应急、自救互救知识的公益宣传。国务院地震工作主管部门和县级以上地方人民政府负责管理地震工作的部门或者机构，应当指导、协助、督促有关单位做好防震减灾知识的宣传教育和地震应急救援演练等工作。"

8）完善地震灾害保险制度

单位和个人参加地震灾害保险。《防震减灾法》第四十五条规定："国家发展有财

政支持的地震灾害保险事业，鼓励单位和个人参加地震灾害保险。"

4. 地震应急救援

地震应急救援包括震前应急防御和震后应急救援。震前应急是指在地震发生之前，按照地震应急预案做好各项临震紧急避险和震后抢险救灾准备。震后应急救援主要是指根据破坏性地震发生后对地震（发震时间、地点、震级）的快速测定和地震灾害的可能等级，组织实施相应等级的地震应急预案，开展抢险救灾。

1）建立地震灾害紧急救援队伍

《防震减灾法》第五十四条规定："国务院建立国家地震灾害紧急救援队伍。省、自治区、直辖市人民政府和地震重点监视防御区的市、县人民政府可以根据实际需要，充分利用消防等现有队伍，按照一队多用、专职与兼职相结合的原则，建立地震灾害紧急救援队伍。地震灾害紧急救援队伍应当配备相应的装备、器材，开展培训和演练，提高地震灾害紧急救援能力。地震灾害紧急救援队伍在实施救援时，应当首先对倒塌建筑物、构筑物压埋人员进行紧急救援。"第五十七条："国务院地震工作主管部门会同有关部门和单位，组织协调外国救援队和医疗队在中华人民共和国开展地震灾害紧急救援活动。国务院抗震救灾指挥机构负责外国救援队和医疗队的统筹调度，并根据其专业特长，科学、合理地安排紧急救援任务。地震灾区的地方各级人民政府，应当对外国救援队和医疗队开展紧急救援活动予以支持和配合。"

2）完善地震应急预案

《防震减灾法》第四十六条规定："国务院地震工作主管部门会同国务院有关部门制定国家地震应急预案，报国务院批准。国务院有关部门根据国家地震应急预案，制定本部门的地震应急预案，报国务院地震工作主管部门备案。县级以上地方人民政府及其有关部门和乡、镇人民政府，应当根据有关法律、法规、规章、上级人民政府及其有关部门的地震应急预案和本行政区域的实际情况，制定本行政区域的地震应急预案和本部门的地震应急预案。省、自治区、直辖市和较大的市的地震应急预案，应当报国务院地震工作主管部门备案。交通、铁路、水利、电力、通信等基础设施和学校、医院等人员密集场所的经营管理单位，以及可能发生次生灾害的核电、矿山、危险物品等生产经营单位，应当制定地震应急预案，并报所在地的县级人民政府负责管理地震工作的部门或者机构备案。"

3）地震分级响应机制

《防震减灾法》第四十九条规定："按照社会危害程度、影响范围等因素，地震灾害分为一般、较大、重大和特别重大四级。具体分级标准按照国务院规定执行。一般或者较大地震灾害发生后，地震发生地的市、县人民政府负责组织有关部门启动地震应急预案；重大地震灾害发生后，地震发生地的省、自治区、直辖市人民政府负责组织有关部门启动地震应急预案；特别重大地震灾害发生后，国务院负责组织有关部门启动地震应急预案。"

4）震情、灾情的上报和发布

《防震减灾法》第五十二条规定："地震灾区的县级以上地方人民政府应当及时将地震震情和灾情等信息向上一级人民政府报告，必要时可以越级上报，不得迟报、谎报、瞒报。地震震情、灾情和抗震救灾等信息按照国务院有关规定实行归口管理，统一、准确、及时发布。"

5）震后紧急措施

《防震减灾法》第五十条规定，地震灾害发生后，抗震救灾指挥机构应当立即组织有关部门和单位迅速查清受灾情况，提出地震应急救援力量的配置方案，并采取以下紧急措施：（1）迅速组织抢救被压埋人员，并组织有关单位和人员开展自救互救；（2）迅速组织实施紧急医疗救护，协调伤员转移和接收与救治；（3）迅速组织抢修毁损的交通、铁路、水利、电力、通信等基础设施；（4）启用应急避难场所或者设置临时避难场所，设置救济物资供应点，提供救济物品、简易住所和临时住所，及时转移和安置受灾群众，确保饮用水消毒和水质安全，积极开展卫生防疫，妥善安排受灾群众生活；（5）迅速控制危险源，封锁危险场所，做好次生灾害的排查与监测预警工作，防范地震可能引发的火灾、水灾、爆炸、山体滑坡和崩塌、泥石流、地面塌陷，或者剧毒、强腐蚀性、放射性物质大量泄漏等次生灾害以及传染病疫情的发生；（6）依法采取维持社会秩序、维护社会治安的必要措施。

5. 地震灾后过渡性安置和恢复重建

1）地震灾后过渡性安置

地震灾后过渡性安置和恢复重建是指地震灾害发生后的过渡性安置、恢复生产、重建家园以及善后工作等活动。《防震减灾法》第五十九条规定："地震灾区受灾群众需要过渡性安置的，应当根据地震灾区的实际情况，在确保安全的前提下，采取灵活多样的方式进行安置。"

2）地震灾后损失调查评估

地震灾害损失调查评估是对地震造成的损失进行综合评价的工作，地震灾害损失调查评估是一项基础工作，是为制订地震应急救援力量的配置方案、制订灾后过渡性安置和恢复重建规划提供依据的活动。《防震减灾法》第五十八条规定："国务院或者地震灾区的省、自治区、直辖市人民政府应当及时组织对地震灾害损失进行调查评估，为地震应急救援、灾后过渡性安置和恢复重建提供依据。地震灾害损失调查评估的具体工作，由国务院地震工作主管部门或者地震灾区的省、自治区、直辖市人民政府负责管理地震工作的部门或者机构和财政、建设、民政等有关部门按照国务院的规定承担。"

6.2.3　公共卫生事件类应急法律制度

公共卫生事件是指突然发生，造成或者可能造成社会公众健康严重损害的重大传染病疫情、群体性不明原因疾病、重大食物和职业中毒以及其他严重影响公众健康的事件。公共卫生事件是《突发事件应对法》确定的四类突发事件之一，其在重大传染病疫情、群体不明原因疾病、重大食物和职业中毒、重大动物疫情以及其他影响公众健康和生命安全等领域形成较为完整的公共卫生防治法律体系。公共卫生事件应急管理的主要法律法规包括《传染病防治法》《突发公共卫生事件应急条例》《重大动物疫情应急条例》以及其他公共卫生相关的法律规定。本书以《传染病防治法》为重点介绍公共卫生事件应急管理的相关规定和要求。

《传染病法》对我国传染病防治领域中的各个方面的社会关系作了全面的法律规定，是调整传染病预防、控制和消除中的各种社会关系的基本法律规范。

1. 传染病的分类

传染病分为甲类、乙类和丙类。《传染病防治法》第三条规定："甲类传染病是指：鼠疫、霍乱。乙类传染病是指：传染性非典型肺炎、艾滋病、病毒性肝炎、脊髓灰质炎、人感染高致病性禽流感、麻疹、流行性出血热、狂犬病、流行性乙型脑炎、登革热、炭疽、细菌性和阿米巴性痢疾、肺结核、伤寒和副伤寒、流行性脑脊髓膜炎、百日咳、白喉、新生儿破伤风、猩红热、布鲁氏菌病、淋病、梅毒、钩端螺旋体病、血吸虫病、疟疾。丙类传染病是指：流行性感冒、流行性腮腺炎、风疹、急性出血性结膜炎、麻风病、流行性和地方性斑疹伤寒、黑热病、包虫病、丝虫病，除霍乱、细菌性和阿米巴性痢疾、伤寒和副伤寒以外的感染性腹泻病。国务院卫生行政部门根据传染病暴发、流行情况和危害程度，可以决定增加、减少或者调整乙类、丙类传染病病种并予以公布。"

2. 传染病预防

1）日常预防

《传染病防治法》第十三条规定："各级人民政府组织开展群众性卫生活动，进行预防传染病的健康教育，倡导文明健康的生活方式，提高公众对传染病的防治意识和应对能力，加强环境卫生建设，消除鼠害和蚊、蝇等病媒生物的危害。各级人民政府农业、水利、林业行政部门按照职责分工负责指导和组织消除农田、湖区、河流、牧场、林区的鼠害与血吸虫危害，以及其他传播传染病的动物和病媒生物的危害。铁路、交通、民用航空行政部门负责组织消除交通工具以及相关场所的鼠害和蚊、蝇等病媒生物的危害。"第十四条规定："地方各级人民政府应当有计划地建设和改造公共卫生设施，改善饮用水卫生条件，对污水、污物、粪便进行无害化处置。"第十五条规定："国家实行有计划的预防接种制度。国务院卫生行政部门和省、自治区、直辖市人民政府卫生行政部门，根据传染病预防、控制的需要，制定传染病预防接种规划并组织实施。用于预防接种的疫苗必须符合国家质量标准。国家对儿童实行预防接种证制度。国家免疫规划项目的预防接种实行免费。医疗机构、疾病预防控制机构与儿童的监护人应当相互配合，保证儿童及时接受预防接种。"

2）预防控制措施

《传染病防治法》第十六条规定："国家和社会应当关心、帮助传染病病人、病原携带者和疑似传染病病人，使其得到及时救治。任何单位和个人不得歧视传染病病人、病原携带者和疑似传染病病人。传染病病人、病原携带者和疑似传染病病人，在治愈前或者在排除传染病嫌疑前，不得从事法律、行政法规和国务院卫生行政部门规定禁止从事的易使该传染病扩散的工作。"

3）传染病监测

《传染病防治法》第十七条规定："国家建立传染病监测制度。国务院卫生行政部门制定国家传染病监测规划和方案。省、自治区、直辖市人民政府卫生行政部门根据国家传染病监测规划和方案，制定本行政区域的传染病监测计划和工作方案。各级疾病预防控制机构对传染病的发生、流行以及影响其发生、流行的因素，进行监测；对国外发生、国内尚未发生的传染病或者国内新发生的传染病，进行监测。"

4）传染病预警

《传染病防治法》第十九条规定："国家建立传染病预警制度。国务院卫生行政部门和省、自治区、直辖市人民政府根据传染病发生、流行趋势的预测，及时发出传染病预警，根据情况予以公布。"

3. 疫情报告、通报和公布

1）疫情信息报告

《传染病防治法》第三十一条规定："任何单位和个人发现传染病病人或者疑似传染病病人时，应当及时向附近的疾病预防控制机构或者医疗机构报告。"

2）疫情信息通报

《传染病防治法》第三十五条规定："国务院卫生行政部门应当及时向国务院其他有关部门和各省、自治区、直辖市人民政府卫生行政部门通报全国传染病疫情以及监测、预警的相关信息。毗邻的以及相关的地方人民政府卫生行政部门，应当及时互相通报本行政区域的传染病疫情以及监测、预警的相关信息。县级以上人民政府有关部门发现传染病疫情时，应当及时向同级人民政府卫生行政部门通报。中国人民解放军卫生主管部门发现传染病疫情时，应当向国务院卫生行政部门通报。"

3）疫情信息公布

《传染病防治法》第三十八条规定："国家建立传染病疫情信息公布制度。国务院卫生行政部门定期公布全国传染病疫情信息。省、自治区、直辖市人民政府卫生行政部门定期公布本行政区域的传染病疫情信息。传染病暴发、流行时，国务院卫生行政部门负责向社会公布传染病疫情信息，并可以授权省、自治区、直辖市人民政府卫生行政部门向社会公布本行政区域的传染病疫情信息。公布传染病疫情信息应当及时、准确。"

4. 疫情控制

1）控制对象和措施

《传染病防治法》第三十九条规定，医疗机构发现甲类传染病时，应当及时采取下列措施：（1）对病人、病原携带者，予以隔离治疗，隔离期限根据医学检查结果确定；（2）对疑似病人，确诊前在指定场所单独隔离治疗；（3）对医疗机构内的病人、病原携带者、疑似病人的密切接触者，在指定场所进行医学观察和采取其他必要的预防措施。拒绝隔离治疗或者隔离期未满擅自脱离隔离治疗的，可以由公安机关协助医疗机构采取强制隔离治疗措施。医疗机构发现乙类或者丙类传染病病人，应当根据病情采取必要的治疗和控制传播措施。医疗机构对本单位内被传染病病原体污染的场所、物品以及医疗废物，必须依照法律、法规的规定实施消毒和无害化处置。

2）隔离措施权限和程序

《传染病防治法》第四十一条规定："对已经发生甲类传染病病例的场所或者该场所内的特定区域的人员，所在地的县级以上地方人民政府可以实施隔离措施，并同时向上一级人民政府报告；接到报告的上级人民政府应当即时作出是否批准的决定。上级人民政府作出不予批准决定的，实施隔离措施的人民政府应当立即解除隔离措施。在隔离期间，实施隔离措施的人民政府应当对被隔离人员提供生活保障；被隔离人员有工作单位的，所在单位不得停止支付其隔离期间的工作报酬。隔离措施的解除，由原决定机关决定并宣布。"

3）政府紧急措施

《传染病防治法》第四十二条规定，传染病暴发、流行时，县级以上地方人民政府应当立即组织力量，按照预防、控制预案进行防治，切断传染病的传播途径，必要时，报经上一级人民政府决定，可以采取下列紧急措施并予以公告：（1）限制或者停止集市、影剧院演出或者其他人群聚集的活动；（2）停工、停业、停课；（3）封闭或者封存被传染病病原体污染的公共饮用水源、食品以及相关物品；（4）控制或者扑杀染疫野生动物、家畜家禽；（5）封闭可能造成传染病扩散的场所。上级人民政府接到下级人民政府关于采取前款所列紧急措施的报告时，应当即时作出决定。紧急措施的解除，由原决定机关决定并宣布。

4）疫区

《传染病防治法》第四十三条规定："甲类、乙类传染病暴发、流行时，县级以上地方人民政府报经上一级人民政府决定，可以宣布本行政区域部分或者全部为疫区；国务院可以决定并宣布跨省、自治区、直辖市的疫区。县级以上地方人民政府可以在疫区内采取本法第四十二条规定的紧急措施，并可以对出入疫区的人员、物资和交通工具实施卫生检疫。省、自治区、直辖市人民政府可以决定对本行政区域内的甲类传染病疫区实施封锁；但是，封锁大、中城市的疫区或者封锁跨省、自治区、直辖市的疫区，以及封锁疫区导致中断干线交通或者封锁国境的，由国务院决定。疫区封锁的解除，由原决定机关决定并宣布。"

5）交通卫生检疫

《传染病防治法》第四十四条规定："发生甲类传染病时，为了防止该传染病通过交通工具及其乘运的人员、物资传播，可以实施交通卫生检疫。具体办法由国务院制定。"

6）紧急调度

《传染病防治法》第四十五条规定："传染病暴发、流行时，根据传染病疫情控制的需要，国务院有权在全国范围或者跨省、自治区、直辖市范围内，县级以上地方人民政府有权在本行政区域内紧急调集人员或者调用储备物资，临时征用房屋、交通工具以及相关设施、设备。紧急调集人员的，应当按照规定给予合理报酬。临时征用房屋、交通工具以及相关设施、设备的，应当依法给予补偿；能返还的，应当及时返还。"

5. 医疗救治

1）医疗救治机构

《传染病防治法》第五十条规定："县级以上人民政府应当加强和完善传染病医疗救治服务网络的建设，指定具备传染病救治条件和能力的医疗机构承担传染病救治任务，或者根据传染病救治需要设置传染病医院。"

2）医疗救治

《传染病防治法》第五十二条规定："医疗机构应当对传染病病人或者疑似传染病病人提供医疗救护、现场救援和接诊治疗，书写病历记录以及其他有关资料，并妥善保管。医疗机构应当实行传染病预检、分诊制度；对传染病病人、疑似传染病病人，应当引导至相对隔离的分诊点进行初诊。医疗机构不具备相应救治能力的，应当将患者及其病历记录复印件一并转至具备相应救治能力的医疗机构。具体办法由国务院卫生行政部门规定。"

6.2.4　社会安全事件类应急法律制度

社会安全事件是指因人民内部矛盾而引发，或因人民内部矛盾处理不当而积累、激发，由部分公众参与，有一定组织和目的，采取围堵党政机关、静坐请愿、阻塞交通、集会、聚众闹事、群体上访等行为，并对政府管理和社会秩序造成影响甚至使社会在一定范围内陷入一定强度对峙状态的群体性事件。社会安全事件是《突发事件应对法》确定的四类突发事件之一，其在恐怖袭击事件、群体性事件、涉外事件、民族宗教突发事件以及其他社会影响严重的突发事件等领域形成较为完整的社会安全应急管理法律体系。社会安全事件应急管理的主要法律法规包括《治安管理处罚法》《反恐怖主义法》《信访工作条例》以及其他社会安全相关的法律规定。

本书以《治安管理处罚法》为重点介绍社会安全事件应急管理的相关规定和要求。《治安管理处罚法》对我国社会治安领域中的各个方面的社会关系作了全面的法律规定，是调整社会治安秩序，保障公共安全中的各个社会关系的基本法律规范。

1. 治安管理处罚的种类

《治安管理处罚法》第十条规定，治安管理处罚的种类分为：（1）警告；（2）罚款；（3）行政拘留；（4）吊销公安机关发放的许可证。对违反治安管理的外国人，可以附加适用限期出境或者驱逐出境。

2. 违反治安管理的行为和处罚

1）扰乱公共秩序的行为和处罚

《治安管理处罚法》第二十三条规定，有下列行为之一的，处警告或者二百元以下罚款；情节较重的，处五日以上十日以下拘留，可以并处五百元以下罚款：（1）扰乱机关、团体、企业、事业单位秩序，致使工作、生产、营业、医疗、教学、科研不能正常进行，尚未造成严重损失的；（2）扰乱车站、港口、码头、机场、商场、公园、展览馆或者其他公共场所秩序的；（3）扰乱公共汽车、电车、火车、船舶、航空器或者其他公共交通工具上的秩序的；（4）非法拦截或者强登、扒乘机动车、船舶、航空器以及其他交通工具，影响交通工具正常行驶的；（5）破坏依法进行的选举秩序的。聚众实施前款行为的，对首要分子处十日以上十五日以下拘留，可以并处一千元以下罚款。

2）妨害公共安全的行为和处罚

《治安管理处罚法》第三十条规定，违反国家规定，制造、买卖、储存、运输、邮寄、携带、使用、提供、处置爆炸性、毒害性、放射性、腐蚀性物质或者传染病病原体等危险物质的，处十日以上十五日以下拘留；情节较轻的，处五日以上十日以下拘留。第三十四条规定，盗窃、损坏、擅自移动使用中的航空设施，或者强行进入航空器驾驶舱的，处十日以上十五日以下拘留。在使用中的航空器上使用可能影响导航系统正常功能的器具、工具，不听劝阻的，处五日以下拘留或者五百元以下罚款。第三十五条规定，有下列行为之一的，处五日以上十日以下拘留，可以并处五百元以下罚款；情节较轻的，处五日以下拘留或者五百元以下罚款：（1）盗窃、损毁或者擅自移动铁路设施、设备、机车车辆配件或者安全标志的；（2）在铁路线路上放置障碍物，或者故意向列车投掷物品的；（3）在铁路线路、桥梁、涵洞处挖掘坑穴、采石取沙的；（4）在铁路线路上私设道口或者平交过道的。第三十六条规定，擅自进入铁路防护网或者火车来临时在铁路线路上行走坐卧、抢越铁路，影响行车安全的，处警告或者二百元以下罚款。第三十七条规定，有下列行为之一的，处五日以下拘留或者五百元以下罚款；情节严重的，处五日以上十日以下拘留，可以并处五百元以下罚款：（1）未经批准，安装、使用电网的，或者安装、使用电网不符合安全规定的；（2）在车辆、行人通行的地方施工，对沟井坎穴不设覆盖物、防围和警示标志的，或者故意损毁、移动覆盖物、防围和警示标志的；（3）盗窃、损毁路面井盖、照明等公共设施的。第三十九条规定，旅馆、饭店、影剧院、娱乐场、运动场、展览馆或者其他供社会公众活动的场所的经营管理人员，违反安全规定，致使该场所有发生安全事故危险，经公安机关责令改正，拒不改正的，处五日以下拘留。

3）侵犯人身权利、财产权利的行为和处罚

一是对侵犯人身权利行为的处罚。《治安管理处罚法》第四十二条规定，有下列行为之一的，处五日以下拘留或者五百元以下罚款；情节较重的，处五日以上十日以下拘留，可以并处五百元以下罚款：（1）写恐吓信或者以其他方法威胁他人人身安全的；（2）公然侮辱他人或者捏造事实诽谤他人的；（3）捏造事实诬告陷害他人，企图使他人受到刑事追究或者受到治安管理处罚的；（4）对证人及其近亲属进行威胁、侮辱、殴打或者打击报复的；（5）多次发送淫秽、侮辱、恐吓或者其他信息，干扰他人正常生活的；（6）偷窥、偷拍、窃听、散布他人隐私的。

二是对盗窃、诈骗、哄抢、抢夺、敲诈勒索、损毁公私财物等侵犯财产权利的处罚。《治安管理处罚法》第四十九条规定："盗窃、诈骗、哄抢、抢夺、敲诈勒索或者故意损毁公私财物的，处五日以上十日以下拘留，可以并处五百元以下罚款；情节较重的，处十日以上十五日以下拘留，可以并处一千元以下罚款。"

4）妨害社会管理的行为和处罚

一是对拒不执行紧急状态决定、命令和阻碍执行公务的处罚。《治安管理处罚法》第五十条规定，有下列行为之一的，处警告或者二百元以下罚款；情节严重的，处五日以上十日以下拘留，可以并处五百元以下罚款：（1）拒不执行人民政府在紧急状态情况下依法发布的决定、命令的；（2）阻碍国家机关工作人员依法执行职务的；（3）阻碍执行紧急任务的消防车、救护车、工程抢险车、警车等车辆通行的；（4）强行冲闯公安机关设置的警戒带、警戒区的。阻碍人民警察依法执行职务的，从重处罚。第五十一条规定，冒充国家机关工作人员或者以其他虚假身份招摇撞骗的，处五日以上十日以下拘留，可以并处五百元以下罚款；情节较轻的，处五日以下拘留或者五百元以下罚款。冒充军警人员招摇撞骗的，从重处罚。

二是对非法集会、游行、示威的处罚。《治安管理处罚法》第五十五条规定："煽动、策划非法集会、游行、示威，不听劝阻的，处十日以上十五日以下拘留。"

3. 治安管理处罚程序

违反治安管理行为的处罚程序主要包括：调查、决定和执行。

1）第一步：调查

调查主要包括受理治安案件登记和处理、严禁非法取证、公安机关的保密义务、回避和传唤、检查程序、鉴定。

（1）受理治安案件登记和处理。《治安管理处罚法》第七十七条规定："公安机关对报案、控告、举报或者违反治安管理行为人主动投案，以及其他行政主管部门、司法机关移送的违反治安管理案件，应当及时受理，并进行登记。"

（2）严禁非法取证。《治安管理处罚法》第七十九条规定："公安机关及其人民警察对治安案件的调查，应当依法进行。严禁刑讯逼供或者采用威胁、引诱、欺骗等非法手段收集证据。以非法手段收集的证据不得作为处罚的根据。"

（3）公安机关保密义务。《治安管理处罚法》第八十条规定："公安机关及其人民警察在办理治安案件时，对涉及的国家秘密、商业秘密或者个人隐私，应当予以保密。"

（4）回避和传唤。《治安管理处罚法》第八十一条规定，人民警察在办理治安案件过程中，遇有下列情形之一的，应当回避；违反治安管理行为人、被侵害人或者其法定代理人也有权要求他们回避：①是本案当事人或者当事人的近亲属的；②本人或者其近亲属与本案有利害关系的；③与本案当事人有其他关系，可能影响案件公正处理的。人民警察的回避，由其所属的公安机关决定；公安机关负责人的回避，由上一级公安机关决定。第八十二条规定："需要传唤违反治安管理行为人接受调查的，经公安机关办案部门负责人批准，使用传唤证传唤。对现场发现的违反治安管理行为人，人民警察经出示工作证件，可以口头传唤，但应当在询问笔录中注明。公安机关应当将传唤的原因和依据告知被传唤人。对无正当理由不接受传唤或者逃避传唤的人，可以强制传唤。"

（5）检查。《治安管理处罚法》第八十七条规定："公安机关对与违反治安管理行为有关的场所、物品、人身可以进行检查。检查时，人民警察不得少于二人，并应当出示工作证件和县级以上人民政府公安机关开具的检查证明文件。对确有必要立即进行检查的，人民警察经出示工作证件，可以当场检查，但检查公民住所应当出示县级以上人民政府公安机关开具的检查证明文件。检查妇女的身体，应当由女性工作人员进行。"

（6）鉴定。《治安管理处罚法》第九十条规定："为了查明案情，需要解决案件中有争议的专门性问题的，应当指派或者聘请具有专门知识的人员进行鉴定；鉴定人鉴定后，应当写出鉴定意见，并且签名。"

2）第二步：决定

决定主要包括治安案件的不同处理、治安管理处罚决定书的内容、宣告、送达、抄送、听证、当场处罚。

（1）治安案件的处理方式。《治安管理处罚法》第九十五条规定，治安案件调查结束后，公安机关应当根据不同情况，分别作出以下处理：①确有依法应当给予治安管理处罚的违法行为的，根据情节轻重及具体情况，作出处罚决定；②依法不予处罚的，或者违法事实不能成立的，作出不予处罚决定；③违法行为已涉嫌犯罪的，移送主管机关依法追究刑事责任；④发现违反治安管理行为人有其他违法行为的，在对违反治安管理行为作出处罚决定的同时，通知有关行政主管部门处理。

（2）治安管理处罚决定书的内容。《治安管理处罚法》第九十六条规定，公安机关作出治安管理处罚决定的，应当制作治安管理处罚决定书。决定书应当载明下列内容：①被处罚人的姓名、性别、年龄、身份证件的名称和号码、住址；②违法事实和证据；③处罚的种类和依据；④处罚的执行方式和期限；⑤对处罚决定不服，申请行政复议、提起行政诉讼的途径和期限；⑥作出处罚决定的公安机关的名称和作出决定的日期。决定书应当由作出处罚决定的公安机关加盖印章。

（3）宣告、送达、抄送。《治安管理处罚法》第九十七条规定："公安机关应当向被处罚人宣告治安管理处罚决定书，并当场交付被处罚人；无法当场向被处罚人宣告的，应当在二日内送达被处罚人。决定给予行政拘留处罚的，应当及时通知被处罚人的家属。有被侵害人的，公安机关应当将决定书副本抄送被侵害人。"

（4）听证。《治安管理处罚法》第九十八条规定："公安机关作出吊销许可证以及处二千元以上罚款的治安管理处罚决定前，应当告知违反治安管理行为人有权要求举行听证；违反治安管理行为人要求听证的，公安机关应当及时依法举行听证。"

（5）当场处罚。《治安管理处罚法》第一百条规定："违反治安管理行为事实清楚，证据确凿，处警告或者二百元以下罚款的，可以当场作出治安管理处罚决定。"第一百零一条规定："当场作出治安管理处罚决定的，人民警察应当向违反治安管理行为人出示工作证件，并填写处罚决定书。处罚决定书应当当场交付被处罚人；有被侵害人的，并将决定书副本抄送被侵害人。前款规定的处罚决定书，应当载明被处罚人的姓名、违法行为、处罚依据、罚款数额、时间、地点以及公安机关名称，并由经办的人民警察签名或者盖章。当场作出治安管理处罚决定的，经办的人民警察应当在二十四小时内报所属公安机关备案。"

3）第三步：执行

执行主要包括行政拘留处罚的执行、当场收缴罚款范围、暂缓执行行政拘留。

（1）行政拘留处罚的执行。《治安管理处罚法》第一百零三条规定："对被决定给予行政拘留处罚的人，由作出决定的公安机关送达拘留所执行。"

（2）当场收缴罚款范围。《治安管理处罚法》第一百零四条规定，受到罚款处罚的人应当自收到处罚决定书之日起十五日内，到指定的银行缴纳罚款。但是，有下列情形之一的，人民警察可以当场收缴罚款：①被处五十元以下罚款，被处罚人对罚款无异议的；②在边远、水上、交通不便地区，公安机关及其人民警察依照本法的规定作出罚款决定后，被处罚人向指定的银行缴纳罚款确有困难，经被处罚人提出的；③被处罚人在当地没有固定住所，不当场收缴事后难以执行的。

（3）暂缓执行行政拘留。《治安管理处罚法》第一百零七条规定："被处罚人不服行政拘留处罚决定，申请行政复议、提起行政诉讼的，可以向公安机关提出暂缓执行行政拘留的申请。公安机关认为暂缓执行行政拘留不致发生社会危险的，由被处罚人或者其近亲属提出符合本法第一百零八条规定条件的担保人，或者按每日行政拘留二百元的标准交纳保证金，行政拘留的处罚决定暂缓执行。"

4. 执法监督

公安机关及人民警察在办理治安案件时应遵循执法原则，同时也应当接受社会和公民的监督。

1）执法原则

《治安管理处罚法》第一百一十二条规定："公安机关及其人民警察应当依法、公正、严格、高效办理治安案件，文明执法，不得徇私舞弊。"

一是依法。依法治国，是党领导人民治理国家的基本方略。依法行政，既是依法治国的应有之义，又是国家行政管理活动中贯彻落实依法治国方略的体现。公安机关及其人民警察应当按照依法治国、依法行政的要求，正确理解立法原意，忠实于法律精神，维护法律的尊严和权威，办理治安案件时必须依照法律、法规、规章规定的实体和程序进行，每个执法环节、每个执法步骤都按照法律规定进行，逐步实现执法行为的规范化、标准化，减少直至杜绝执法的随意性。

二是公正。即公平正直，是指平等地对待当事各方，不偏袒任何人，也不歧视任何人，对一切违法犯罪行为都依法予以打击，对公民的一切合法权益都依法予以保护，平等和公正地适用法律。公正是法治的灵魂，是执法者应当具备的品质。

三是严格。有法必依、执法必严、违法必究是社会主义法制原则，也是严格执法的必然要求。公安机关及其人民警察要严格按照法律规定办事，严格执法，坚持做到不枉不纵，严格依法查处违反治安管理行为，坚决防止和纠正执法"不作为"和"乱作为"。

四是高效。公安机关在行使权力和执法活动中重视公正的同时，也必须讲究效率。办理治安案件作为公安机关的一项重要执法活动，也必须讲究效率。高效是办理治安案件的重要准则，其主要内容包括公安机关对报案、控告、举报或者违反治安管理行为人主动投案，以及其他行政主管部门、司法机关移送的违反治安管理案件，应当及时受理并登记。

五是文明。文明是指人民警察在办理治安案件过程中，应当做到言行举止得体、警容风纪严整，公安队伍在整体上给人以守纪律、有礼节、仪表整洁威严、举止干练有素的良好形象。

六是不得徇私舞弊。这是依法、公正、严格办理治安案件的必然要求。徇私舞弊是一种严重的违法乱纪行为，公安民警一旦有徇私舞弊行为，将受到行政纪律处分；造成严重后果或者有其他严重情节的，还要依法承担刑事责任。

2）监督方式

《治安管理处罚法》第一百一十四条规定："公安机关及其人民警察办理治安案件，应当自觉接受社会和公民的监督。公安机关及其人民警察办理治安案件，不严格执法或者有违法违纪行为的，任何单位和个人都有权向公安机关或者人民检察院、行政监察机关检举、控告；收到检举、控告的机关，应当依据职责及时处理。"

【本章小结】

本章介绍了《突发事件应对法》的立法目的、法律地位和基本特点，重点介绍了新《突发事件突发法》中的四类主要法律制度，描述了事故灾难类、自然灾害类、公共卫生事件类和社会安全事件类应急管理法律制度的构成框架和主要内容。

【核心概念】

（1）突发事件是指突然发生，造成或者可能造成严重社会危害，需要采取应急处置措施予以应对的自然灾害、事故灾难、公共卫生事件和社会安全事件。

（2）事故灾难是指在人们生产、生活过程中发生的，直接由人的生产、生活活动引发的，违反人们意志的、迫使活动暂时或永久停止，并且造成大量的人员伤亡、经济损失或环境污染的意外事件。

（3）自然灾害是指自然环境中对人类生命安全和财产构成危害的自然变异和极端事件，或者是对自然生态环境、人居环境和人类及其生命财产造成破坏和危害的自然现象。

（4）公共卫生事件是指突然发生，造成或者可能造成社会公众健康严重损害的重大传染病疫情、群体性不明原因疾病、重大食物和职业中毒以及其他严重影响公众健康的事件。

（5）社会安全事件是指因人民内部矛盾而引发，或因人民内部矛盾处理不当而积累、激发，由部分公众参与，有一定组织和目的，采取围堵党政机关、静坐请愿、阻塞交通、集会、聚众闹事、群体上访等行为，并对政府管理和社会秩序造成影响甚至使社会在一定范围内陷入一定强度对峙状态的群体性事件。

【案例分析与小组讨论】

《突发事件应对法》明确了分类分级体系和应急管理体制，规定了预防、监测、处置和恢复重建等机制，提高了应对突发事件能力，目的是保护公众安全，维护社会稳定。党的二十大报告提出："坚持安全第一、预防为主，建立大安全大应急框架，完善公共安全体系，推动公共安全治理模式向事前预防转型。"预防与应急准备是《突发事件应对法》的重要环节。法律要求各级政府和相关单位制定切实可行的应急预案，建立专业的应急救援队伍，积极开展应急培训和演练，以提高应对突发事件的能力。同时，要做好应急物资的储备工作，确保在关键时刻能够迅速调配和使用。

请结合上述材料，试回答以下问题：

（1）《突发事件应对法》为什么要建立预防与应急准备制度？

（2）做好突发事件应急准备要建立哪些基本制度？

【延伸阅读】

[1] 兰泽全. 应急管理法律法规 [M]. 北京：应急管理出版社，2021.

[2] 林鸿潮. 应急法概论 [M]. 北京：应急管理出版社，2020.

[3] 林鸿潮，陶鹏. 应急管理与应急法治十讲 [M]. 北京：中国法制出版社，2021.

第7章 自然灾害类应急管理法律制度

【学习目标】

1. 明确自然灾害风险应对以人为本、生命至上、依法治理的基本理念和认识层次。
2. 掌握自然灾害类应急管理法律制度体系及主要内容。
3. 分析和解决自然灾害应急管理过程中涉及的法律问题。

【本章导引】

2021年7月17日至23日，河南省遭遇历史罕见特大暴雨，发生严重洪涝灾害，特别是7月20日，郑州市遭受重大人员伤亡和财产损失。全省因灾死亡失踪398人，其中郑州市380人，新乡市10人，平顶山市、驻马店市、洛阳市各2人，鹤壁市、漯河市各1人。郑州市因灾死亡失踪人数占全省的95.5%。本次灾害虽为极端天气引发，但集中暴露出许多问题和不足。为查明问题、总结经验、汲取教训，经党中央批准，国务院成立河南郑州"7·20"特大暴雨灾害调查组，对灾害应急管理过程进行了深入调查分析，对相关单位及人员进行了责任认定。[1] 应急法制是国家治理体系的重要组成部分，对推进应急管理法治化和现代化发挥着至关重要的作用。

7.1 概　述

7.1.1 自然灾害及其特征

自然灾害是指给人类生存和生活环境带来危害或损害的自然现象，包括干旱、高温、低温、寒潮、洪涝、山洪、台风、龙卷风、冰雹、风雹、霜冻、暴雨、暴雪、冻雨、酸雨、大雾、大风、地震、海啸、滑坡、泥石流、沙尘暴、雷电、雷暴、火山喷发等。

自然灾害具有以下六个方面的特征。

1. 广泛性与区域性

自然灾害的分布范围很广，无论是海洋，陆地地上或地下，城市或农村，平原、丘陵或山地、高原，只要有人类活动，自然灾害就有可能发生。此外，自然地理环境

---

〔1〕 国务院成立河南郑州"7·20"特大暴雨灾害调查组〔EB/OL〕.（2021-08-02）. https：// www.gov.cn/xinwen/2021-08/02/content_5629044.htm.

的区域性又决定了自然灾害的区域性。

2. 频繁性和不确定性

全世界每年发生的大大小小自然灾害非常多。近几十年来，自然灾害的发生次数呈现出增加的趋势，而自然灾害的发生时间、地点和规模等的不确定性，又在很大程度上增加了人们抵御自然灾害的难度。

3. 一定的周期性和不重复性

主要自然灾害中，无论是地震还是干旱、洪灾，都呈现出一定的周期性。人们常说的某种自然灾害"十年一遇、百年一遇"，实际上就是对自然灾害周期性的一种通俗描述；自然灾害的不重复性主要是指灾害过程、损害结果的不可重复性。

4. 联系性

自然灾害的联系性表现在两个方面：一是区域之间具有联系性。比如，南美洲西海岸发生"厄尔尼诺"现象，有可能导致全球气候紊乱；美国排放的工业废气，常常在加拿大境内形成酸雨。二是灾害之间具有联系性。某些自然灾害可以互为条件，形成灾害群或灾害链。例如，火山活动就是一个灾害群或灾害链。火山活动可以导致火山爆发、冰雪融化、泥石流、大气污染等一系列灾害。

5. 危害严重性

例如，全球每年发生可记录的地震约 500 万次，其中有感地震约 5 万次，造成破坏的近千次，而里氏 7 级以上足以造成惨重损失的强烈地震，每年约发生 15 次；干旱、洪涝两种灾害造成的经济损失也十分严重，全球每年可达数百亿美元。自然灾害严重影响经济、社会的可持续发展和威胁人类的生存。联合国于 1987 年 12 月 11 日确定 20 世纪 90 年代为"国际减轻自然灾害十年"。

6. 不可避免性和可减轻性

由于人与自然之间始终充满着矛盾，只要地球在运动、物质在变化，只要有人类存在，自然灾害就不可能消失，从这一点看，自然灾害是不可避免的。然而，充满智慧的人类，可以在越来越广阔的范围内进行防灾减灾，通过采取避害趋利、除害兴利、化害为利、害中求利等措施，最大限度地减轻灾害损失，从这一点看，自然灾害又是可以减轻的。

正是由于自然灾害的以上特征，尤其是广泛性、频繁性、危害的严重性、不可避免性和可减轻性，世界上许多国家采取各种措施和手段以减轻自然灾害造成的损失，其中通过灾害立法是有效减轻自然灾害的措施之一。

7.1.2 世界主要国家自然灾害立法概况

1. 日本

日本是世界上地震、台风、海啸、暴雨等自然灾害最多的国家之一，由于地处太平洋板块与亚欧板块交界处，板块之间经常碰撞挤压，使得地震灾害频发，素有"地震国"之称。据 2007 年日本《防灾白皮书》统计，从 1997 年至 2006 年，在仅占世界 0.25%的国土面积上，日本共发生了里氏 6.0 级以上地震 187 次，占全世界的 20.7%。在与自然灾害的长期抗争中，日本形成了一套世界上最完善的防灾减灾抗灾救灾综合性灾害对策体制。

在灾害对策法律体系方面，作为世界上较早制定灾害对策法律的国家，日本已经形成了庞大的灾害对策法律体系。总体而言，日本灾害对策法律按其内容和性质，可以分为灾害对策基本法、灾害预防和防灾规划相关法、灾害紧急应对相关法、灾后重建和复兴法以及灾害管理组织法等五大类。

1）灾害对策基本法

1947 年，日本颁布了战后第一部关于应对灾害的法律《灾害救助法》。以 1959 年伊势湾台风为契机，日本于 1961 年颁布了减灾防灾的基本法律《灾害对策基本法》，迄今已经修改 23 次。这是日本灾害预防、灾害紧急应对和灾后重建的根本大法，是日本防灾减灾抗灾法规的"总宪章""防灾宪法"。《灾害对策基本法》成为统领减灾系统工程全局的纲领性法律，其他减灾法规均在这部"抗灾宪法"的基础上展开，如洪水、火山、雪灾、森林火灾、风灾、航空灾害等多个灾种的灾害应对法律。根据灾害预防、紧急对应、灾后重建等防灾不同阶段，制定了内容丰富的各类法律法规，形成了一个庞大的防灾减灾救灾法律体系。

2）地震灾害相关立法

日本关于地震的法律涉及地震观测、紧急应对、抗震支援、地震研究等各个方面。1978 年 12 月，日本政府国土厅制定了《大规模地震对策特别措施法》。1995 年 1 月日本发生阪神大地震后，制定了《地震防灾对策特别措施法》。1950 年制定的《建筑基准法》自阪神大地震后，于 1996 年、2000 年、2006 年连续修订了 3 次，大大提高了各类建筑的抗震基准。1995 年，日本还制定了《建筑物抗震改修促进法》，要求学校、体育馆、医院、剧院、商场等公用建筑要增加超过普通楼房的抗震强度。此外，与地震灾后恢复重建及财政金融措施有直接关系的法律有《地震保险法》、《地震对策财政特别措施法》、《受灾者生活再建支援法》等 20 余部。

3）其他灾害立法

1998 年颁布的《国家全面发展法》将"日本更加安全和宜居"列为国家发展的五大目标之一。"安全"主要就是指国家必须有抵御大规模地震和其他自然灾害的能力。此外，1998 年 4 月 28 日，日本政府还颁布了世界上第一部气候变化专门法律《气候变暖对策法》。为了预防、减轻气象灾害等自然灾害，日本政府制定了《防洪法》《森林法》《气象业务法》《灾害资助法》《海岸法》等法律。

2. 美国

美国三面临海，东临大西洋，西临太平洋，南面为墨西哥湾，大量的水汽经常向美国大陆汇集；而美国中部以广阔的平原为主，使得南北方气流可以直接汇合，从而产生强大的气旋。特殊的地理位置和地形条件使得美国飓风灾害频发。此外，美国还遭受江河洪水、风暴潮、海啸、地震、膨胀土、滑坡等自然灾害。为有效应对自然灾害，美国的联邦、州和地方各级政府创设了一套完备的灾害管理体制与政策体系，并在其中发挥了极为重要的作用。就联邦政府的自然灾害立法而言，主要包括洪水灾害立法、地震法、海岸带管理法和灾害救济法等。

1）洪水灾害立法方面

美国分别于 1936 年颁布了《防洪法》，1968 年颁布了《洪水保险法》，1972 年颁布了《大坝监测法》，1973 年颁布了《洪水灾害防御法》。其中，《防洪法》的颁布标志着由联邦投资的大规模兴建大坝堤防及整治河道等防洪工程的开始，《洪水保险法》和《洪水灾害防御法》则促成了政策的转变，增设了海岸侵蚀和崩塌损失保险。

2）地震立法方面

美国于 1977 年颁布了《地震法》。《地震法》的主要目标包括：提出地震风险区公共设施及高层建筑的抗震结构与抗震设计方法，设计辨识地震灾害和预报破坏性地震的程序，在土地利用决策与建设活动中开展地震风险信息的交流，开发减轻地震风险的先进方法，制订震后恢复重建计划，等等。

3）海岸带管理立法方面

以减轻沿海自然灾害为目标的《海岸带管理法》于 1976 年颁布。该法提出的海岸带管理计划中，突出强调了防洪、海岸侵蚀、土壤稳定性、气候和气象学等方面。沿海各州需呈交一份拟采取的管理计划，才具备该法规定的获得联邦援助的资格。同时，该法还要求各州各政府在计划中必须采用如下土地和水资源利用管理措施：由州制订、审查和强制推行地方必须执行的各种准则与规范，指导本州土地与水资源利用的规划管理，各州通过行政手段评审所有发展计划、项目和土地与水资源利用管理方案的协调性，以加强对立法的贯彻执行。

4）灾害救济立法方面

1974 年颁布的《灾害救济法》将联邦灾害援助、救济工作的管理权授予总统办公室，授权联邦政府对遭受灾害损失的公共和私有集团给予援助，并规定主要灾区需制定并实施长远恢复计划。尽管该法主要针对灾后救济，但也涉及一些减灾措施。比如，该法包括利用民防或其他通信系统制订一项及时有效的预警报计划，以及旨在使事先授权的救灾服务更为协调和及时的条款等。

7.2　自然灾害应急管理法律的立法背景

7.2.1　自然灾害应急管理法律的立法背景

我国位于大陆板块与海洋板块的结合部，南北跨越 50 个纬度，天气、地理生态环境复杂多变，加之又是人口众多的农业大国，承受灾害能力较低，这些因素叠加在一起使我国成为世界上自然灾害最严重的少数国家之一，具体表现为灾害种类多，分布地域广，发生频率高，每年都造成重大损失。据估算，我国因灾害直接损失年超过 5 万亿元。进入 21 世纪以来，年平均受自然灾害人数高达 3.7 亿人次，全国 70% 的大城市、50% 以上人口、75% 的工业农业产值分布在自然灾害较多区域。以地震灾害为例，大多数超大城市和特大城市位于烈度 7 度以上地震高风险区，并可能面临 8 度甚至 9 度以上的地震影响。从地震构造环境上看，北京、天津、西安、昆明等城市面临 7 级及以上直下型大地震的威胁，长三角城市群面临长江口外 7 级地震威胁，粤港澳大湾区城市群面临珠江口外 7.5 级地震威胁。

各种自然灾害的形成和发展，除受气候、地形地貌、地质、水文等自然条件控制外，还与人类活动密切相关：人类一方面作为受灾体，承受各种自然灾害的危害；另一方面又作为灾害动力因素之一，为了生存和发展不断向自然界索取各种资源，对资源环境的过度开发利用和破坏导致多种灾害的持续加剧。因此，在经济社会发展中，利用法律法规规范人类行为，合理利用和保护自然环境与生态环境，是防治各种自然灾害的重要途径。

我国自 20 世纪 80 年代后期开始，就颁布了许多关于自然灾害防治的法律、法规及规章，使我国自然灾害防治工作走上了法制化的道路。目前，我国在包括防震减灾、森林草原火灾应急管理、洪涝灾害应急管理、环境灾害防治等领域已经形成了一套较为完整的自然灾害防治法律体系，为保护广大人民的生命财产、调整自然灾害防治中的各种社会关系提供了有效的法律保障。

我国面临的自然灾害形势仍然复杂严峻，防灾减灾救灾体制机制有待完善，灾害信息共享和防灾减灾救灾资源统筹不足，重救灾轻减灾思想还比较普遍，一些地方城市高风险、农村不设防的状况尚未根本改变，社会力量和市场机制作用尚未得到充分发挥，防灾减灾宣传教育不够普及。为进一步做好防灾减灾救灾工作，2016 年 12 月 19 日，中共中央、国务院印发《关于推进防灾减灾救灾体制机制改革的意见》，对推进灾害治理现代化发挥了极其重要的作用。

党的十八大以来，我国进入全面依法治国新阶段，面临的自然灾害风险日益增高，防灾减灾救灾工作事关人民群众生命财产安全，事关社会和谐稳定，是衡量执政党领导力、检验政府执行力、评判国家动员力、彰显民族凝聚力的一个重要方面。为此，2019 年 11 月 29 日，中共中央总书记习近平在主持中央政治局第十九次集体学习时强调，要坚持依法管理，运用法治思维和法治方式提高应急管理的法治化、规范化水平，系统梳理和修订应急管理相关法律法规，抓紧研究制定应急管理、自然灾害防治等方面的法律法规。

为深入贯彻落实习近平总书记关于防灾减灾救灾重要论述精神，按照党中央、国务院有关决策部署，加快推进自然灾害防治体系和防治能力现代化，最大限度减少灾害损失，切实保障人民群众生命财产安全，应急管理部组织起草了《中华人民共和国自然灾害防治法（征求意见稿）》，并于 2022 年 7 月 4 日印发《关于向社会公开征求〈中华人民共和国自然灾害防治法（征求意见稿）〉意见的通知》，表明《自然灾害防治法》已进入立法程序。《自然灾害防治法》的颁布实施，必将填补我国自然灾害防治缺少综合性法律的空白，进一步完善自然灾害应急管理法律体系。

7.2.2　自然灾害应急管理法律的立法宗旨

关于自然灾害应急管理法律法规的立法宗旨，各部法律、行政法规和部门规章可能因灾种不同在表述上有所区别，如《防震减灾法》的立法宗旨在于：加强防震减灾领域的法制建设，使防震减灾工作和防震减灾活动规范化和制度化，调整社会各个方面在防震减灾活动中的社会关系，明确各级人民政府及各个职能部门的职权和职责，明确各单位和公民个人在防震减灾活动中的权利和义务，提高防震减灾工作和防震减灾活动的效率，推进防震减灾事业的发展，实现防御和减轻地震灾害、保护人民生命和财产安全、促进经济社会的可持续发展。《地质灾害防治条例》的立法宗旨在于：保障在国土开发、资源开发、工农业建设等经济活动中，合理利用和改造地质环境，加强地质环境的保护、防治地质灾害、减轻灾害损失、保障人民生命财产安全，促进经济的可持续发展和社会进步，实现经济效益、社会效益、资源效益和环境效益的统一。

尽管我国自然灾害种类繁多，各部法律法规的立法宗旨不尽相同，但对于整个自然灾害应急管理法律法规体系而言，其立法宗旨在于：加强自然灾害防治工作，建立科学高效的自然灾害防治体系，提高自然灾害防治能力，减轻自然灾害风险，减少自然灾害造成的损失，保护人民生命财产安全。

7.3　自然灾害应急管理法律制度的主要内容

自然灾害种类众多，我国已颁布实施的自然灾害应急管理法律法规有数十部，形成了较为完整的体系，这些法律法规大体上可分为地质地震类、洪涝灾害类、森林草原火灾类、气象类及其他等类别。

7.3.1　地质地震类应急管理法律制度

地质地震类应急管理法律法规主要包括《防震减灾法》《破坏性地震应急条例》《地震预报管理条例》《地震监测管理条例》《汶川地震灾后恢复重建条例》《地质灾害防治条例》等，主要内容概述如下。

1. 减灾规划

以地震灾害为例，防震减灾规划是加强地震灾害预防、提高综合防震减灾能力的重要依据。

1）编制原则和依据

《防震减灾法》第十三条规定，编制防震减灾规划，应当遵循统筹安排、突出重点、合理布局、全面预防的原则，以震情和震害预测结果为依据，并充分考虑人民生命和财产安全及经济社会发展、资源环境保护等需要。县级以上地方人民政府有关部门应当根据编制防震减灾规划的需要，及时提供有关资料。

2）编制内容

《防震减灾法》第十四条规定，防震减灾规划的内容应当包括：震情形势和防震减灾总体目标，地震监测台网建设布局，地震灾害预防措施，地震应急救援措施，以及防震减灾技术、信息、资金、物资等保障措施。编制防震减灾规划，应当对地震重点监视防御区的地震监测台网建设、震情跟踪、地震灾害预防措施、地震应急准备、防震减灾知识宣传教育等作出具体安排。

3）规划的公布与修改

《防震减灾法》第十六条规定，防震减灾规划一经批准公布，应当严格执行；因震情形势变化和经济社会发展的需要确需修改的，应当按照原审批程序报送审批。

2. 地震监测预报

1）建立多学科地震监测系统

《防震减灾法》第十七条规定，国家加强地震监测预报工作，建立多学科地震监测系统，逐步提高地震监测预报水平。

2）专用地震监测台网和强震动监测设施

《防震减灾法》第十九条规定，水库、油田、核电站等重大建设工程的建设单位，应当按照国务院有关规定，建设专用地震监测台网或者强震动监测设施，其建设资金和运行经费由建设单位承担。

3）海域地震活动监测和火山活动监测

《防震减灾法》第二十二条规定，沿海县级以上地方人民政府负责管理地震工作的部门或者机构，应当加强海域地震活动监测预测工作。海域地震发生后，县级以上地方人民政府负责管理地震工作的部门或者机构，应当及时向海洋主管部门和当地海事管理机构等通报情况。火山所在地的县级以上地方人民政府负责管理地震工作的部门或者机构，应当利用地震监测设施和技术手段，加强火山活动监测预测工作。

4）地震监测信息共享平台建设

《防震减灾法》第二十五条规定，国务院地震工作主管部门建立健全地震监测信息共享平台，为社会提供服务。县级以上地方人民政府负责管理地震工作的部门或者机构，应当将地震监测信息及时报送上一级人民政府负责管理地震工作的部门或者机构。专用地震监测台网和强震动监测设施的管理单位，应当将地震监测信息及时报送所在地省、自治区、直辖市人民政府负责管理地震工作的部门或者机构。

5）地震重点监视防御区的地震监测工作

《防震减灾法》第三十条规定，国务院地震工作主管部门根据地震活动趋势和震害预测结果，提出确定地震重点监视防御区的意见，报国务院批准。国务院地震工作主管部门应当加强地震重点监视防御区的震情跟踪，对地震活动趋势进行分析评估，提出年度防震减灾工作意见，报国务院批准后实施。地震重点监视防御区的县级以上地方人民政府应当根据年度防震减灾工作意见和当地的地震活动趋势，组织有关部门加强防震减灾工作。地震重点监视防御区的县级以上地方人民政府负责管理地震工作的部门或者机构，应当增加地震监测台网密度，组织做好震情跟踪、流动观测和可能与地震有关的异常现象观测以及群测群防工作，并及时将有关情况报上一级人民政府负责管理地震工作的部门或者机构。

6）地震烈度速报系统建设

《防震减灾法》第三十条规定，国家支持全国地震烈度速报系统的建设。地震灾害发生后，国务院地震工作主管部门应当通过全国地震烈度速报系统快速判断致灾程度，为指挥抗震救灾工作提供依据。

7）地震预报的统一发布

《防震减灾法》第二十九条规定，国家对地震预报意见实行统一发布制度。全国范围内的地震长期和中期预报意见，由国务院发布。省、自治区、直辖市行政区域内的地震预报意见，由省、自治区、直辖市人民政府按照国务院规定的程序发布。除发表本人或者本单位对长期、中期地震活动趋势的研究成果及进行相关学术交流外，任何单位和个人不得向社会散布地震预测意见。任何单位和个人不得向社会散布地震预报意见及其评审结果。

3. 地震灾害预防

地震灾害预防是人类发挥自身主观能动性，自觉地采取预防措施以求力所能及地避免或减轻地震灾害造成损失的相关活动。

《防震减灾法》第三十六条规定，有关建设工程的强制性标准，应当与抗震设防要求相衔接。其具体要求是：国务院建设行政主管部门与国务院铁路、交通、民用航空、水利和其他有关专业主管部门制定的建设工程强制性标准，应当与地震安全评价报告所确定的抗震设防要求相衔接；一般工业及民用建设工程，必须按照国家颁布的地震烈度规划图或者地震参数区划图规定的抗震设防要求进行抗震设防，有关建设工程的强制性标准，应当与其相衔接。

1）建立地震小区划制度

《防震减灾法》第三十七条规定，国家鼓励城市人民政府组织制定地震小区划图。地震小区划图由国务院地震工作主管部门负责审定。

2）建立农村民居抗震设防管理制度

《防震减灾法》第四十条规定，县级以上地方人民政府应当加强对农村村民住宅和乡村公共设施抗震设防的管理，组织开展农村实用抗震技术的研究和开发，推广达到抗震设防要求、经济适用、具有当地特色的建筑设计和施工技术，培训相关技术人员，建设示范工程，逐步提高农村村民住宅和乡村公共设施的抗震设防水平。国家对需要抗震设防的农村村民住宅和乡村公共设施给予必要支持。

3）建立地震应急避难场所建设制度

《防震减灾法》第四十一条规定，城乡规划应当根据地震应急避难的需要，合理确定应急疏散通道和应急避难场所，统筹安排地震应急避难所必需的交通、供水、供电、排污等基础设施建设。

4）建立依靠科技推进建设工程抗震设防的制度

《防震减灾法》第四十三条规定，国家鼓励、支持研究开发和推广使用符合抗震设防要求、经济实用的新技术、新工艺、新材料。

5）完善地震重点监视防御区的抗震救灾资金、物资储备制度

《防震减灾法》第四十二条规定，地震重点监视防御区的县级以上地方人民政府应当根据实际需要，在本级财政预算和物资储备中安排抗震救灾资金、物资。

6）完善防震减灾知识宣传教育制度

《防震减灾法》第四十四条规定，县级人民政府及其有关部门和乡、镇人民政府、城市街道办事处等基层组织，应当组织开展地震应急知识的宣传普及活动和必要的地震应急救援演练，提高公民在地震灾害中自救互救的能力。机关、团体、企业、事业等单位，应当按照所在地人民政府的要求，结合各自实际情况，加强对本单位人员的地震应急知识宣传教育，开展地震应急救援演练。学校应当进行地震应急知识教育，组织开展必要的地震应急救援演练，培养学生的安全意识和自救互救能力。新闻媒体应当开展地震灾害预防和应急、自救互救知识的公益宣传。国务院地震工作主管部门和县级以上地方人民政府负责管理地震工作的部门或者机构，应当指导、协助、督促有关单位做好防震减灾知识的宣传教育和地震应急救援演练等工作。

7）完善地震灾害保险制度

《防震减灾法》第四十五条规定，国家发展有财政支持的地震灾害保险事业，鼓励单位和个人参加地震灾害保险。

4. 地震应急救援

1）建立应急机构

《破坏性地震应急条例》第六条规定，国务院防震减灾工作主管部门指导和监督全国地震应急工作。国务院有关部门按照各自的职责，具体负责本部门的地震应急工作。

第七条规定，造成特大损失的严重破坏性地震发生后，国务院设立抗震救灾指挥部，国务院防震减灾工作主管部门为其办事机构；国务院有关部门设立本部门的地震应急机构。

第八条规定，县级以上地方人民政府防震减灾工作主管部门指导和监督本行政区

域内的地震应急工作。破坏性地震发生后，有关县级以上地方人民政府应当设立抗震救灾指挥部，对本行政区域内的地震应急工作实行集中领导，其办事机构设在本级人民政府防震减灾工作主管部门或者本级人民政府指定的其他部门；国务院另有规定的，从其规定。

2）建立地震灾害紧急救援队伍与管理制度

《防震减灾法》第五十四条规定，国务院建立国家地震灾害紧急救援队伍。省、自治区、直辖市人民政府和地震重点监视防御区的市、县人民政府可以根据实际需要，充分利用消防等现有队伍，按照一队多用、专职与兼职相结合的原则，建立地震灾害紧急救援队伍。地震灾害紧急救援队伍应当配备相应的装备、器材，开展培训和演练，提高地震灾害紧急救援能力。地震灾害紧急救援队伍在实施救援时，应当首先对倒塌建筑物、构筑物压埋人员进行紧急救援。

3）完善地震应急预案制度

《防震减灾法》第四十六条规定，县级以上地方人民政府及其有关部门和乡、镇人民政府，应当根据有关法律、法规、规章、上级人民政府及其有关部门的地震应急预案和本行政区域的实际情况，制定本行政区域的地震应急预案和本部门的地震应急预案。省、自治区、直辖市和较大的市的地震应急预案，应当报国务院地震工作主管部门备案。交通、铁路、水利、电力、通信等基础设施和学校、医院等人员密集场所的经营管理单位，以及可能发生次生灾害的核电、矿山、危险物品等生产经营单位，应当制定地震应急预案，并报所在地的县级人民政府负责管理地震工作的部门或者机构备案。

《破坏性地震应急条例》第十三条规定，破坏性地震应急预案应当包括下列主要内容：（1）应急机构的组成和职责；（2）应急通信保障；（3）抢险救援的人员、资金、物资准备；（4）灾害评估准备；（5）应急行动方案。

4）完善地震分级响应制度

《防震减灾法》第四十九条规定，按照社会危害程度、影响范围等因素，地震灾害分为一般、较大、重大和特别重大四级。具体分级标准按照国务院规定执行。一般或者较大地震灾害发生后，地震发生地的市、县人民政府负责组织有关部门启动地震应急预案；重大地震灾害发生后，地震发生地的省、自治区、直辖市人民政府负责组织有关部门启动地震应急预案；特别重大地震灾害发生后，国务院负责组织有关部门启动地震应急预案。

5）完善震情、灾情上报和发布制度

《防震减灾法》第五十二条规定，地震灾区的县级以上地方人民政府应当及时将地震震情和灾情等信息向上一级人民政府报告，必要时可以越级上报，不得迟报、谎报、瞒报。地震震情、灾情和抗震救灾等信息按照国务院有关规定实行归口管理，统一、准确、及时发布。

6）完善震后紧急措施制度

《防震减灾法》第五十条规定，地震灾害发生后，抗震救灾指挥机构应当立即组织有关部门和单位迅速查清受灾情况，提出地震应急救援力量的配置方案，并采取以下紧急措施：（1）迅速组织抢救被压埋人员，并组织有关单位和人员开展自救互救；（2）迅速组织实施紧急医疗救护，协调伤员转移和接收与救治；（3）迅速组织抢修毁损的交通、铁路、水利、电力、通信等基础设施；（4）启用应急避难场所或者设置临时避难场所，设置救济物资供应点，提供救济物品、简易住所和临时住所，及时转移和安置受灾群众，确保饮用水消毒和水质安全，积极开展卫生防疫，妥善安排受灾群众生活；（5）迅速控制危险源，封锁危险场所，做好次生灾害的排查与监测预警工作，防范地震可能引发的火灾、水灾、爆炸、山体滑坡和崩塌、泥石流、地面塌陷，或者剧毒、强腐蚀性、放射性物质大量泄漏等次生灾害以及传染病疫情的发生；（6）依法采取维持社会秩序、维护社会治安的必要措施。

5. 地震灾后过渡性安置和恢复重建

1）建立地震灾后过渡性安置制度

《防震减灾法》第五十九条规定，地震灾区受灾群众需要过渡性安置的，应当根据地震灾区的实际情况，在确保安全的前提下，采取灵活多样的方式进行安置。

第六十条规定，过渡性安置点应当设置在交通条件便利、方便受灾群众恢复生产和生活的区域，并避开地震活动断层和可能发生严重次生灾害的区域。过渡性安置点的规模应当适度，并采取相应的防灾、防疫措施，配套建设必要的基础设施和公共服务设施，确保受灾群众的安全和基本生活需要。

2）完善地震灾后损失调查评估制度

《防震减灾法》第五十八条规定，国务院或者地震灾区的省、自治区、直辖市人民政府应当及时组织对地震灾害损失进行调查评估，为地震应急救援、灾后过渡性安置和恢复重建提供依据。地震灾害损失调查评估的具体工作，由国务院地震工作主管部门或者地震灾区的省、自治区、直辖市人民政府负责管理地震工作的部门或者机构和财政、建设、民政等有关部门按照国务院的规定承担。

6. 奖励和处罚

《破坏性地震应急条例》第三十六条规定，在破坏性地震应急活动中有下列事迹之一的，由其所在单位、上级机关或者防震减灾工作主管部门给予表彰或者奖励：（1）出色完成破坏性地震应急任务的；（2）保护国家、集体和公民的财产或者抢救人员有功的；（3）及时排除险情，防止灾害扩大，成绩显著的；（4）对地震应急工作提出重大建议，实施效果显著的；（5）因震情、灾情测报准确和信息传递及时而减轻灾害损失的；（6）及时供应用于应急救灾的物资和工具或者节约经费开支，成绩显著的；（7）有其他特殊贡献的。

第三十七条规定，有下列行为之一的，对负有直接责任的主管人员和其他直接责任人员依法给予行政处分；属于违反治安管理行为的，依照治安管理处罚法的规定给予处罚；构成犯罪的，依法追究刑事责任：（1）不按照本条例规定制定破坏性地震应急预案的；（2）不按照破坏性地震应急预案的规定和抗震救灾指挥部的要求实施破坏性地震应急预案的；（3）违抗抗震救灾指挥部命令，拒不承担地震应急任务的；（4）阻挠抗震救灾指挥部紧急调用物资、人员或者占用场地的；（5）贪污、挪用、盗窃地震应急工作经费或者物资的；（6）有特定责任的国家工作人员在临震应急期或者震后应急期不坚守岗位，不及时掌握震情、灾情，临阵脱逃或者玩忽职守的；（7）在临震应急期或者震后应急期哄抢国家、集体或者公民的财产的；（8）阻碍抗震救灾人员执行职务或者进行破坏活动的；（9）不按照规定和实际情况报告灾情的；（10）散布谣言，扰乱社会秩序，影响破坏性地震应急工作的；（11）有对破坏性地震应急工作造成危害的其他行为的。

以上内容基本上属于地震灾害应急管理法律法规范畴。《地质灾害防治条例》对于防灾措施主要确立了如下三项原则：（1）"预防为主、避让与治理相结合，全面规划、突出重点"的原则；（2）"自然因素造成的地质灾害，由各级人民政府负责治理；人为因素引发的地质灾害，谁引发、谁治理"的原则；（3）地质灾害防治的"统一管理，分工协作"的原则。国务院国土资源主管部门负责全国地质灾害防治的组织、协调、指导和监管工作，国务院其他有关部门按照各自的职责负责有关的地质灾害防治工作。

此外，《地质灾害防治条例》对地质灾害防治管理规定了各级人民政府必须采取的五项防灾措施：（1）国家建立地质灾害监测网络和预警信息系统；（2）县级以上地方人民政府要制定年度地质灾害防治方案并公布实施；（3）县级以上人民政府要制定和公布突发性地质灾害的应急预案；（4）县级以上人民政府可以根据地质灾害抢险救灾工作的需要成立地质灾害抢险救灾指挥机构，在本级人民政府的领导下，统一指挥和组织地质灾害的抢险救灾工作；（5）地质灾害易发区的县、乡、村应当加强地质灾害的群测群防工作。

7.3.2　洪涝灾害类应急管理法律制度

洪涝灾害类应急管理法律法规主要包括《防洪法》《水法》《防汛条例》《蓄滞洪区运用补偿暂行办法》等，主要内容概述如下。

1. 防洪规划和防汛准备

《防洪法》第九条规定，防洪规划是指为防治某一流域、河段或者区域的洪涝灾害而制定的总体部署，包括国家确定的重要江河、湖泊的流域防洪规划，其他江河、河段、湖泊的防洪规划以及区域防洪规划。

1）河段、湖泊、江河及流域和城市的防洪规划

《防洪法》第十条规定，国家确定的重要江河、湖泊的防洪规划，由国务院水行政

主管部门依据该江河、湖泊的流域综合规划，会同有关部门和有关省、自治区、直辖市人民政府编制，报国务院批准。其他江河、河段、湖泊的防洪规划或者区域防洪规划，由县级以上地方人民政府水行政主管部门分别依据流域综合规划、区域综合规划，会同有关部门和有关地区编制，报本级人民政府批准，并报上一级人民政府水行政主管部门备案；跨省、自治区、直辖市的江河、河段、湖泊的防洪规划由有关流域管理机构会同江河、河段、湖泊所在地的省、自治区、直辖市人民政府水行政主管部门、有关主管部门拟定，分别经有关省、自治区、直辖市人民政府审查提出意见后，报国务院水行政主管部门批准。城市防洪规划，由城市人民政府组织水行政主管部门、建设行政主管部门和其他有关部门依据流域防洪规划、上一级人民政府区域防洪规划编制，按照国务院规定的审批程序批准后纳入城市总体规划。修改防洪规划，应当报经原批准机关批准。

2）受风暴潮威胁地区的防洪规划

《防洪法》第十二条规定，受风暴潮威胁的沿海地区的县级以上地方人民政府，应当把防御风暴潮纳入本地区的防洪规划，加强海堤（海塘）、挡潮闸和沿海防护林等防御风暴潮工程体系建设，监督建筑物、构筑物的设计和施工符合防御风暴潮的需要。

3）受山洪威胁地区的防洪规划

《防洪法》第十三条规定，山洪可能诱发山体滑坡、崩塌和泥石流的地区以及其他山洪多发地区的县级以上地方人民政府，应当组织负责地质矿产管理工作的部门、水行政主管部门和其他有关部门对山体滑坡、崩塌和泥石流隐患进行全面调查，划定重点防治区，采取防治措施。城市、村镇和其他居民点以及工厂、矿山、铁路和公路干线的布局，应当避开山洪威胁；已经建在受山洪威胁的地方的，应当采取防御措施。

4）平原、洼地、水网圩区、山谷、盆地等易涝地区的防洪规划

《防洪法》第十四条规定，平原、洼地、水网圩区、山谷、盆地等易涝地区的有关地方人民政府，应当制定除涝治涝规划，组织有关部门、单位采取相应的治理措施，完善排水系统，发展耐涝农作物种类和品种，开展洪涝、干旱、盐碱综合治理。城市人民政府应当加强对城区排涝管网、泵站的建设和管理。

在防汛准备方面，《防汛条例》规定防汛工作坚持以防为主，汛期之前需要提前分析形势，从预案、物资、队伍、检查等方面做好充分准备。防汛准备主要包括：防御洪水方案制定和审批制度；洪水调度方案审批制度；工程汛期调度运用计划审批制度；防汛检查制度；防汛物资储备制度。

2. 治理与防护

1）防治江河洪水的方法、策略规定

《防洪法》第十八条规定，防治江河洪水，应当蓄泄兼施，充分发挥河道行洪能力和水库、洼淀、湖泊调蓄洪水的功能，加强河道防护，因地制宜地采取定期清淤疏浚等措施，保持行洪畅通。防治江河洪水，应当保护、扩大流域林草植被，涵养水源，

加强流域水土保持综合治理。

2）河道、湖泊的管理

河道、湖泊的管理实行按水系统一管理和分级管理相结合的原则，加强防护，确保畅通。《防洪法》第二十四条规定，居住在行洪河道内的居民，当地人民政府应当有计划地组织外迁。第二十五条规定，护堤护岸的林木，由河道、湖泊管理机构组织营造和管理。护堤护岸林木，不得任意砍伐。采伐护堤护岸林木的，应当依法办理采伐许可手续，并完成规定的更新补种任务。第二十六条规定，对壅水、阻水严重的桥梁、引道、码头和其他跨河工程设施，根据防洪标准，有关水行政主管部门可以报请县级以上人民政府按照国务院规定的权限责令建设单位限期改建或者拆除。

3. 防汛抗洪

1）我国各级防汛指挥机构及职责

《防洪法》第三十九条规定，国务院设立国家防汛指挥机构，负责领导、组织全国的防汛抗洪工作，其办事机构设在国务院水行政主管部门。在国家确定的重要江河、湖泊可以设立由有关省、自治区、直辖市人民政府和该江河、湖泊的流域管理机构负责人等组成的防汛指挥机构，指挥所管辖范围内的防汛抗洪工作，其办事机构设在流域管理机构。有防汛抗洪任务的县级以上地方人民政府设立由有关部门、当地驻军、人民武装部负责人等组成的防汛指挥机构，在上级防汛指挥机构和本级人民政府的领导下，指挥本地区的防汛抗洪工作，其办事机构设在同级水行政主管部门；必要时，经城市人民政府决定，防汛指挥机构也可以在建设行政主管部门设城市市区办事机构，在防汛指挥机构的统一领导下，负责城市市区的防汛抗洪日常工作。

《防汛条例》第六条规定，国务院设立国家防汛总指挥部，负责组织领导全国的防汛抗洪工作，其办事机构设在国务院水行政主管部门。长江和黄河，可以设立由有关省、自治区、直辖市人民政府和该江河的流域管理机构（以下简称流域机构）负责人等组成的防汛指挥机构，负责指挥所辖范围的防汛抗洪工作，其办事机构设在流域机构。长江和黄河的重大防汛抗洪事项须经国家防汛总指挥部批准后执行。国务院水行政主管部门所属的淮河、海河、珠江、松花江、辽河、太湖等流域机构，设立防汛办事机构，负责协调本流域的防汛日常工作。

2）防御洪水方案制定的规定

《防洪法》第四十条规定，有防汛抗洪任务的县级以上地方人民政府根据流域综合规划、防洪工程实际状况和国家规定的防洪标准，制定防御洪水方案。长江、黄河、淮河、海河的防御洪水方案，由国家防汛指挥机构制定，报国务院批准；跨省、自治区、直辖市的其他江河的防御洪水方案，由有关流域管理机构会同有关省、自治区、直辖市人民政府制定，报国务院或者国务院授权的有关部门批准。防御洪水方案经批准后，有关地方人民政府必须执行。各级防汛指挥机构和承担防汛抗洪任务的部门和单位，必须根据防御洪水方案做好防汛抗洪准备工作。

3) 汛期、紧急防汛期的规定

《防洪法》第四十一条规定，省、自治区、直辖市人民政府防汛指挥机构根据当地的洪水规律，规定汛期起止日期。当江河、湖泊的水情接近保证水位或者安全流量，水库水位接近设计洪水位，或者防洪工程设施发生重大险情时，有关县级以上人民政府防汛指挥机构可以宣布进入紧急防汛期。

4) 启用蓄滞洪区以及有关人民政府在救灾工作中的职责的规定

江河、湖泊水位或者流量达到国家规定的分洪标准，需要启用蓄滞洪区时，防汛泄洪各机构按照依法经批准的防御洪水方案中规定的启用条件和批准程序，依法决定启用蓄滞洪区。任何单位和个人不得阻拦、拖延；遇到阻拦、拖延时，由有关县级以上地方人民政府强制实施。发生洪涝灾害后，有关人民政府应当组织有关部门、单位做好灾区的生活供给、卫生防疫、救灾物资供应、治安管理、学校复课、恢复生产和重建家园等救灾工作以及所管辖地区的各项水毁工程设施修复工作。水毁防洪工程设施的修复，应当优先列入有关部门的年度建设计划。国家鼓励、扶持开展洪水保险。

此外，在防汛与抢险方面，《防汛条例》第二十三条规定，省级人民政府防汛指挥部，可以根据当地的洪水规律，规定汛期起止日期。当江河、湖泊、水库的水情接近保证水位或者安全流量时，或者防洪工程设施发生重大险情，情况紧急时，县级以上地方人民政府可以宣布进入紧急防汛期，并报告上级人民政府防汛指挥部。

4. 法律责任

《防洪法》规定，有以下行为的，要负法律责任：（1）未经水行政主管部门签署规划同意书，擅自在江河、湖泊上建设防洪工程和其他水工程、水电站；（2）按照规划治导线整治河道和修建控制引导河水流向、保护堤岸等工程，影响防洪的；（3）在河道、湖泊管理范围内建设妨碍行洪的建筑物、构筑物；在河道、湖泊管理范围内倾倒垃圾、渣土，从事影响河势稳定、危害河岸堤防安全和其他妨碍河道行洪的活动；在行洪河道内种植阻碍行洪的林木和高秆作物。（4）围海造地、围湖造地、围垦河道；（5）未经水行政主管部门对其工程建设方案审查同意或者未按照有关水行政主管部门审查批准的位置、界限，在河道、湖泊管理范围内从事工程设施建设活动；（6）在洪泛区、蓄滞洪区内建设非防洪建设项目，未编制洪水影响评价报告或者洪水影响评价报告未经审查批准开工建设；防洪工程设施未经验收，即将建设项目投入生产或者使用；（7）因城市建设擅自填堵原有河道沟岔、贮水湖塘洼淀和废除原有防洪围堤；（8）破坏、侵占、毁损堤防、水闸、护岸、抽水站、排水渠系等防洪工程和水文、通信设施以及防汛备用的器材、物料；（9）阻碍、威胁防汛指挥机构、水行政主管部门或者流域管理机构的工作人员依法执行职务；（10）截留、挪用防洪、救灾资金和物资，构成犯罪的；（11）国家工作人员有下列行为构成犯罪的，依法追究刑事责任；尚不构成犯罪的，给予行政处分：严重影响防洪；滥用职权，玩忽职守，徇私舞弊，致使防汛抗洪工作遭受重大损失；拒不执行防御洪水方案、防汛抢险指令或者蓄滞洪方案、措施、汛期调度运用计划等防汛调度方案；违反本法规定，导致或者加重毗邻地区或者其他单位洪灾损失。

7.3.3 森林、草原火灾类应急管理法规制度

此类法规制度主要包括《森林防火条例》《草原防火条例》，其主要内容概述如下。

1. 火灾预防

在森林、草原防火工作中，首先要做好防止森林、草原火灾发生的工作，要采取各种有效措施，预防火灾的发生。

1）规划

《森林防火条例》第十四条规定，国务院林业主管部门应当根据全国森林火险区划等级和实际工作需要，编制全国森林防火规划，报国务院或者国务院授权的部门批准后组织实施。县级以上地方人民政府林业主管部门根据全国森林防火规划，结合本地实际，编制本行政区域的森林防火规划，报本级人民政府批准后组织实施。

《草原防火条例》第十三条规定，草原防火规划应当主要包括下列内容：（1）草原防火规划制定的依据；（2）草原防火组织体系建设；（3）草原防火基础设施和装备建设；（4）草原防火物资储备；（5）保障措施。

2）应急预案

《森林防火条例》第十六条规定，国务院林业主管部门应当按照有关规定编制国家重大、特别重大森林火灾应急预案，报国务院批准。县级以上地方人民政府林业主管部门应当按照有关规定编制森林火灾应急预案，报本级人民政府批准，并报上一级人民政府林业主管部门备案。县级人民政府应当组织乡（镇）人民政府根据森林火灾应急预案制定森林火灾应急处置办法；村民委员会应当按照森林火灾应急预案和森林火灾应急处置办法的规定，协助做好森林火灾应急处置工作。县级以上人民政府及其有关部门应当组织开展必要的森林火灾应急预案的演练。

《草原防火条例》第十六条规定，草原火灾应急预案应当主要包括下列内容：（1）草原火灾应急组织机构及其职责；（2）草原火灾预警与预防机制；（3）草原火灾报告程序；（4）不同等级草原火灾的应急处置措施；（5）扑救草原火灾所需物资、资金和队伍的应急保障；（6）人员财产撤离、医疗救治、疾病控制等应急方案。

3）防火期内的规定

《森林防火条例》第二十五条规定，森林防火期内，禁止在森林防火区野外用火。因防治病虫鼠害、冻害等特殊情况确需野外用火的，应当经县级人民政府批准，并按照要求采取防火措施，严防失火；需要进入森林防火区进行实弹演习、爆破等活动的，应当经省、自治区、直辖市人民政府林业主管部门批准，并采取必要的防火措施；中国人民解放军和中国人民武装警察部队因处置突发事件和执行其他紧急任务需要进入

森林防火区的，应当经其上级主管部门批准，并采取必要的防火措施。

《森林防火条例》第二十六条规定，森林防火期内，森林、林木、林地的经营单位应当设置森林防火警示宣传标志，并对进入其经营范围的人员进行森林防火安全宣传。森林防火期内，进入森林防火区的各种机动车辆应当按照规定安装防火装置，配备灭火器材。

2. 火灾扑救

1）扑救原则

《森林防火条例》第三十四条规定，森林防火指挥机构应当按照森林火灾应急预案，统一组织和指挥森林火灾的扑救。扑救森林火灾，应当坚持以人为本、科学扑救，及时疏散、撤离受火灾威胁的群众，并做好火灾扑救人员的安全防护，尽最大可能避免人员伤亡。

《草原防火条例》规定，任何单位和个人发现草原火灾，必须立即扑救，并及时向当地人民政府或者草原防火主管部门报告。当地人民政府或者草原防火主管部门接到报告后，必须立即组织当地军民扑救，同时逐级上报省、自治区、直辖市人民政府草原防火主管部门。扑救草原火灾要坚持有害灭之、无害控制、打早、打小、打了的原则。扑救草原火灾时要特别注意严明纪律，服从命令，听从指挥；坚决贯彻直接灭火三不打的原则，即不打顶风火，不迎头打上山火，不打沟谷火。

2）扑救火灾的职责

发生森林火灾时，各有关部门既要各司其职、各负其责，切实做好本部门担负的工作，又要树立大局意识和责任意识，密切配合，通力协作，相互支持，形成扑救森林火灾的整体合力。《森林防火条例》第三十七条规定，发生森林火灾，有关部门应当按照森林火灾应急预案和森林防火指挥机构的统一指挥，做好扑救森林火灾的有关工作。(1) 气象主管机构应当及时提供火灾地区天气预报和相关信息，并根据天气条件适时开展人工增雨作业。(2) 交通运输主管部门应当优先组织运送森林火灾扑救人员和扑救物资。(3) 通信主管部门应当组织提供应急通信保障。(4) 民政部门应当及时设置避难场所和救灾物资供应点，紧急转移并妥善安置灾民，开展受灾群众救助工作。(5) 公安机关应当维护治安秩序，加强治安管理。(6) 商务、卫生等主管部门应当做好物资供应、医疗救护和卫生防疫等工作。

《草原防火条例》第三十条规定，县级以上人民政府有关部门应当按照草原火灾应急预案的分工，做好相应的草原火灾应急工作。气象主管机构应当做好气象监测和预报工作，及时向当地人民政府提供气象信息，并根据天气条件适时实施人工增雨；民政部门应当及时设置避难场所和救济物资供应点，开展受灾群众救助工作。

卫生主管部门应当做好医疗救护、卫生防疫工作；铁路、交通、航空等部门应当优先运送救灾物资、设备、药物、食品；通信主管部门应当组织提供应急通信保障；公安部门应当及时查处草原火灾案件，做好社会治安维护工作。

3. 灾后处置

《森林防火条例》第四十一条规定，县级以上人民政府林业主管部门应当会同有关部门及时对森林火灾发生原因、肇事者、受害森林面积和蓄积、人员伤亡、其他经济损失等情况进行调查和评估，向当地人民政府提出调查报告；当地人民政府应当根据调查报告，确定森林火灾责任单位和责任人，并依法处理。森林火灾损失评估标准，由国务院林业主管部门会同有关部门制定。

《草原防火条例》第三十六条规定，草原火灾扑灭后，有关地方人民政府草原防火主管部门或者其指定的单位应当对火灾现场进行全面检查，清除余火，并留有足够的人员看守火场。经草原防火主管部门检查验收合格，看守人员方可撤出。第三十七条规定，草原火灾扑灭后，有关地方人民政府应当组织有关部门及时做好灾民安置和救助工作，保障灾民的基本生活条件，做好卫生防疫工作，防止传染病的发生和传播。第三十八条规定，草原火灾扑灭后，有关地方人民政府应当组织有关部门及时制定草原恢复计划，组织实施补播草籽和人工种草等技术措施，恢复草场植被，并做好畜禽检疫工作，防止动物疫病的发生。

4. 法律责任

《森林防火条例》规定，有以下行为的，要负法律责任：（1）未按照有关规定编制森林火灾应急预案；（2）发现森林火灾隐患未及时下达森林火灾隐患整改通知书；（3）对不符合森林防火要求的野外用火或者实弹演习、爆破等活动予以批准的；（4）瞒报、谎报或者故意拖延报告森林火灾；（5）未及时采取森林火灾扑救措施；（6）不依法履行职责的其他行为。森林、林木、林地的经营单位或者个人未履行森林防火责任；（7）森林防火区内的有关单位或者个人拒绝接受森林防火检查或者接到森林火灾隐患整改通知书逾期不消除火灾隐患；（8）森林防火期内未经批准擅自在森林防火区内野外用火；（9）森林防火期内未经批准在森林防火区内进行实弹演习、爆破等活动；（10）森林防火期内，森林、林木、林地的经营单位未设置森林防火警示宣传标志；（11）森林防火期内，进入森林防火区的机动车辆未安装森林防火装置；（12）森林高火险期内，未经批准擅自进入森林高火险区活动。

《草原防火条例》规定，有以下行为的，要负法律责任：（1）未按照规定制订草原火灾应急预案；（2）对不符合草原防火要求的野外用火或者爆破、勘察和施工等活动予以批准；（3）对不符合条件的车辆发放草原防火通行证；（4）瞒报、谎报或者授意他人瞒报、谎报草原火灾；（5）未及时采取草原火灾扑救措施；（6）损毁防火设施设备；（7）截留、挪用草原防火资金或者侵占、挪用草原防火物资；（8）未经批准在草原上野外用火或者进行爆破、勘察和施工等活动；（9）未取得草原防火通行证进入草原防火管制区；（10）在草原防火期内，经批准的野外用火未采取防火措施；（11）在草原上作业和行驶的机动车辆未安装防火装置或者存在火灾隐患；（12）在草原上行驶的公共交通工具上的司机、乘务人员或者旅客丢弃火种；（13）在草原上从事野外作业的机械设备作业人员不遵守防火安全操作规程或者对野外作业的机械设备未采取防火措施；（14）在草原防火管制区内未按照规定用火；（15）草原上的生产经营等单位未建立或者未落实草原防火责任制；（16）故意或者过失引发草原火灾的。

7.3.4 气象灾害类应急管理法律制度

在我国所有自然灾害中，气象灾害占 70% 以上，有的年份甚至高达 90%。每年因暴雨、台风、寒潮、冰雹、雷电、大雾等各种气象灾害所造成的损失平均约占国民生产总值的 3%~5%。气象灾害类应急管理法律制度主要包括《气象法》《气象灾害防御条例》《抗旱条例》，其主要内容概述如下。

1. 气象设施的建设与管理

气象设施是从事气象业务活动的基础，包括气象探测设施、气象信息专用传输设施以及大型气象专用技术装备等。气象设施布局合理与否，直接关系到气象事业总体效益的发挥。

《气象法》第九条规定，国务院气象主管机构应当组织有关部门编制气象探测设施、气象信息专用传输设施、大型气象专用技术装备等重要气象设施的建设规划，报国务院批准后实施。气象设施建设规划的调整、修改，必须报国务院批准。编制气象设施建设规划，应当遵循合理布局、有效利用、兼顾当前与长远需要的原则，避免重复建设。

《气象法》第十一条规定，国家依法保护气象设施，任何组织或者个人不得侵占、损毁或者擅自移动气象设施。气象设施因不可抗力遭受破坏时，当地人民政府应当采取紧急措施，组织力量修复，确保气象设施正常运行。

2. 气象探测

《气象法》第十五条规定，各级气象主管机构所属的气象台站，应当按照国务院气象主管机构的规定，进行气象探测并向有关气象主管机构汇交气象探测资料。未经上级气象主管机构批准，不得中止气象探测。国务院气象主管机构及有关地方气象主管机构应当按照国家规定适时发布基本气象探测资料。

3. 气象预报与灾害性天气警报

《气象法》第二十二条规定，国家对公众气象预报和灾害性天气警报实行统一发布制度。各级气象主管机构所属的气象台站应当按照职责向社会发布公众气象预报和灾害性天气警报，并根据天气变化情况及时补充或者订正。其他任何组织或者个人不得向社会发布公众气象预报和灾害性天气警报。国务院其他有关部门和省、自治区、直辖市人民政府其他有关部门所属的气象台站，可以发布供本系统使用的专项气象预报。各级气象主管机构及其所属的气象台站应当提高公众气象预报和灾害性天气警报的准确性、及时性和服务水平。

各级政府要加强气象灾害监测能力建设，健全气象灾害防御队伍建设，同时各级气象主管机构和所属气象台站要加强气象灾害的监测、预报和预警工作。《气象灾害防御条例》明确规定，气象灾害预警信息只能由气象主管机构所属的气象台站发布，除此以外任何单位和个人不能擅自发布预警信号和灾害性天气警报。

4. 气象灾害防御

《气象法》第二十七条规定，县级以上人民政府应当加强气象灾害监测、预警系统建设，组织有关部门编制气象灾害防御规划，并采取有效措施，提高防御气象灾害的能力。有关组织和个人应当服从人民政府的指挥和安排，做好气象灾害防御工作。

《气象灾害防御条例》第十二条规定，气象灾害防御规划应当包括气象灾害发生发展规律和现状、防御原则和目标、易发区和易发时段、防御设施建设和管理以及防御措施等内容。第十六条规定，气象灾害应急预案应当包括应急预案启动标准、应急组织指挥体系与职责、预防与预警机制、应急处置措施和保障措施等内容。

《抗旱条例》对抗旱规划制度和抗旱预案制度作了明确规定。该条例第十四条规定，编制抗旱规划应当充分考虑本行政区域的国民经济和社会发展水平、水资源综合开发利用情况、干旱规律和特点、可供水资源量和抗旱能力以及城乡居民生活用水、工农业生产和生态用水的需求。抗旱规划应当与水资源开发利用等规划相衔接。下级抗旱规划应当与上一级的抗旱规划相协调。第十五条规定，抗旱规划应当主要包括抗旱组织体系建设、抗旱应急水源建设、抗旱应急设施建设、抗旱物资储备、抗旱服务组织建设、旱情监测网络建设以及保障措施等。第二十八条规定，抗旱预案应当包括预案的执行机构以及有关部门的职责、干旱灾害预警、干旱等级划分和按不同等级采取的应急措施、旱情紧急情况下水量调度预案和保障措施等内容。干旱灾害按照区域耕地和作物受旱的面积与程度以及因干旱导致饮水困难人口的数量，分为轻度干旱、中度干旱、严重干旱、特大干旱四级。

5. 应急处置

《气象灾害防御条例》第三十八条规定，县级以上人民政府有关部门应当按照各自职责，做好相应的应急工作。民政部门应当设置避难场所和救济物资供应点，开展受灾群众救助工作，并按照规定职责核查灾情、发布灾情信息；卫生主管部门应当组织医疗救治、卫生防疫等卫生应急工作；交通运输、铁路等部门应当优先运送救灾物资、设备、药物、食品，及时抢修被毁的道路交通设施；住房城乡建设部门应当保障供水、供气、供热等市政公用设施的安全运行；电力、通信主管部门应当组织做好电力、通信应急保障工作；国土资源部门应当组织开展地质灾害监测、预防工作；农业主管部门应当组织开展农业抗灾救灾和农业生产技术指导工作；水利主管部门应当统筹协调主要河流、水库的水量调度，组织开展防汛抗旱工作；公安部门应当负责灾区的社会治安和道路交通秩序维护工作，协助组织灾区群众进行紧急转移。

《抗旱条例》对落实抗旱责任制、应急水量调度实施方案制度、紧急抗旱期制度、抗旱物资设备征用制度作了明确规定，如第四十七条规定，在紧急抗旱期，有关地方人民政府防汛抗旱指挥机构根据抗旱工作的需要，有权在其管辖范围内征用物资、设备、交通运输工具。

6. 气候资源开发利用和保护

《气象法》第三十三条规定，县级以上地方人民政府应当根据本地区气候资源的特点，对气候资源开发利用的方向和保护的重点作出规划。地方各级气象主管机构应当根据本级人民政府的规划，向本级人民政府和同级有关部门提出利用、保护气候资源和推广应用气候资源区划等成果的建议。

7. 法律责任

《气象法》《气象灾害防御条例》都对违法行为明确了法律责任，其中《气象法》规定，有违反以下行为的，要负法律责任：（1）侵占、损毁或者未经批准擅自移动气象设施；（2）在气象探测环境保护范围内从事危害气象探测环境活动。在气象探测环境保护范围内，违法批准占用土地的，或者非法占用土地新建建筑物或者其他设施的；（3）使用不符合技术要求的气象专用技术装备，造成危害；（4）安装不符合使用要求的雷电灾害防护装置；（5）非法向社会发布公众气象预报、灾害性天气警报；（6）广播、电视、报纸、电信等媒体向社会传播公众气象预报、灾害性天气警报，不使用气象主管机构所属的气象台站提供的适时气象信息；（7）从事大气环境影响评价的单位进行工程建设项目大气环境影响评价时，使用的气象资料不符合国家气象技术标准；（8）不具备省、自治区、直辖市气象主管机构规定的条件实施人工影响天气作业的，或者实施人工影响天气作业使用不符合国务院气象主管机构要求的技术标准的作业设备；（9）各级气象主管机构及其所属气象台站的工作人员由于玩忽职守，导致重大漏报、错报公众气象预报、灾害性天气警报，以及丢失或者毁坏原始气象探测资料、伪造气象资料等事故。

7.3.5 其他自然灾害类应急管理法律制度

自然灾害类应急管理法律法规体系包含的法律、法规种类众多，至少超过 20 部，除了前述法律法规外，本部分重点介绍《军队参加抢险救灾条例》和《自然灾害救助条例》两部行政法规的核心内容。

1.《军队参加抢险救灾条例》

1）军队参加抢险救灾的原则

原则：统一指挥、抢险救急、密切协同和科学用兵。只有这样才能快速、精确、协调、高效地应对突发灾害，保护国家和人民的利益。

2）军队参加抢险救灾的具体规范

（1）明确了救灾任务

《军队参加抢险救灾条例》第三条规定，军队参加抢险救灾主要担负下列任务：①解救、转移或者疏散受困人员；②保护重要目标安全；③抢救、运送重要物资；④参加道路（桥梁、隧道）抢修、海上搜救、核生化救援、疫情控制、医疗救护等专业抢险；⑤排除或者控制其他危重险情、灾情。必要时，军队可以协助地方人民政府开展灾后重建等工作。

（2）明确了组织指挥

在人民政府领导下，军地联合、统一指挥，是我国抢险救灾工作的特色和重要经验。《军队参加抢险救灾条例》对这一行之有效的做法以法规形式固定下来，并对指挥机构、指挥关系、职责分工、协调配合等问题作了具体规范。

（3）明确了兵力动用

动用军队兵力、装备参加抢险救灾，必须按照规定的批准权限和程序办理。考虑到抢险救灾的紧迫性，《军队参加抢险救灾条例》明确在紧急情况下，地方人民政府可以直接向驻军部队提出救助请求，部队可以边行动、边报告。

（4）明确了平时准备

《军队参加抢险救灾条例》第八条规定，县级以上地方人民政府应当向当地军事机关及时通报有关险情、灾情的信息。在经常发生险情、灾情的地方，县级以上地方人民政府应当组织军地双方进行实地勘察和抢险救灾演习、训练。

（5）明确了行动保障

军队参加抢险救灾时的行动保障，是《军队参加抢险救灾条例》要解决的重点问题之一。《军队参加抢险救灾条例》规定，军队参加国务院组织的抢险救灾消耗由中央财政负担；军队参加地方人民政府组织的抢险救灾消耗由地方财政负担；军队参加抢险救灾需要动用作战储备物资和装备器材应及时得到补充；灾害发生地人民政府应当协助执行抢险救灾任务的部队做好饮食、住宿、供水、供电、供暖、医疗和卫生防病等必需的保障工作。对在执行抢险救灾任务中有突出贡献的军队单位和个人，按照国家和军队的有关规定给予奖励；对死亡或者致残的人员，按照国家有关规定给予抚恤优待。

2.《自然灾害救助条例》

1）救助原则

《自然灾害救助条例》第二条规定，自然灾害救助工作遵循以人为本、政府主导、分级管理、社会互助、灾民自救的原则。

2）救助准备

县级以上地方人民政府及其有关部门应当根据自然灾害风险调查情况，制定自然灾害救助应急预案；应当建立健全自然灾害救助应急指挥技术支撑系统，并为自然灾害救助工作提供交通、通信等装备；应当统筹规划设立并公告自然灾害应急避难场所；应当加强自然灾害救助队伍建设和业务培训。国家应建立自然灾害救助物资储备制度，设区的市级以上人民政府和自然灾害多发、易发地区的县级人民政府应当设立自然灾害救助物资储备库。

《自然灾害救助条例》第八条规定，自然灾害救助应急预案应当包括下列内容：（1）自然灾害救助应急组织指挥体系及其职责；（2）自然灾害救助应急队伍；（3）自然灾害救助应急资金、物资、设备；（4）自然灾害的预警预报和灾情信息的报告、处理；（5）自然灾害救助应急响应的等级和相应措施；（6）灾后应急救助和居民住房恢复重建措施。

3）应急救助

《自然灾害救助条例》第十三条规定，县级以上人民政府或者人民政府的自然灾害救助应急综合协调机构应当根据自然灾害预警预报启动预警响应，采取下列一项或者多项措施：（1）向社会发布规避自然灾害风险的警告，宣传避险常识和技能，提示公众做好自救互救准备；（2）开放应急避难场所，疏散、转移易受自然灾害危害的人员和财产，情况紧急时，实行有组织的避险转移；（3）加强对易受自然灾害危害的乡村、社区以及公共场所的安全保障；（4）责成民政等部门做好基本生活救助的准备。

4）灾后救助

为了保障受灾人员的基本生活，《自然灾害救助条例》在总结实践经验的基础上，规范了灾后生活救助制度。受灾人员的过渡性安置：受灾地区人民政府应当在确保安全的前提下，对受灾人员进行过渡性安置。因灾损毁民房修缮与恢复重建：受灾地区人民政府及其有关部门应当组织重建或者修缮损毁的居民住房。灾民冬令和春荒生活救助：在受灾的当年冬季和次年春季，受灾地区人民政府应当为受灾人员提供基本生活救助。

5）救助款物管理

救助物资管理发放：县级以上人民政府财政部门、应急管理部门负责自然灾害救助资金的分配、管理并监督使用情况，县级以上人民政府应急管理部门负责调拨、分配、管理救助物资。

救助物资发放范围及对象：救助款物应当专款（物）专用、无偿使用，专项用于灾民紧急转移安置，灾民基本生活救助，医疗救助，教育、医疗等公共服务设施和住房的恢复重建，遇难人员家属抚慰以及救助物资的采购、储存和运输等项支出。

救助物资筹集和使用信息公开：受灾地区人民政府应急管理、财政等部门和有关社会组织应当通过报刊、广播、电视、互联网，主动向社会公开所接受的自然灾害救助款物和捐赠款物的来源、数量及其使用情况。受灾地区村民委员会、居民委员会应当公布救助对象及其接受救助款物数额和使用情况。

监督检查制度：各级人民政府应当建立健全监督检查制度，及时受理投诉和举报，监察机关、审计机关应当依法加强对救助款物管理使用情况的监督检查，应急管理、财政等部门和有关社会组织应当予以配合。

6）法律责任

《自然灾害救助条例》规定，有以下行为的，要负法律责任：（1）迟报、谎报、瞒报自然灾害损失情况，造成后果的；（2）未及时组织受灾人员转移安置，或者在提供基本生活救助、组织恢复重建过程中工作不力，造成后果的；（3）截留、挪用、私分自然灾害救助款物或者捐赠款物的；（4）不及时归还征用的财产，或者不按照规定给予补偿的；（5）有滥用职权、玩忽职守、徇私舞弊的其他行为的；（6）采取虚报、隐瞒、伪造等手段，骗取自然灾害救助款物或者捐赠款物的，由县级以上人民政府应急管理部门责令限期退回违法所得的款物；构成犯罪的，依法追究刑事责任；（7）抢夺或者聚众哄抢自然灾害救助款物或者捐赠款物的，由县级以上人民政府应急管理部门责令停止违法行为；构成违反治安管理行为的，由公安机关依法给予治安管理处罚；构成犯罪的，依法追究刑事责任；（8）以暴力、威胁方法阻碍自然灾害救助工作人员依法执行职务，构成违反治安管理行为的，由公安机关依法给予治安管理处罚，构成犯罪的，依法追究刑事责任。

【本章小结】

本章在简要概述自然灾害的概念、特征、世界主要国家自然灾害立法情况的基础上，重点介绍了我国自然灾害应急管理立法背景、立法宗旨，以及地质地震类、洪涝灾害类、森林草原火灾类、气象灾害类和其他自然灾害类应急管理法律制度。

【核心概念】

（1）地震监测设施是指用于地震信息检测、传输和处理的设备、仪器和装置以及配套的监测场地。

（2）地震烈度区划图是指以地震烈度（以等级表示的地震影响强弱程度）为指标，将全国划分为不同抗震设防要求区域的图件。

（3）地质灾害是指自然因素或者人为活动引发的危害人民生命和财产安全的山体崩塌、滑坡、泥石流、地面塌陷、地裂缝、地面沉降等与地质作用有关的灾害。

（4）防洪规划是指为防治某一流域、河段或者区域的洪涝灾害而制定的总体部署，包括国家确定的重要江河、湖泊的流域防洪规划，其他江河、河段、湖泊的防洪规划以及区域防洪规划。

（5）气象灾害是指台风、暴雨（雪）、寒潮、大风（沙尘暴）、低温、高温、干旱、雷电、冰雹、霜冻和大雾等所造成的灾害。

【案例分析与小组讨论】

2019 年 3 月 30 日 18 时许，四川省凉山州木里县雅砻江镇立尔村发生森林火灾，着火点在海拔 3800 余米，地形复杂、坡陡谷深，交通、通信不便。火灾发生后，党中央、国务院高度重视，习近平总书记、李克强总理做出重要指示批示要求，四川省委省政府、应急管理部和森林消防局第一时间组织力量展开搜救，应急管理部工作组立即赶赴现场指导开展搜救、灭火及善后等工作，州、县两级立即启动应急预案，四川森林消防总队凉山州支队指战员和地方扑火队员共 689 人在原始森林展开扑救。

2019 年 3 月 31 日下午，扑火人员在转场途中，受瞬间风力风向突变影响，突遇山火爆燃，部分扑火人员失去联系。2019 年 4 月 1 日上午，西部战区命令陆军第 77 集团军某旅出动两架直升机，紧急飞赴木里县执行山火救援任务。两个机组均由多次参加救援抢险任务、经验丰富的飞行员组成。西部战区总医院应急救援队 15 人携带救援物资同机前往。至 2019 年 4 月 1 日，前线共设立现场搜救、医疗抢救、现场扑打、后勤保障、安全保卫等工作小组，调集数百名搜救、灭火和医疗救援人员积极开展工作。

2019 年 4 月 2 日 6 时 30 分，四川总队攀枝花支队 100 人、成都大队 150 人共 250 人向火场增援。现场联合指挥部经过现地勘察，火场已没有明火，只有内线悬崖上有少量烟点。2019 年 4 月 7 日上午，木里火场出现复燃，经过木里、冕宁、越西三县组织的 1900 余人实施地空配合扑救，至 2019 年 4 月 8 日火场全部熄灭。本次森林火灾扑救过程中，共有 31 名扑火人员牺牲。

森林火灾发生后，中国人保财险四川省分公司派出工作组赶赴灾区，先遣小队 13 人于 2019 年 4 月 1 日 13 时抵达火灾现场。省、州、县三级机构开通 24 小时理赔绿色通道，经对承保情况进行全面排查，中国人保财险承保了木里县的"惠农保"自然灾害公众责任险。2019 年 4 月 2 日 10 时，凉山州木里县人民政府收到中国人保财险支付的"惠农保"自然灾害公众责任险首笔赔款 180 万元，向"3·30"森林火灾牺牲的扑火人员进行赔付。[1]

根据以上案例材料，讨论以下问题：

(1) 依据森林火灾等级划分标准，本次火灾属于何种等级？

(2) 森林火灾扑救难点和技术要求有哪些？

(3) 如何理解自然灾害公众责任险？

(4) 森林火灾应急管理有哪些法律制度规定？

---

〔1〕 木里森林火灾救火的三天三夜［EB/OL］.（2019-04-04）. https://www.lsz.gov.cn/ztzl/lszt/2019ztzl/mlxslhztbbd/zxxx/201904/t20190404_1171643.html.

【延伸阅读】

［1］习近平谈防灾减灾：从源头上防范把问题解决在萌芽之时 ［J］. 安全与健康，2020（5）：35-36.

［2］郑国光. 深入学习贯彻习近平总书记防灾减灾救灾重要论述全面提高我国自然灾害防治能力 ［J］. 旗帜，2020（5）：14-16.

［3］吴瑾冰. 目观：日本、美国、土耳其自然灾害立法 ［J］. 防灾博览，2004（2）：7-8.

［4］兰泽全，郝朝瑜，宋富美，等. 应急管理法律法规 ［M］. 北京：应急管理出版社，2021.

第8章 事故灾难类应急管理法律制度

【学习目标】

1. 明确事故灾难类应急管理法律制度的立法背景、立法宗旨、适用范围。
2. 掌握事故灾难类应急管理法律制度的主要内容。
3. 分析和解决事故灾难应急管理过程中涉及的法律问题。

【本章导引】

2003年12月23日22时左右，重庆市开县高桥镇的中油川东北气矿一矿井发生天然气"井喷"，死亡人数共233人。事发现场当时空气中弥漫着像臭鸡蛋一样的硫化氢气味，事发地方圆5公里内的10万群众被疏散到安全地带。[1] 可见，企业应急管理人员熟练掌握生产安全事故应急管理法律制度非常必要。

8.1 概　述

8.1.1 事故灾难及其特征

一般来说，事故灾难是具有灾难性后果的事故，是在人们生产、生活过程中发生的，直接由人的生产、生活活动引发的，违反人们意志的、迫使活动暂时或永久停止，并且造成大量的人员伤亡、经济损失或环境污染的意外事件。《突发事件应对法》中规定，我国突发事件分为自然灾害、事故灾难、公共卫生事件和社会安全事件四类。本章提及的事故灾难特指《突发事件应对法》中提到的事故灾难，即由人为原因导致的安全生产责任事故。事故灾难具有突发性、危害性、复杂性、连锁性、不确定性等特征。

1. 突发性

事故灾难往往在毫无征兆的情况下突然发生，让人猝不及防。例如，某化工厂的一个储罐在正常运行中突然发生破裂，导致化学品泄漏，造成周边环境严重污染。

2. 危害性

事故灾难会造成人员伤亡、财产损失、环境污染等严重后果。一次重大的生产安

---

〔1〕　重庆开县天然气井喷事故责任人被判重大责任事故罪［EB/OL］.（2004-09-05）. https://www.gmw.cn/01gmrb/2004-09/05/content_93916. htm.

全事故可能导致数十人甚至上百人死亡，给家庭和社会带来巨大的痛苦和损失。同时，事故还可能对企业的生产经营造成毁灭性打击，影响地区经济发展。

3. 复杂性

事故灾难的发生通常不是由单一原因引起的，而是多种因素相互作用的结果。在处理事故时，需要综合考虑人员救援、现场处置、环境监测、责任追究等多个方面，工作难度较大。

4. 连锁性

一个事故可能引发一系列的次生事故，形成连锁反应，扩大事故的影响范围和危害程度。例如，一起火灾事故可能引发爆炸，进而导致建筑物倒塌等次生灾害。

5. 不确定性

事故灾难的发展和演变具有不确定性，难以准确预测。在事故处理过程中，可能出现新的情况和问题，需要及时调整应对策略。

8.1.2　国内外事故灾难立法概况

近年来，我国相继颁布的一系列法律法规和文件，例如《安全生产法》《突发事件应对法》《职业病防治法》《消防法》《特种设备安全法》《危险化学品安全管理条例》《关于特大安全事故行政责任追究的规定》《特种设备安全监察条例》《生产安全事故报告和调查处理条例》《生产安全事故应急预案管理办法》《生产经营单位生产安全事故应急预案评审指南（试行）》《突发事件应急演练指南》和《国务院关于进一步加强企业安全生产工作的通知》等，对危险化学品、特大安全事故、重大危险源等应急救援工作作出了相应的规定和要求。

比如，《安全生产法》第十八条规定，生产经营单位的主要负责人具有组织制定并实施本单位的生产安全事故应急救援预案的职责。第三十七条规定，生产经营单位对重大危险源应当制定应急救援预案，并告知从业人员和相关人员在紧急情况下应当采取的应急措施。第七十七条规定，县级以上地方各级人民政府应当组织有关部门制定本行政区域内生产安全事故应急救援预案，建立应急救援体系。

《职业病防治法》第二十条规定，用人单位应当建立、健全职业危害事故应急救援预案。

《消防法》第十六条、第十七条规定，消防安全重点单位应当制定灭火和应急疏散预案，定期组织消防演练。

《突发事件应对法》明确规定了突发事件的预防与应急准备、监测与预警、应急处置与救援、事后恢复与重建等活动中，政府、单位及个人的权利与义务。

《特种设备安全法》第六十九条规定，国务院负责特种设备安全监督管理的部门应当依法组织制定特种设备重特大事故应急预案，报国务院批准后纳入国家突发事件应急预案体系。县级以上地方各级人民政府及其负责特种设备安全监督管理的部门应当依法组织制定本行政区域内特种设备事故应急预案，建立或者纳入相应的应急处置与救援体系。特种设备使用单位应当制定特种设备事故应急专项预案，并定期进行应急演练。

《危险化学品安全管理条例》第六十九条规定，县级以上地方人民政府安全生产监督管理部门应当会同工业和信息化、环境保护、公安、卫生、交通运输、铁路、质量监督检验检疫等部门，根据本地区实际情况，制定危险化学品事故应急预案，报本级人民政府批准。第七十条规定，危险化学品单位应当制定本单位危险化学品事故应急预案，配备应急救援人员和必要的应急救援器材、设备，并定期组织应急救援演练。危险化学品单位应当将其危险化学品事故应急预案报所在地设区的市级人民政府安全生产监督管理部门备案。

国务院《特种设备安全监察条例》第六十五条规定，特种设备安全监督管理部门应当制定特种设备应急预案。特种设备使用单位应当制定事故应急专项预案，并定期进行事故应急演练。

国务院《关于特大安全事故行政责任追究的规定》第七条规定，市（地、州）、县（市、区）人民政府必须制定本地区特大安全事故应急处理预案。

国务院《使用有毒物品作业场所劳动保护条例》规定，从事使用高毒物品作业的用人单位，应当配备应急救援人员和必要的应急救援器材、设备，制定事故应急救援预案，并根据实际情况变化对应急预案适时进行修订，定期组织演练。事故应急救援预案和演练记录应当报当地卫生行政部门、安全生产监督管理部门和公安部门备案。

2006 年 1 月 8 日，国务院发布了《国家突发公共事件总体应急预案》，明确了各类突发公共事件分级分类和预案框架体系，规定了国务院应对特别重大突发公共事件的组织体系、工作机制等内容，是指导预防和处置各类突发公共事件的规范性文件。

《国家突发公共事件总体应急预案》发布后，国务院又相继发布了《国家安全生产事故灾难应急预案》《国家处置铁路行车事故应急预案》《国家处置民用航空器飞行事故应急预案》《国家海上搜救应急预案》《国家处置城市地铁事故灾难应急预案》《国家处置电网大面积停电事件应急预案》《国家核应急预案》《国家突发环境事件应急预案》和《国家通信保障应急预案》共 9 个事故灾难类突发公共事件专项应急预案。其中，《国家安全生产事故灾难应急预案》适用于特别重大安全生产事故灾难、超出省级人民政府处置能力或者跨省级行政区、跨多个领域（行业和部门）的安全生产事故灾难以及需要国务院安全生产委员会处置的安全生产事故灾难等。

2006 年，国家安全监管总局在《国家安全生产事故灾难应急预案》的基础上，分别制定并经国务院审查同意印发了《矿山事故灾难应急预案》《危险化学品事故灾难应急预案》《陆上石油天然气储运事故灾难应急预案》《陆上石油天然气开采事故灾难应急预案》《海洋石油天然气作业事故灾难应急预案》，并审查同意印发了《冶金事故灾难应急预案》。这 6 项部门预案的编制印发，进一步完善了国家安全生产事故灾难应急预案体系。

2009 年，国家安全生产监督管理总局发布的《生产安全事故应急预案管理办法》（国家安全监管总局令第 17 号）和《生产经营单位生产安全事故应急预案评审指南（试行）》为生产安全事故应急预案管理工作提供了依据。

2010 年，国务院下发了《国务院关于进一步加强企业安全生产工作的通知》。通知提出，建设更加高效的应急救援体系，主要包括加快国家安全生产应急救援基地建设，建立完善企业安全生产预警机制，完善企业应急预案等内容。关于应急预案，通知强调企业应急预案要与当地政府应急预案保持衔接，并定期进行演练。

安全生产是关系人民群众生命财产安全的大事，是经济社会协调健康发展的标志，是党和政府对人民利益高度负责的要求。党的十八大以来，以习近平同志为核心的党中央对安全生产工作高度重视，将其纳入"四个全面"战略布局统筹推进，将应急能力纳入国家治理体系和治理能力现代化建设的重要内容。

近年来，各级党委、政府认真按照党中央、国务院决策部署，大力推进生产安全事故应急工作，安全生产应急管理"一案三制"建设得到明显加强，全国形成了比较完整的安全生产应急救援体系，建设了覆盖矿山、危险化学品、油气田开采、隧道施工等行业领域的 85 支国家级安全生产应急救援队伍，显著提升了应对重特大、复杂生产安全事故的能力。同时，铁路、民航、水域、海上溢油等行业领域应急救援队伍建设稳步推进。目前，全国已有各类安全生产应急救援专业队伍 1000 余支共计 7.2 万余人，在多次重特大事故灾难救援中发挥了专业骨干作用。

2019 年 2 月 7 日，国务院总理李克强签署第 708 号国务院令，公布《安全生产事故应急条例》，自 2019 年 4 月 1 日起施行。

8.2　生产安全应急管理法律的立法概述

8.2.1　生产安全应急管理法律的立法背景

1. 安全生产形势严峻

随着工业化进程的加速，各类生产经营活动日益频繁和复杂，生产安全事故时有发生，给人民生命财产和社会稳定带来了严重威胁。

2. 保障人民生命财产安全的需要

人民群众对安全的需求日益增长，确保在生产过程中的人身安全和健康成为重要任务。立法旨在建立有效的应急机制，最大程度减少事故造成的伤亡和损失。

3. 完善应急管理体系

过去的应急管理体系存在分散、不协调等问题，需要通过立法来整合资源，明确各部门、各主体在生产安全应急中的职责和权力，形成统一高效的应急管理体系。

4. 提高企业应急能力

企业加强安全生产管理，制定应急预案，配备应急设备和物资，提高自身应对突发事件的能力，降低事故风险。

5. 适应经济社会发展的要求

随着经济社会的发展，新的产业、技术和工艺不断涌现，带来了新的安全风险和挑战，需要通过法律手段规范和引导生产经营活动，以适应经济社会发展的变化。

6. 借鉴国际经验

国际上许多国家都建立了较为完善的生产安全应急管理法律体系，为我国提供了有益的借鉴和参考。

7. 落实国家总体安全观

生产安全是国家安全的重要组成部分，通过立法加强生产安全应急管理，是落实总体国家安全观，维护国家经济社会稳定和安全的必然要求。

8. 强化法律责任追究

明确在生产安全应急工作中违法违规行为的法律责任，加大处罚力度，形成有效的法律威慑，促进各方依法履行应急管理职责。

8.2.2 生产安全应急管理法律的立法宗旨

1. 保障人民群众生命和财产安全

这是最核心的宗旨，将保护人的生命和财产置于首要位置，体现了以人为本的理念。

2. 预防和减少生产安全事故

通过法律规范，促使企业和相关主体加强预防措施，降低事故发生的可能性和频率。

3. 规范生产安全应急管理工作

明确应急管理的体制、机制、程序和各方责任，使应急工作有法可依、有序进行。

4. 提高应急救援能力和效率

促进建立高效、协调的应急救援体系，确保在事故发生时能够迅速、有效地开展救援行动，减少损失。

5. 促进经济社会持续健康发展

稳定的生产环境有助于保障企业正常生产经营，维护经济秩序，推动经济社会的可持续发展。

6. 落实安全生产责任

强化政府、企业和相关人员的安全生产责任，形成全社会共同参与、共同负责的良好氛围。

7. 维护社会公共安全和稳定

生产安全事故往往会引发社会恐慌和不稳定，通过有效的应急法律保障，维护社会的公共安全和稳定。

8.3　《安全生产事故应急条例》的主要内容

在生产安全事故应急实践中，依然存在应急救援预案实效性不强、应急救援队伍能力不足、应急资源储备不充分、事故现场救援机制不够完善、救援程序不够明确、救援指挥不够科学等问题，尤其是在一些基层企业违章指挥、盲目施救现象时有发生。这些都严重影响到应急能力的提升，有时还会造成次生灾害。针对上述问题和薄弱环节，国务院制定出台专门的行政法规，进一步规范指导生产安全事故应急工作，提高应急能力，切实减少事故灾难造成的人员伤亡和财产损失。这既是贯彻落实以人民为中心的发展思想的务实举措，也是加强安全生产依法行政的现实需求。《生产安全事故应急条例》（以下简称《条例》）根据《安全生产法》和《突发事件应对法》的立法精神、法律原则、基本要求，总结凝练长期以来生产安全事故应急实践成果。《条例》共五章 35 条，对生产安全事故应急体制、应急准备、现场应急救援及相应法律责任等内容提出了规范和要求。

8.3.1　《条例》的适用范围

1.《条例》是《安全生产法》和《突发事件应对法》的配套行政法规

《条例》第一条规定："为了规范生产安全事故应急工作，保障人民群众生命和财产安全，根据《中华人民共和国安全生产法》和《中华人民共和国突发事件应对法》，制定本条例。"《安全生产法》是安全生产领域的综合性法律，确立了安全生产的基本准则和基本制度，生产安全事故应急工作是安全生产的重要内容，法律也设有生产安全事故应急救援和调查处理一章，对有关应急救援作出规定。《突发事件应对法》是我国应急工作的法律基础，它确立了突发事件应急工作的法律原则和法律制度。

2.《条例》是生产安全事故应急工作的行为规范

《条例》第二条规定"本条例适用于生产安全事故应急工作；法律、行政法规另有规定的，适用其规定。"这里包括两方面内容。

一是普遍适用原则。《条例》是规范生产安全事故应急工作的普遍规定，所有生产安全事故应急工作都要遵守本条例的规定。根据《安全生产法》和《生产安全事故报告和调查处理条例》，生产安全事故是指生产经营活动中发生的造成人身伤亡或者直接经济损失的事故，分四个等级。特别重大事故，是指造成 30 人以上死亡，或者 100 人以上重伤（包括急性工业中毒，下同），或者 1 亿元以上直接经济损失的事故；重大事故，是指造成 10 人以上 30 人以下死亡，或者 50 人以上 100 人以下重伤，或者 5000 万元以上 1 亿元以下直接经济损失的事故；较大事故，是指造成 3 人以上 10 人以下死亡，或者 10 人以上 50 人以下重伤，或者 1000 万元以上 5000 万元以下直接经济损失的事故；一般事故，是指造成 3 人以下死亡，或者 10 人以下重伤，或者 1000 万元以下直接经济损失的事故。

二是例外适用原则。法律、行政法规对生产安全事故应急工作另有规定的，适用其规定，不适用《条例》。这是《条例》与其他法律、行政法规的衔接性规定。按照下位法服从上位法的原则，法律已对生产安全事故应急工作作出规定的，适用法律的规定，这些法律有《安全生产法》《突发事件应对法》等。按照特殊法优于一般法的原则，《条例》是国务院制定颁布的行政法规，是规范生产安全事故应急工作的一般规定，其他行政法规对生产安全事故应急工作另有规定的，适用其行政法规的规定。例如《危险化学品安全管理条例》对危险化学品事故应急预案有规定，这些行政法规还有《电力安全事故应急处置和调查处理条例》《铁路交通事故应急救援和调查处理条例》等。

3. 《条例》是科研机构、学校、医院等单位安全事故应急工作的重要参照

按照参照适用原则，《条例》第三十四条规定："储存、使用易燃易爆物品、危险化学品等危险物品的科研机构、学校、医院等单位的安全事故应急工作，参照本条例有关规定执行。"根据生产安全事故的范围，科研机构、学校、医院等单位发生的安全事故，不属于生产安全事故。但是，现实中这类单位储存、使用易燃易爆物品、危险化学品等危险物品，存在较大的风险，极易发生事故，也需要应急工作，如 2018 年 12 月 26 日北京某高校发生事故，造成 3 名学生死亡。当时，对这类单位的应急工作没有相应的法律规定，故《条例》作出了参照执行规定，弥补了法规空缺。同样，《生产安全事故报告和调查处理条例》也作出规定："国家机关、事业单位、人民团体发生的事故的报告和调查处理参照本条例的规定执行。"

8.3.2 《条例》明确了生产安全事故应急工作的体制、机制

1. 事故应急体制

事故应急体制是指为应对各类突发事故而建立的一系列组织架构、职责分工、协调机制和运行程序等的总和。一个较为完善的事故应急体制通常包括以下几个主要部分。（1）应急指挥机构：负责统一领导、指挥和协调应急处置工作，制定总体应急策略和决策。（2）应急管理部门：承担日常的应急管理工作，包括应急预案的制定、修订，应急资源的管理和调配，以及应急培训和演练的组织等。（3）相关职能部门：如公安、消防、医疗、环保、交通等，按照各自的职责分工参与应急处置工作。（4）属

地政府：对本地区的事故应急工作负有重要责任，组织和动员本地的资源和力量进行应急救援。（5）应急救援队伍：包括专业应急救援队伍、企业内部的应急救援队伍以及社会志愿者救援队伍等。（6）专家组：由各领域的专家组成，为应急决策提供技术支持和专业建议。（7）信息发布与舆情管理部门：负责及时、准确地向社会发布事故信息，回应公众关切，引导舆论。

事故应急体制的建立旨在确保在事故发生时，能够迅速、有效地组织各方力量，采取科学合理的措施，最大限度地减少人员伤亡、财产损失和环境破坏，维护社会稳定和公共安全。同时，通过不断的演练和改进，提高应急体制的响应能力和运行效率。

2. 事故应急机制

为了加强和规范生产安全事故应急工作，《条例》第三条、第四条从政府、企业两个层面、五个方面明确了相应的职责，厘清了工作机制。

一是明确生产安全事故应急工作由县级以上人民政府统一领导、分级负责。《条例》第三条第一款规定，国务院统一领导全国的生产安全事故应急工作，县级以上地方人民政府统一领导本行政区域内的生产安全事故应急工作。生产安全事故应急工作涉及两个以上行政区域的，由有关行政区域共同的上一级人民政府负责，或者由各有关行政区域的上一级人民政府共同负责。根据上述规定，假如两个县属于同一市管辖的，则由该市政府负责；假如两个县分别属于不同市管辖的，则由不同市共同负责。

二是明确政府有关部门按照各自职责负责有关行业、领域的生产安全生产事故应急工作。《条例》第三条第二款规定，县级以上人民政府应急管理部门和其他对有关行业、领域的安全生产工作实施监督管理的部门（以下统称负有安全生产监督管理职责的部门）在各自职责范围内，做好有关行业、领域的生产安全事故应急工作。生产安全事故应急工作是安全生产的重要内容，按照管行业必须管安全、管业务必须管安全、管生产经营必须管安全的原则，政府应急管理部门和其他负责安全生产监督管理职责的部门在各自职责范围内，分别做好有关生产安全事故应急工作，各负其责。

三是明确应急管理部门对生产安全事故应急工作负有统筹职责。《条例》第三条第三款规定，县级以上人民政府应急管理部门指导、协调本级人民政府其他负有安全生产监督管理职责的部门和下级人民政府的生产安全事故应急工作。应急管理部门作为安全生产工作的综合部门，对安全生产工作负责综合监督管理职责，同样对同级政府其他部门和下级政府的生产安全事故应急工作负有指导、协调职责。

四是明确乡镇等政府和派出机关协助做好生产安全事故应急工作。《条例》第三条第四款规定，乡、镇人民政府以及街道办事处等地方人民政府派出机关应当协助上级人民政府有关部门依法履行生产安全事故应急工作职责。这与《安全生产法》类似，乡、镇人民政府以及街道办事处等地方人民政府派出机关仅是作好协助工作。

五是明确生产经营单位是本单位生产安全事故应急工作的责任主体，主要负责人全面负责。《条例》第四条规定，生产经营单位应当加强生产安全事故应急工作，建立、健全生产安全事故应急工作责任制，其主要负责人对本单位的生产安全事故应急工作全面负责。贯彻落实《安全生产法》的规定，强调管安全生产工作，必须管应急工作。

8.3.3 《条例》强化了生产安全事故的应急准备

应急准备是指为了有效应对可能发生的突发事件或事故，提前进行的一系列策划、组织、资源配置和培训等活动。

应急准备是整个应急工作的前提。《突发事件应对法》对有关应急准备作出了很多规定，《安全生产法》对有关应急预案和应急队伍、物资配备也作出了相应规定。在此基础上，结合生产安全事故应急工作的实际需要，《条例》设立专章，共12条，从预案编制、预案备案、预案演练、队伍建设、值班制度、人员培训、物资储备、信息系统8个方面进行规范。

1. 规范了应急预案的编制

一是明确县级以上政府及部门要制定生产安全事故预案，并向社会公布。《条例》第五条规定："县级以上人民政府及其负有安全生产监督管理职责的部门和乡、镇人民政府以及街道办事处等地方人民政府派出机关，应当针对可能发生的生产安全事故的特点和危害，进行风险辨识和评估，制定相应的生产安全事故应急救援预案，并依法向社会公布。"按照预案对象的不同，预案的种类也有不同，各级政府要制定相应的政府预案，有关部门要制定不同的事故预案，有生产安全事故专项综合应急预案，也有危险化学品事故、尾矿库事故、特种设备事故等部门应急预案等。

二是明确生产经营单位要制定生产安全事故预案，并向从业人员公布。《条例》第五条规定，生产经营单位应当针对本单位可能发生的生产安全事故的特点和危害，进行风险辨识和评估，制定相应的生产安全事故应急救援预案，并向本单位从业人员公布。各单位生产经营活动情况不同，面临的风险也不同，有的生产经营单位仅存有单一风险，有的生产经营单位存有多种风险。因此，生产经营单位要针对自身可能发生的生产安全事故的种类、特点和危害程度等因素，进行风险辨识和评估，制定面对多种灾害的综合性应急预案，或者面对单一灾害的专项应急预案，或者简单的现场处置方案。

三是明确了预案编制的依据和内容。《条例》第六条规定，生产安全事故应急救援预案应当符合有关法律、法规、规章和标准的规定，具有科学性、针对性和可操作性，明确规定应急组织体系、职责分工以及应急救援程序和措施。根据规定，生产安全事故应急预案编制不仅要符合法律、法规的要求，还要符合规章和标准的要求，特别是增加标准的规定，其目的就是增强应急预案的科学性、针对性和可操作性。

四是规范了应急预案的修订。实践中，很多政府及部门、生产经营单位编制的生产安全事故应急预案往往多年不修订。为此,《条例》第六条规定有下列情形之一的,生产安全事故应急救援预案制定单位应当及时修订相关预案。(1)制定预案所依据的法律、法规、规章、标准发生重大变化;(2)应急指挥机构及其职责发生调整;(3)安全生产面临的风险发生重大变化;(4)重要应急资源发生重大变化;(5)在预案演练或者应急救援中发现需要修订预案的重大问题;(6)其他应当修订的情形。出现上述情况的,有关政府及部门、生产经营单位等预案制定部门应当及时修订相应的应急预案。

2. 规范了预案的备案

预案备案是加强应急管理的重要内容。《条例》从政府部门应急预案和生产经营单位应急预案两个方面对备案作出规定。

一是政府部门的应急预案向本级人民政府备案。第七条规定,县级以上人民政府负有安全生产监督管理职责的部门应当将其制定的生产安全事故应急救援预案报送本级人民政府备案。

二是高危生产经营单位和人员密集场所经营单位的应急预案向政府有关部门备案,并依法向社会公布。第七条规定,易燃易爆物品、危险化学品等危险物品的生产、经营、储存、运输单位,矿山、金属冶炼、城市轨道交通运营、建筑施工单位,以及宾馆、商场、娱乐场所、旅游景区等人员密集场所经营单位,应当将其制定的生产安全事故应急救援预案按照国家有关规定报送县级以上人民政府负有安全生产监督管理职责的部门备案,并依法向社会公布。这里与《条例》第五条规定有所不同,生产经营单位制定的应急救援预案要向从业人员公布,但是高危生产经营单位和人员密集场所经营单位的应急预案要依法向社会公布,要求更严。

3. 规范了预案的演练

应急预案进行演练是保证应急预案有效性的重要手段。《条例》从三方面对应急预案演练作出规定。

一是政府及部门应急预案必须至少每2年组织1次演练。实践中,很多部门的应急预案从编制完成以来,因各种原因,没有过一次演练,形同虚设。为此,《条例》第八条规定,县级以上地方人民政府以及县级以上人民政府负有安全生产监督管理职责的部门,乡、镇人民政府以及街道办事处等地方人民政府派出机关,应当至少每2年组织1次生产安全事故应急救援预案演练。

二是高危生产经营单位和人员密集场所经营单位必须至少每半年组织1次演练。例如有的单位规定,演练至少每半年至少1次,也可以针对不同的事故,每半年组织2次及以上演练,由高危生产经营单位和人员密集场所经营单位根据实际情况确定。演练结束后,高危生产经营单位和人员密集场所经营单位应当将演练情况报送所在地县级以上地方人民政府负有安全生产监督管理职责的部门,这是法定义务。

三是规定了政府部门对高危生产经营单位和人员密集场所经营单位演练的监督。

对演练的监督，是保证演练取得效果的重要手段和措施。《条例》第八条规定，县级以上地方人民政府负有安全生产监督管理职责的部门应当对本行政区域内前款规定的重点生产经营单位的生产安全事故应急救援预案演练进行抽查；发现演练不符合要求的，应当责令限期改正。这里讲的抽查，是一种事后监督方式。

4. 强化了应急救援队伍能力建设

为了加强应急救援队伍建设，提高应急救援人员素质。《条例》从以下七个方面进行了规范。

一是明确政府应急救援队伍建设。政府及有关部门建立的综合和专职应急救援队伍，是参与生产安全事故应急救援工作的主要力量。为了避免应急救援队伍的重复建设，《条例》第九条从建设规划和队伍建设两个方面作出了规定：第一是规定各级人民政府对应急救援队伍建设进行统筹，明确"县级以上人民政府应当加强对生产安全事故应急救援队伍建设的统一规划、组织和指导"。第二是规定有关部门可以单独建立，也可以共同建立应急救援队伍，明确"县级以上人民政府负有安全生产监督管理职责的部门根据生产安全事故应急工作的实际需要，在重点行业、领域单独建立或者依托有条件的生产经营单位、社会组织共同建立应急救援队伍"。

二是明确社会化救援队伍建设。实践中，部分生产经营单位自己建立了专门的应急救援队伍，除了满足自身救援工作外，更多从事社会化救援服务；还有一些专门从事应急救援工作的社会组织，其本身性质也各不相同，有企业性质的，也有事业单位性质的。这些社会救援力量，也是我国应急救援工作的重要支持。为了发挥这些救援力量的作用，《条例》第九条规定："国家鼓励和支持生产经营单位和其他社会力量建立提供社会化应急救援服务的应急救援队伍。"

三是明确高危生产经营单位和人员密集场所经营单位应急救援队伍建设。《条例》第十条规定："易燃易爆物品、危险化学品等危险物品的生产、经营、储存、运输单位，矿山、金属冶炼、城市轨道交通运营、建筑施工单位，以及宾馆、商场、娱乐场所、旅游景区等人员密集场所经营单位，应当建立应急救援队伍；其中，小型企业或者微型企业等规模较小的生产经营单位，可以不建立应急救援队伍，但应当指定兼职的应急救援人员，并且可以与邻近的应急救援队伍签订应急救援协议。"这里讲的签订应急救援协议，是自愿行为，不是强制规定。

四是明确产业聚集区可以联合建立应急救援队伍。实践中，工业园区、开发区等区域内，特别是化工园区内，高危生产经营单位较多，每个单位都建立应急救援队伍，既浪费资源也无必要。为此，《条例》第十条规定："工业园区、开发区等产业聚集区域内的生产经营单位，可以联合建立应急救援队伍。"

五是明确应急救援人员素质和培训。应急救援人员从事的工作特殊，需要面对火灾、水害、尘毒等各种类型风险，专业极性强，必须具有较高的素质和技能。为此，《条例》第十一条从两个方面作出规定，第一是对专业知识、技能素质提出要求，明确："应急救援队伍的应急救援人员应当具备必要的专业知识、技能、身体素质和心理素质。"第二是对培训提出要求，必须经过培训合格方可参加应急救援工作，《条例》明确："应急救援队伍建立单位或者兼职应急救援人员所在单位应当按照国家有关规定对应急救援人员进行培训；应急救援人员经培训合格后，方可参加应急救援工作。"

六是明确应急救援队伍的训练。应急救援队伍必须经常训练，方可提高应急救援能力。为此，《条例》第十一条规定："应急救援队伍应当配备必要的应急救援装备和物资，并定期组织训练。"

七是明确了应急队伍的统筹管理。应急救援队伍的统筹管理和信息化，是调动各方面应急救援力量，提高整体应急救援能力的重要手段。为此，《条例》第十二条从两个方面作出规定，第一是规定生产经营单位建立的应急救援队伍要向政府部门报告，《条例》明确："生产经营单位应当及时将本单位应急救援队伍建立情况按照国家有关规定报送县级以上人民政府负有安全生产监督管理职责的部门，并依法向社会公布。"第二是规定政府有关部门建立的应急救援队伍要向本级政府报告，便于统筹管理，《条例》明确："县级以上人民政府负有安全生产监督管理职责的部门应当定期将本行业、本领域的应急救援队伍建立情况报送本级人民政府，并依法向社会公布。"

5. 规范了物资储备要求

为了强化生产安全事故应急物资储备，保障应急工作的需要，《条例》第十三条从两个方面作出规定。

一是政府应急物资储备的要求。县级以上地方人民政府应当根据本行政区域内可能发生的生产安全事故的特点和危害，储备必要的应急救援装备和物资，并及时更新和补充。二是高危生产经营单位以及人员密集场所经营单位的储备要求。易燃易爆物品、危险化学品等危险物品的生产、经营、储存、运输单位，矿山、金属冶炼、城市轨道交通运营、建筑施工单位，以及宾馆、商场、娱乐场所、旅游景区等人员密集场所经营单位，应当根据本单位可能发生的生产安全事故的特点和危害，配备必要的灭火、排水、通风以及危险物品稀释、掩埋、收集等应急救援器材、设备和物资，并进行经常性维护、保养，保证正常运转。

6. 规范的应急值班制度

这是一项全新的制度。为了保证应急工作的开展，及时联络相关人员和应急救援队伍，以及易燃易爆等高危物品应急救援的技术支撑，《条例》第十四条从两个方面作出规定。

一是要求三类单位建立应急值班制度，配备应急值班人员。下列单位应当建立应急值班制度，配备应急值班人员：（1）县级以上人民政府及其负有安全生产监督管理职责的部门；（2）危险物品的生产、经营、储存、运输单位以及矿山、金属冶炼、城市轨道交通运营、建筑施工单位；（3）应急救援队伍。二是要求易燃易爆等高危物品单位成立应急处置技术组，24 小时值班。规模较大、危险性较高的易燃易爆物品、危险化学品等危险物品的生产、经营、储存、运输单位应当成立应急处置技术组，实行24 小时应急值班。

7. 规范了从业人员的应急培训

《安全生产法》对生产经营单位从业人员的安全生产教育和培训提出了要求。实践中，生产经营单位往往忽视从业人员应急能力的提高，导致发生事故后，从业人员不知、不会逃生，不具备基本的应急知识。为了提高从业人员的应急能力，《条例》第十五条规定，生产经营单位应当对从业人员进行应急教育和培训，保证从业人员具备必要的应急知识，掌握风险防范技能和事故应急措施。生产经营单位必须按照规定加强对业人员的应急教育和培训，切实提高从业人员的应急能力；违反规定的，将予以处罚。

8. 强化了应急救援的信息化建设

应急救援的信息化，是保障应急救援有效的重要手段。应急救援队伍、人员、物资、预案等信息必须实现共享、互通。《条例》第十六条从两个方面作出了规定：一是建立统一的生产安全事故应急救援信息系统。国务院负有安全生产监督管理职责的部门应当按照国家有关规定建立生产安全事故应急救援信息系统，并采取有效措施，实现数据互联互通、信息共享。二是规定生产安全事故应急救援信息系统与日常监管结合，实现"互联网+监督"服务。生产经营单位可以通过生产安全事故应急救援信息系统办理生产安全事故应急救援预案备案手续，报送应急救援预案演练情况和应急救援队伍建设情况；但依法需要保密的除外。

8.3.4 《条例》规范了生产安全事故的应急救援

应急救援是指在突发事件发生后，为了最大限度地减少人员伤亡、财产损失和环境破坏，所采取的紧急救援行动和措施。

应急救援通常具有以下特点：（1）紧急性：需要在短时间内迅速响应，以最快的速度展开救援行动。（2）专业性：涉及多个领域的专业知识和技能，如消防、医疗急救、工程抢险等。（3）协同性：往往需要多个部门和组织之间的密切协作，包括政府部门、专业救援队伍、企业、社会组织和志愿者等。（4）危险性：救援人员可能面临各种危险和风险，如火灾、爆炸、坍塌、有毒有害物质泄漏等。

应急救援的主要任务包括：（1）人员营救：迅速搜寻和抢救被困人员，对受伤人员进行紧急医疗救治。（2）火灾扑救：控制和扑灭火灾，防止火势蔓延。（3）工程抢险：对受损的建筑物、设施、道路等进行抢修和加固，排除危险。（4）环境处置：处理有害物质泄漏、环境污染等问题，防止次生灾害的发生。（5）后勤保障：提供物资、设备、食品、饮用水等后勤支持，保障救援工作的顺利进行。

为了提高应急救援的效率和效果，需要建立健全应急救援体系，加强应急救援队伍建设，完善应急救援装备和技术，定期进行应急演练，并不断总结经验教训，持续改进应急救援工作。

实践中，生产安全事故发生后，事故现场救援机制不够完善、救援程序不够明确、救援指挥不够科学等问题，尤其是在一些基层生产经营单位违章指挥、盲目施救现象时有发生。为了规范生产安全事故应急救援工作，在《安全生产法》《突发事件应对法》已有规定的基础上，结合近年来应急救援的实践，《条例》从以下 11 个方面进行了规范。

1. 规范了生产经营单位的初期处置行为

发生事故后，生产经营单位是第一救援力量，必须进行初期处置，避免事态扩大。为此，《条例》第十七条规定，发生生产安全事故后，生产经营单位应当立即启动生产安全事故应急救援预案，采取下列一项或者多项应急救援措施，并按照国家有关规定报告事故情况。这些措施有：（1）迅速控制危险源，组织抢救遇险人员；（2）根据事故危害程度，组织现场人员撤离或者采取可能的应急措施后撤离；（3）及时通知可能受到事故影响的单位和人员；（4）采取必要措施，防止事故危害扩大和次生、衍生灾害发生；（5）根据需要请求邻近的应急救援队伍参加救援，并向参加救援的应急救援队伍提供相关技术资料、信息和处置方法；（6）维护事故现场秩序，保护事故现场和相关证据；（7）法律、法规规定的其他应急救援措施。

针对上述措施，生产经营单位可以针对应急处置的需要，采取其中一项应急措施，或者采取多项应急措施。如果没有规定，还可以采取《突发事件应对法》《安全生产法》等法律、行政法规、地方性法规规定的其他应急救援措施。不得采取没有法律、法规规定的措施。

2. 规范了政府的应急救援程序

有关地方人民政府及其部门接到生产安全事故报告后，应当按照国家有关规定上报事故情况，立即应急响应，开展应急救援工作。为此，《条例》第十八条从 4 个方面作出规定：一是按照国家有关规定上报事故情况。二是启动相应的生产安全事故应急救援预案。三是按照应急救援预案的规定采取下列一项或者多项应急救援措施。这些措施有：（1）组织抢救遇险人员，救治受伤人员，研判事故发展趋势以及可能造成的危害；（2）通知可能受到事故影响的单位和人员，隔离事故现场，划定警戒区域，疏散受到威胁的人员，实施交通管制；（3）采取必要措施，防止事故危害扩大和次生、衍生灾害发生，避免或者减少事故对环境造成的危害；（4）依法发布调用和征用应急资源的决定；（5）依法向应急救援队伍下达救援命令；（6）维护事故现场秩序，组织安抚遇险人员和遇险遇难人员亲属；（7）依法发布有关事故情况和应急救援工作的信息；（8）法律、法规规定的其他应急救援措施。四是有关地方人民政府不能有效控制生产安全事故的，应当及时向上级人民政府报告。上级人民政府应当及时采取措施，统一指挥应急救援。

3. 设立现场救援指挥部

实践中，事故相对简单的情况下，应急救援工作比较快，政府或者有关部门很容易处理。但是，如果事故比较复杂，救援工作往往就很难，救援队伍、人员、政府领导和专家等较多，救援方案难以统一和确定。这种情况下，亟须一个权威机构来统一指挥救援工作。针对这些情况，《条例》规定可以设立现场指挥部，实行总指挥负责制，从3个方面进行规定：一是可以设立现场指挥部。《条例》第二十条规定发生生产安全事故后，有关人民政府认为有必要的，可以设立由本级人民政府及其有关部门负责人、应急救援专家、应急救援队伍负责人、事故发生单位负责人等人员组成的应急救援现场指挥部，并指定现场指挥部总指挥。二是实行总指挥负责制。《条例》第二十一条规定，现场指挥部实行总指挥负责制，按照本级人民政府的授权组织制定并实施生产安全事故现场应急救援方案，协调、指挥有关单位和个人参加现场应急救援。参加生产安全事故现场应急救援的单位和个人应当服从现场指挥部的统一指挥。总指挥的职责有两项：第一是根据本级人民政府的授权，组织制定并实施生产安全事故现场应急救援方案。第二是协调、指挥有关单位和个人参加现场应急救援。

4. 设置了应急救援中止

实践中，应急救援过程中，因社会影响等原因，救援工作有时难以停止，可能导致不当施救。为此，《条例》第二十二条规定，在生产安全事故应急救援过程中，发现可能直接危及应急救援人员生命安全的紧急情况时，现场指挥部或者统一指挥应急救援的人民政府应当立即采取相应措施消除隐患，降低或者化解风险，必要时可以暂时撤离应急救援人员。

5. 设置了应急救援终止

实践中，应急救援工作什么时候结束，没有具体规定。为此，《条例》第二十五条规定，生产安全事故的威胁和危害得到控制或者消除后，有关人民政府应当决定停止执行依照本条例和有关法律、法规采取的全部或者部分应急救援措施。

6. 设立了必须履行救援命令或者救援请求的规定

《条例》第十九条规定，应急救援队伍接到有关人民政府及其部门的救援命令或者签有应急救援协议的生产经营单位的救援请求后，应当立即参加生产安全事故应急救援。根据该规定，一是应急救援队伍接到有关人民政府及其部门的救援命令，必须立即参加生产安全事故应急救援；二是应急救援队伍接到签有应急救援协议的生产经营单位的救援请求后，应当立即参加生产安全事故应急救援。这是法定义务，应急救援队伍必须不折不扣执行。违反规定，要承担相应的法律责任。

7. 规范了通信等保障的要求

发生事故后，往往因通信、交通运输等原因，难以保障应急救援工作。为此，在《安全生产法》《突发事件应对法》总体规定的基础上，《条例》二十三条规定，生产安全事故发生地人民政府应当为应急救援人员提供必需的后勤保障，并组织通信、交通运输、医疗卫生、气象、水文、地质、电力、供水等单位协助应急救援。根据规定，事故发生后，事故发生地人民政府应当为应急救援人员提供必需的后勤保障，并组织相关部门和人员协助应急救援。

8. 规定了可以调用和征用财产的情形

为了保障应急救援工作的进行，《突发事件应对法》对征用和调用作出了规定。同样，生产安全事故发生后，政府及部门需依法进行征用或者调用。为此，《条例》第二十六条规定，有关人民政府及其部门根据生产安全事故应急救援需要依法调用和征用的财产，在使用完毕或者应急救援结束后，应当及时归还。财产被调用、征用或者调用、征用后毁损、灭失的，有关人民政府及其部门应当按照国家有关规定给予补偿。这是法定行为，可以征用或者调用财产，但必须是应急救援工作的需要。

9. 规范了应急救援评估

应急救援评估是整体应急工作的重要环节，其目的是评估应急救援工作的有效性，为修订应急预案提供依据和后续应急救援工作提供经验。《条例》从两个方面作出了规定。

一是规定了应急救援资料和证据的收集。《条例》第二十四条规定，现场指挥部或者统一指挥生产安全事故应急救援的人民政府及其有关部门应当完整、准确地记录应急救援的重要事项，妥善保存相关原始资料和证据。已成立现场指挥部的，由现场指挥部负责应急救援有关资料和证据的收集工作；没有成立现场指挥部的，由统一指挥生产安全事故应急救援的人民政府及其有关部门负责应急救援有关资料和证据的收集工作。

二是事故调查组负责事故评估。《条例》第二十七条规定，按照国家有关规定成立的生产安全事故调查组应当对应急救援工作进行评估，并在事故调查报告中作出评估结论。事故救援工作结束后，现场指挥部或者统一指挥生产安全事故应急救援的人民政府及其有关部门可能已经解散，事故调查组将成立。这时，现场指挥部或者统一指挥生产安全事故应急救援的人民政府及其有关部门应当将保存的有关应急救援资料或者证据移送给成立的事故调查组，由事故调查组进行评估，并纳入事故调查报告。

10. 明确应急救援费用由事故责任单位承担

生产经营单位是本单位安全生产的责任主体，应当遵守有关安全生产的法律、法规、规章和标准等规定，建立健全安全生产责任制，加强安全管理，完善安全生产条件，防止和减少事故。为了落实生产经营单位的主体责任，明确有关方责任，《条例》第十九条规定，应急救援队伍根据救援命令参加生产安全事故应急救援所耗费用，由事故责任单位承担；事故责任单位无力承担的，由有关人民政府协调解决。需要说明的是，事故救援费用原则上由事故责任单位承担，即对事故发生负有责任的单位，其不同于事故发生单位。

11. 明确了救治和抚恤以及烈士评定的要求

为了保障应急救援人员的安全，《条例》对救治和抚恤以及评定烈士等作出了衔接规定。《条例》第二十八条规定，县级以上地方人民政府应当按照国家有关规定，对在生产安全事故应急救援中伤亡的人员及时给予救治和抚恤；符合烈士评定条件的，按照国家有关规定评定为烈士。在现有国家规定中，《工伤保险条例》对有关救治和抚恤作出了相应规定，《烈士褒扬条例》对评定烈士的条件等作出了规定。例如，《烈士褒扬条例》第八条规定，公民牺牲符合下列情形之一的，评定为烈士：（1）在依法查处违法犯罪行为、执行国家安全工作任务、执行反恐怖任务和处置突发事件中牺牲的；（2）抢险救灾或者其他为了抢救、保护国家财产、集体财产、公民生命财产牺牲的；（3）在执行外交任务或者国家派遣的对外援助、维持国际和平任务中牺牲的；（4）在执行武器装备科研试验任务中牺牲的；（5）其他牺牲情节特别突出，堪为楷模的。现役军人牺牲，预备役人员、民兵、民工以及其他人员因参战、参加军事演习和军事训练、执行军事勤务牺牲应当评定烈士的，依照《军人抚恤优待条例》的有关规定评定。

8.3.5 《条例》规定的法律责任

在法律责任部分，《条例》对生产经营单位、有关人员等多种违法行为进行制裁，并与《安全生产法》《突发事件应对法》等法律进行了衔接。

1. 明确了对有关政府及部门和有关人员违法行为的制裁

《条例》第二十九条规定，地方各级人民政府和街道办事处等地方人民政府派出机关以及县级以上人民政府有关部门违反本条例规定的，由其上级行政机关责令改正；情节严重的，对直接负责的主管人员和其他直接责任人员依法给予处分。

2. 明确了对生产经营单位未制定应急预案等违法行为的处罚

《条例》第三十条规定，生产经营单位未制定生产安全事故应急救援预案、未定期组织应急救援预案演练、未对从业人员进行应急教育和培训，生产经营单位的主要负责人在本单位发生生产安全事故时不立即组织抢救的，由县级以上人民政府负有安全生产监督管理职责的部门依照《安全生产法》有关规定追究法律责任。

3. 明确了对生产经营单位未对应急救援器材、设备和物资进行经常性维护、保养等违法行为的处罚

《条例》第三十一条规定，生产经营单位未对应急救援器材、设备和物资进行经常性维护、保养，导致发生严重生产安全事故或者生产安全事故危害扩大，或者在本单位发生生产安全事后未立即采取相应的应急救援措施，造成严重后果的，由县级以上人民政府负有安全生产监督管理职责的部门依照《突发事件应对法》的有关规定追究法律责任。

4. 明确了对生产经营单位未将生产安全事故应急救援预案报送备案、未建立应急值班制度或者配备应急值班人员的违法行为的处罚

《条例》第三十二条规定，生产经营单位未将生产安全事故应急救援预案报送备案、未建立应急值班制度或者配备应急值班人员的，由县级以上人民政府负有安全生产监督管理职责的部门责令限期改正；逾期未改正的，处 3 万元以上 5 万元以下的罚款，对直接负责的主管人员和其他直接责任人员处 1 万元以上 2 万元以下的罚款。

5. 明确了对有关单位用人员违反治安管理行为的处罚

《条例》第三十三条规定，违反本条例规定，构成违反治安管理行为的，由公安机关依法给予处罚；构成犯罪的，依法追究刑事责任。

【本章小结】

本章以《安全生产事故应急条例》为重点，介绍了事故灾难类应急管理的法律制度，包括其概念界定、应急体制、应急准备、现场应急救援及相应的法律责任等内容。通过对事故灾难应急相关法律法规的剖析，系统总结了在应对事故灾难中的实践要求。

【核心概念】

（1）事故灾难指《突发事件应对法》中所提到的事故灾难，即由人为原因所导致的安全生产责任事故。

（2）事故应急体制是指为应对各类突发事故而建立的一系列组织架构、职责分工、协调机制和运行程序等的总和。

（3）应急准备是指为了有效应对可能发生的突发事件或事故，提前进行的一系列策划、组织、资源配置和培训等活动。

（4）应急救援是指在突发事件发生后，为了最大限度地减少人员伤亡、财产损失和环境破坏，所采取的紧急救援行动和措施。

【案例分析与小组讨论】

2023 年 7 月 8 日，在某化工企业的生产车间内，正在进行一项常规的生产作业。由于设备老化和操作人员的疏忽，一台关键的生产设备突然发生故障，引发了火灾和爆炸事故。事故发生时，车间内有 23 名工人正在作业。

事故发生瞬间，火光冲天，浓烟滚滚。部分工人受伤被困，现场一片混乱。车间班组长立即启动了手动报警装置，并组织附近工人进行初期灭火和疏散行动。企业的应急响应机制迅速启动，应急救援队伍在 10 分钟内赶到现场。然而，由于火势过猛，初期灭火行动未能有效控制火势，火灾蔓延至相邻的车间。消防部门接到报警后，迅速出动多辆消防车和消防人员赶赴现场进行灭火救援。经过 24 个小时的奋力扑救，火势终于得到控制，被困工人被成功救出并送往医院救治。

此次事故造成 3 人死亡，2 人重伤，5 人轻伤。企业的生产设备和厂房遭受严重损坏，直接经济损失达 100 万元。事故对企业的生产经营造成了重大影响，订单延误，客户流失，企业声誉受损。

请结合案情描述，试回答以下问题：

（1）如何加强企业对生产设备的维护和更新，预防类似事故的再次发生？

（2）如何完善企业的应急预案，使其更具针对性和可操作性？

（3）怎样提高员工的应急意识和应急能力，确保在事故发生时能够冷静应对？

【延伸阅读】

［1］代海军. 我国《突发事件应对法》修改研究［J］. 行政管理改革，2021（1）：61-69.

［2］钟开斌. 中国突发事件调查制度的问题与对策——基于"战略-结构-运作"分析框架的研究［J］. 中国软科学，2015（7）：59-67.

［3］中国法制出版社. 中华人民共和国应急管理法律法规全书［M］. 北京：中国法制出版社，2023.

第9章 公共卫生事件类应急管理法律制度

【学习目标】

1. 明确公共卫生事件应急管理的法律框架和基本原则。
2. 掌握公共卫生事件应急管理的关键法律规定和操作流程。
3 分析和解决公共卫生事件应急管理过程中涉及的法律问题。

【本章导引】

新中国成立75年来，在党中央坚强领导下，我国着力构建覆盖全民的基本医疗卫生制度，医疗卫生服务资源总量持续增长，医疗技术能力和医疗质量水平持续提升。2024年8月公布的最新数据显示，我国人均预期寿命达到78.6岁，相比1949年的35岁，增长了一倍多，主要健康指标优于中高收入国家平均水平，走出了一条中国特色卫生健康发展道路。[1]

9.1 公共卫生事件应急管理法律概述

9.1.1 公共卫生事件概述及其特征

1. 公共卫生事件概述

公共卫生事业建设作为直接关系民众健康的公共事业，一直是关乎民生发展之"健康中国战略"的重要支点。公共卫生是以保障公众健康与健康公平为导向的公共事业，由政府主导、社会协同、全体社会成员参与共享。其目的是预防和控制疾病与伤残，降低和消除健康风险，改善和促进人的生理、心理健康及社会适应力，以提高全民健康水平与生命质量、维护社会稳定与发展。公共卫生事业的发展目的是"延长寿命、预防疾病、促进民众身心健康"，民生是公共卫生法治萌发的摇篮。

根据《突发公共卫生事件应急条例》第二条的规定，突发公共卫生事件是指突然发生，造成或者可能造成社会公众健康严重损害的重大传染病疫情、群体性不明原因疾病、重大食物和职业中毒以及其他严重影响公众健康的事件。例如，重大急性传染病

---

〔1〕 从35岁到78.6岁——人民健康水平大幅提升［EB/OL］.（2024-09-30）.https：// www.sz.gov.cn/cn/xxgk/zfxxgj/yjgl/tfsj_81612/ggwssj/content/post_11580418.html.

暴发流行，群体不明原因的疾病、新发传染病、重大食物中毒、重大环境污染、放射污染和辐射事故等都属于突发公共卫生事件范畴。

突发公共卫生事件主要范畴包括以下几方面。

1) 重大传染病疫情

包括鼠疫、肺炭疽、霍乱暴发，动物间鼠疫、布氏菌病和炭疽流行，乙类、丙类传染病暴发或多例死亡，罕见或已消灭的传染病，新发传染病的疑似病例等。

群体性不明原因的疾病：指在一定时间内，某个相对集中的区域内同时或者相继出现多个临床表现基本相似患者，又暂时不能明确诊断的疾病。

2) 重大食物和职业中毒

由于食物和职业的原因而发生的人数众多或者伤亡较重的中毒事件。

3) 其他严重影响公众健康的事件

（1）有毒有害化学品、生物毒素等引起的集体急性中毒事件；（2）有潜在威胁的传染病动物宿主、媒介生物发生异常；（3）医源性感染暴发；（4）药品引起的群体性反应或死亡事件；（5）预防接种引起的群体性反应或死亡事件；（6）严重威胁或危害公众健康的水、环境、食品污染和放射性、有毒有害化学性物质丢失、泄漏等事件；（7）发生生物、化学、核和辐射等恐怖袭击事件；（8）上级卫生行政部门临时规定的其他重大公共卫生事件等。

总之，突发公共卫生事件既会对社会公众的身心健康产生严重的危害，也会对社会稳定和国家安全产生深刻和长远的影响。公共卫生事件引起广泛的社会关系的变化，带来调节利益冲突的广泛需求，导致包括立法在内的调整手段的变化。每一次重大公共卫生事件的突发都会引起人们对于公共卫生应急管理法治体系的思考。

2. 公共卫生事件的分类

目前，我国根据突发公共卫生事件的性质、危害程度和涉及范围分类，将其分为特别重大（Ⅰ级）、重大（Ⅱ级）、较大（Ⅲ级）和一般（Ⅳ级）四个等级。应对不同级别的事件需采取不同级别的应急响应措施。

1) 特别重大（Ⅰ级）

这类事件具有极高的危害程度和影响范围，通常涉及全国或跨省、市、自治区的大规模公共卫生事件。它们可能对国家公共卫生安全和社会稳定构成严重威胁，需要国家层面的协调和应对。

2) 重大（Ⅱ级）

这类事件的危害程度和影响范围较大，通常涉及一个省、市或自治区内的多个地区。它们可能对当地公共卫生安全和社会稳定产生显著影响，需要省级或市级政府的协调和应对。

3) 较大（Ⅲ级）

这类事件的危害程度和影响范围相对较小，通常涉及一个市或县的部分地区。它们可能对当地公共卫生安全产生一定影响，需要市级或县级政府的协调和应对。

4）一般（Ⅳ级）

这类事件的危害程度和影响范围较小，通常局限于一个较小的区域或社区。它们可能对当地公共卫生安全产生有限的影响，通常由县级政府或社区管理部门进行应对和处理。

这些分类有助于应对不同级别的事件时采取不同级别的应急响应措施。

3. 公共卫生事件的特征

1）突发性

公共卫生事件通常是突如其来的，不易预测。它们可能由自然因素（如传染病疫情）或人为因素（如环境污染事故）引发。

2）公共性

这些事件影响的不是特定的个人，而是广泛的社会群体。它们可能涉及一个地区、一个国家甚至全球范围内的公众健康。

3）严重性

公共卫生事件对社会公众健康造成严重损害，或者从发展趋势看，可能对公众健康造成严重影响。这种损害可能表现为疾病暴发、健康风险增加等。

4）危险性

这些事件对人们的身体健康构成威胁，可能引发恐慌和不安，影响社会稳定。

5）不可预料性

公共卫生事件的发生往往难以预料，其影响的范围和严重程度也难以事先准确估计。

6）社会影响广泛

公共卫生事件不仅影响个体健康，还可能引发社会关系的变化，带来调节利益冲突的需求，影响社会秩序和经济发展。

7）需要多部门协作

应对公共卫生事件通常需要政府、医疗机构、社会组织和公众的共同参与和协作，涉及跨部门、跨领域的协调和合作。

8）法律和政策响应

公共卫生事件的发生往往促使相关法律和政策的制定或修订，以提高应对突发公共卫生事件的能力，保障公众健康和社会稳定。

这些特征共同构成了公共卫生事件的基本属性，也决定了其应对策略和管理措施的选择。

9.1.2　国内外公共卫生事件立法概况

1. 国外突发公共卫生事件应急立法

20 世纪以来，世界范围内的突发公共卫生事件频频。1918 年的大流感横扫全球各个角落，1968 年中国香港流感，1977 年俄罗斯流感，1984 年印度博帕尔联合碳化物毒气泄漏事故，20 世纪 80 年代中期至 90 年代中期英国疯牛病的暴发流行，1999 年比利时、荷兰、法国、德国相继发生因二噁英污染导致畜禽类产品及乳制品含高浓度二噁英的事件。公共卫生问题不仅可能由自然事件引发，也可能来自人为故意，通过人为释放炭疽、埃博拉、禽流感等病毒就有可能造成大面积的疾病暴发。由于近几年来生化与恐怖袭击对公众造成的心理和生理的伤害，又给突发公共卫生事件所涵盖的内容增添了新的含义。

为了应对突发公共卫生事件，发达国家加强突发事件应急立法，以建立起突发公共卫生事件应急体系并为之提供重要的保障。美国于 1987 年制定《公共卫生服务突发事件反应指南》，2001 年 "9·11" 事件和紧接着的炭疽热生物恐怖袭击后，又通过了《公共卫生安全和反生物恐怖主义法案》《生物恐怖主义准备和反应法案》等。2002 年，美国国会通过《国土安全法》，设立国土安全部，负责应对包括生物袭击在内的恐怖袭击带来的公共卫生问题，其履行职责的主要方式是协调各个公共卫生主管机构作出应急响应。2006 年，美国国会通过《大流行和所有危害物准备法》，将国家灾难医疗机制的组织实施权转交给卫生和人类健康事务部，由其负责在发生恐怖袭击导致的公共卫生事件时组织包括美国公共卫生服务委任队在内的卫生技术人员投入应急响应。英国卫生部突发事件规划协调小组于 1990 年首次发布了《国民医疗服务体系关于重大突发事件的国家手册》；俄罗斯制定了《突发事件管理法律保障计划》。

通过立法，国外已经建立起突发公共卫生事件管理的两大体系：（1）结构体系，即应对突发事件本身所涉及的包括决策、信息、执行和保障等系统的处理机制；（2）功能体系，即指向不同阶段所进行的举措，包括预防、反应、扩散、恢复和总结等。

2. 我国突发公共卫生事件应急立法

我国公共卫生工作步入法制化轨道始于 20 世纪 80 年代中期，以 1989 年《传染病防治法》的颁布和实施为标志。2003 年，我国内地先后发生的传染性非典型肺炎（SARS）疫情，波及 266 个县和市（区）。SARS 疫情的发生和蔓延，暴露出我国在处置重大突发公共卫生事件方面机制在若干方面还不够健全：组织指挥不统一，信息渠道不通畅，信息统计不准确，应急反应不快捷，应急准备不充分。SARS 疫情成为我国公共卫生应急管理法治体系发展历程中的重要转折点。为了有效预防、及时控制和消除突发公共卫生事件的危害，保障公众身体健康与生命安全，维护正常的社会秩序，建立统一、高效、权威的突发公共卫生事件应急处理机制，2003 年 5 月 12 日，国务院颁布了《突发公共卫生事件应急条例》，并自公布之日起施行。《突发公共卫生事件应急条例》借鉴国外的先进经验和有益做法，对公共卫生突发事件的管理范畴和具体内容进行了制度性建设。卫生部制定了《传染性非典型肺炎防治管理办法》《突发公共卫生事件与传染病疫情监测信息报告管理办法》等一系列规章、诊断标准和处理原则。最高人民法院、最高人民检察院于 2003 年 5 月 14 日公布了《关于办理妨害预防、控制突发传染病疫情等灾害的刑事案件具体应用法律若干问题的解释》。《突发公共卫生事件应急条例》的实施，为今后及时有效地处理突发公共卫生事件，建立起"信息畅通、反应快捷、指挥有力、责任明确"的法律制度奠定了基础。

此外，2003 年 SARS 疫情的暴发对各地公共卫生应急管理立法需求产生很大影响，各省、自治区、直辖市相继出台公共卫生应急管理地方立法 22 部，其中《广东省突发公共卫生事件应急办法》和 2020 年北京、天津、上海及 2021 年辽宁发布的地方立法是由当地人大常委会通过并发布的地方性法规，其余 17 部均为各省、自治区、直辖市人民政府发布的政府规章。地方立法作为法律体系的重要组成部分是不可或缺的，地方立法独特的规范功能主要体现在"立法变通"和"漏洞补充"等方面，这些地方立法为精细化的公共卫生应急管理提供了有益的法规补充。

3. 我国突发公共卫生事件应急方针、原则和应急指挥系统

根据《突发公共卫生事件应急条例》的规定，处理突发公共卫生事件应当遵循预防为主、常备不懈的方针，贯彻统一领导、分级负责、反应及时、措施果断、依靠科学、加强合作的原则。为了强化处理突发公共卫生事件的指挥系统，《突发公共卫生事件应急条例》明确了政府对突发公共卫生事件的应急管理职责，规定突发事件发生后，国务院设立全国突发事件应急处理指挥部，由国务院有关部门和军队有关部门组成，国务院主管领导人担任总指挥，负责对全国突发事件应急处理的统一领导、统一指挥。国务院卫生行政主管部门和其他有关部门，在各自的职责范围内做好突发事件应急处理的有关工作。突发事件发生后，省、自治区、直辖市人民政府成立地方突发事件应急处理指挥部，省、自治区、直辖市人民政府主要领导人担任总指挥，负责领导、指挥本行政区域内突发事件应急处理工作。县级以上地方人民政府卫生行政主管部门，具体负责组织突发事件的调查、控制和医疗救治工作。县级以上地方人民政府有关部门，在各自的职责范围内做好突发事件应急处理的有关工作。

2008 年 3 月，第十一届全国人民代表大会第一次会议批准的国务院机构改革方案和《国务院关于机构设置的通知》，设立卫生部，为国务院组成部门，下设卫生应急办公室。其职责主要包括组建监测和预警系统，统一指挥和组织协调有关突发公共卫生事件应急处理工作；制定突发公共卫生事件应急预案，组织预案培训和演练，培训公共卫生和医疗救护专业人员，指导各地实施突发公共卫生事件应急预案，帮助和指导各地应对其他经常性突发事件的伤病救治工作。

2013 年 3 月，第十二届全国人民代表大会第一次会议批准了《国务院机构改革和职能转变方案》，将卫生部的职责、人口计生委的计划生育管理和服务职责整合，组建国家卫生和计划生育委员会，下设卫生应急办公室（突发公共卫生事件应急指挥中心），其主要职责包括拟订卫生应急和紧急医学救援政策、制度、规划、预案和规范措施，指导全国卫生应急体系和能力建设，指导、协调突发公共卫生事件的预防准备、监测预警、处置救援、总结评估等工作，协调指导突发公共卫生事件和其他突发事件预防控制和紧急医学救援工作，组织实施对突发急性传染病的防控和应急措施，对重大灾害、恐怖、中毒事件及核事故、辐射事故等组织实施紧急医学救援，发布突发公共卫生事件应急处置信息。

2018 年 3 月，根据第十三届全国人民代表大会第一次会议批准的国务院机构改革方案，国家卫生和计划生育委员会不再保留，组建国家卫生健康委员会。2022 年 2 月 16 日，依据《中共中央办公厅 国务院办公厅关于调整国家卫生健康委员会职能配置、内设机构和人员编制的通知》设置医疗应急司，其主要职责包括组织协调传染病疫情应对工作，承担医疗卫生应急体系建设，组织指导各类突发公共事件的医疗救治和紧急医学救援工作；拟订医疗安全、医疗监督、采供血机构管理以及行风建设等行业管理政策、标准并组织实施；拟订重大疾病、慢性病防控管理政策规范并监督实施。

9.2　公共卫生事件应急管理法律法规立法背景

9.2.1　公共卫生事件应急管理法律规范立法背景和发展历程

1. 国外立法历史背景和发展历程

公共卫生应急管理法律体系的发展史，最早溯源至古希腊与罗马时期公共卫生管理制度。当时，希腊诸城邦为其居民提供公共卫生服务。罗马则有专门的卫生委员会来负责处理供水问题，同时该委员会还负责维护公共浴室，掌管道路的清洁工作，以及管理食物安全。在中世纪时期，公共卫生实践的基本模式成形，人们通过隔离、发展医院，以及向社会成员提供医疗保健和社会援助来保障公共卫生安全。

1831 年、1848 年、1853 年和 1865 年，英国连续暴发霍乱，这一传染病导致了英国成千上万的民众死亡。政府的调查报告指出，污秽肮脏的环境，是疾病蔓延的主要原因。因此，英国于 1848 年通过了《公共卫生法》（*Public Health Act*），以中央政府的公权力介入公共卫生事务，这是人类历史上第一部现代意义上的公共卫生法。该法首次确定了政府在公共卫生治理领域的组织结构和管理职责，开启了政府主导现代公共卫生治理的先河。同年，法国发生政治革命，试图建立全民普选及确保工作权、生存权的民主共和体制，中央及地方政府成立了"公共卫生审议会"。

美国联邦政府于 1912 年成立"公共卫生服务部"，在罗斯福新政时期，联邦政府的职责大幅度扩充，其所承担的公共服务工作也随之增加，其中就包括传染病防治、疾病调查、人口统计、环境卫生改革、工厂安全卫生标准的制定、食品药物管理等公共卫生事务。1944 年，美国联邦通过了《公共卫生服务法》，该法首次建立了联邦政府的检疫机构，确立了国家防止传染病传播的基本职责。随着公共卫生服务内容的范围不断扩大，该法案的内容也不断增加。

1953 年，法国将有关公共卫生的法律及法令进行了大规模的汇编，颁布了《公共卫生法典》。随着思想和技术的进步，以及公共卫生领域法律的不断发展，后续的一些法律或法令如 1976 年的《面沙法》及 1991 年的《埃文法》中有关限制香烟广告、打击公共场所吸烟的条文均被纳入其中，现总共已超过 10000 条规定。《公共卫生法典》总共分为六部分，包括健康保护的一般规定；性与生殖健康、妇女及儿童的健康权利保护；抵抗疾病与毒瘾；公共卫生职业；健康产品；公共卫生机构与部门。以上述六部分为基本框架，法国形成了开放式的公共卫生法典化体系，通过法律将公共卫生领域的政府职责进一步细化，并设立公共卫生监督研究所，国家药品与健康产品安全局，国家食品、环境与工作卫生安全署，辐射防护与核安全研究所，预防与健康教育研究所，公共卫生突发事件预备与回应机构等公共行政机构，形成法律—机构—职责一体化公共卫生运行管理模式。

日本公共卫生法律体系的形成和发展亦深受欧美影响。在明治时期，国家公共卫生最大的任务亦是传染病防治。1875 年起，国家开始设立"卫生局"，主管医疗业、药品业和公共卫生治理。由于霍乱等传染病的盛行，国家从 1877 年起陆续制定了《霍乱预防暂行规则》《传染病预防规则》《传染病预防法》等法律法规以应对急性传染病的流行。1946 年，作为国家根本大法的《日本国宪法》颁布，其第 25 条明确规定："全体国民都享有健康和文化的最低限度的生活的权利。国家必须在生活的一切方面为提高和增进社会福利、社会保障以及公共卫生而努力。"在宪法层面确立了国民的基本健康权和国家的公共卫生治理职责后，从 1947 年开始，日本相继颁布了《学校保健法》《劳动安全卫生规则》《食品卫生法》《精神卫生法》《身体障害者福祉法》《国民健康保险法》等多部法律法规，内容上涵盖环境卫生、疾病预防、健康教育与健康管理、精神卫生、社会保障等，初步构筑了日本的现代公共卫生法律体系。

纵观各国现代公共卫生管理的发展史，也是公共卫生法律体系发展完善的过程史。公共卫生法研究的是政府与诸如医疗保健机构、企业、社群、媒体及学术界这样的伙伴协作在确保人民健康所需要的条件方面（勘定、预防和减少人群中的健康风险）所享有的权利和所负担的义务，以及政府为群体共同利益而对人民的自主权、隐私权、自由权、财产权及其他受法律保护的权益加以约束时的界限，其首要目标是，在合乎社会正义的前提下，尽可能使人群的身体与心理健康达到最高水平。

2. 国内立法历史背景和发展历程

新中国成立后至改革开放初期，国内发生突发公共卫生事件的概率并不高。传染病流行主要是痢疾和乙型脑炎。这一时期的突发性的公共卫生事件引起的社会关系变化并不显著，我国在这方面的立法需求也不高。在这个时期我国主要依靠的是政府的行政命令和政策来应对突发公共卫生事件。20 世纪 80 年代中期以后，我国曾多次发生影响较大的突发公共卫生事件。例如，1988 年的上海甲型肝炎暴发，1998 年山西省朔州市毒酒事件，2002 年年初河北省白沟苯中毒事件，2002 年 9 月南京汤山中毒事件等。我国公共卫生工作步入法制化轨道始于这个阶段，标志性事件是 1989 年《传染病防治法》的颁布和实施。经过三十余年的发展，我国公共卫生应急管理法治体系逐步形成并不断完善，在应对公共卫生事件尤其是突发重大公共卫生事件中发挥了不可替代的重要作用。特别是 SARS 疫情是我国公共卫生应急管理法治体系发展历程中的重要转折点。SARS 疫情以后，我国不断强化突发公共卫生应急管理法律法规建设，基本建成比较完整的应急管理法治体系，形成以宪法为核心，以《突发事件应对法》为基础，包含《传染病防治法》《国境卫生检疫法》《突发公共卫生事件应急条例》《传染病防治法实施办法》《国家突发公共事件总体应急预案》《国家突发公共卫生事件应急预案》《突发事件应急预案管理办法》等法律规范，以及《动物防疫法》《疫苗管理法》《食品安全法》《出境入境管理法》等相关应急管理法律框架，初步形成了涵盖事前、事中、事后全过程的应急管理法律体系。

随着我国社会高速发展，互联网发展、地域人员流动、医疗资源分布等也呈现出新的特征。目前，由于我国缺乏一个体系性的公共卫生立法框架，容易导致公共卫生所调整内容的不确定性，各级政府和职能部门的分工不清晰。因此，公共卫生应急管理法律体系仍需要及时修订与调整才能满足新时期公共卫生治理需求。总之，公共卫生应急立法不仅要强调法的全面性或者完整性，即有法可依，又要强调在此基础上法律体系内部的科学性、统一性和协调性。

9.2.2 公共卫生事件应急管理法律规范立法宗旨和途径

1. 公共卫生事件应急管理法律规范立法宗旨

公共卫生法治体系建设为公众健康立命，面对公共卫生危机，法治体系可通过常态化的、稳定的法律机制为公共卫生建设提供了坚强可靠的制度性保障，比单一的治疗发挥了更广泛、更深远的影响。各国公共卫生法治体系建设虽然形式各异，但无一不是以法的形式来为国家或政府主导公共卫生治理、维护公共健康利益提供形式之正当性及效力之权威性，它既是一种政治权力，亦是一种政治承诺。虽然从世界范围来看，对公共卫生内涵与外延的认知存在差异，但是公共卫生的基本宗旨是保障和促进公共健康，这一点具有共识性。公共卫生法是政府卫生行政的权力来源，也是推行公共卫生政策的法律依据。因此，公共卫生法有必要清楚规定政府在保障公众健康权益和促进社会整体健康安全方面的职权职责所在，所以它调整的法律关系不再是一般卫生法所涉及的发生疾病时的医患关系问题。公共卫生应急管理法律规范的立法基本宗旨也同样适用，体现了保护和促进公共健康的目标。

2. 公共卫生法律体系保护公众健康的途径

1）公共卫生法治使得政府对公众健康负有主要责任，避免了公共卫生领域的"公地悲剧"

"公地悲剧"一词来源于美国著名的生态经济学家加里特·哈丁（Garrett Hardin）

于 1968 年所发表的同名文章，指的是人们过度使用公共资源，但是又无人花费必要的成本来维护公共资源的使用价值，最终造成公共资源消耗殆尽的情况。公共卫生法治确立了政府对公共卫生进行管制的合法性，接着对其施加了尊重、保障和促进公众健康权的积极义务，要求政府积极进行公共卫生治理，以便实现群体之"共同善"（common good）的要求，让群体中的每个个体都因此受益，避免公共卫生领域中"公地悲剧"的发生。早在 20 世纪初，美国的公共卫生法学者 James A. Tobey 就指出，政府的组织是"为了明确的目的，其中包括保护公众健康，不能放弃这一重要职责"。联合国《经济、社会和文化权利国际公约》和《第 14 号一般意见》也对各缔约国实现公众健康权的义务进行了深入的规定，由此体现了由政府护卫公众健康与安全，避免公共卫生领域发生"公地悲剧"的意旨。

2）公共卫生法治赋予了政府管治权，使之具备了保障公众健康的必要手段

政府在肩负维护公众健康使命的同时，也必须有实现公共卫生目标的必要手段。若缺乏对私人行为的广泛规范与引导，公众健康的保护与促进便无从谈起。个人、团体乃至企业，在追求个人愉悦或经济利益的同时，其行为边界若不加以界定，极易侵扰到其他个体或集体的权益。鉴于此，公权力的介入成为必要，以合理限制并引导私主体的活动。美国联邦最高法院的"雅各布森案"判决便是一个鲜明例证，它确立了即使面对个人异议，政府仍有权采取普遍认可的干预措施，以抵御严重传染病对公众健康的威胁。这一法理精神，为包括强制疫苗接种、汽车安全带使用、摩托车骑手头盔佩戴等在内的众多公共卫生法规奠定了坚实的法律基石。在公共卫生领域，报告制度涉及隐私权的平衡，强制检测考验着自主权的界限，环境标准挑战财产权的传统观念，企业管制与经济自由之间的张力，以及强制隔离对行动自由的限制等，均要求政府拥有并合理行使包括检查、许可、规范及强制在内的行政权力。公共卫生法治不仅为政府这些权力的行使提供了合法性依据，还明确了其行使的实质性标准和程序性规范，有效调和了权力运行过程中的多元利益冲突，确保政府能够高效、公正地运用这些手段，为公众健康筑起坚固防线。由此，"政府护卫公众健康"的理念得以从理论走向实践，成为可触可及的现实。

3）公共卫生法治培育支持群体，建立公共卫生合作关系

尽管政府在推动公众健康权实现上肩负着主要责任，但公共卫生治理的成效离不开社会各界群体的紧密合作与共同努力。"共治"作为公共卫生法不可或缺的基本原则，强调在公共卫生管理进程中，政府、个人、企业、社会团体、媒体、学术界等多元主体均需积极投身其中，形成合力。法治精神的核心在于促进社会各界的协同作业，无论是立法、司法、执法还是守法环节，均根植于公众对法律的深刻信仰与自觉遵守之中。在法治的框架下，公共卫生合作关系天然地被建立起来：以公共卫生立法为例，一部公共卫生法律从起草、通过到实施，必然要经过法定的程序，在这一过程中，公共卫生机构不可避免地需要和某些利益集团及受影响的社群联络，激发这些群体的参

与积极性，以便法律能够顺利地通过审议并实施。通过这种联络以及沟通活动，公共卫生机构可以与相关社会群体建立起长期性的合作与联系，为公共卫生事业培育稳定的支持群体，实现公共卫生目标。法治为公共卫生合作共治构建了坚实的制度基石：行业自律制度促使医院、制药企业等主体严格遵循法律法规，提升服务质量；奖惩激励机制如惩罚性赔偿与举报奖励，则激发了公众监督热情，降低了政府监管成本，并显著提升了公共卫生产品质量；医疗保险与医疗救助制度则有效分散风险，确保公共卫生福祉惠及全民，彰显了法治在培育社会支持、构建公共卫生合作生态方面的核心价值。

4）公共卫生法治保证公共卫生资源的合理分配

一个社会中的资源并非无穷无尽，人们不可避免地需面对如何合理分配有限资源的问题。公共卫生资源的特性更是加剧了这一分配的复杂性。首先，公共卫生资源同样受限于分配的有限性，即在社会整体资源中，可用于保障公众健康需求的资源是有限的，这导致了不同个体在获取健康资源时存在竞争关系。其次，公共卫生资源在功能和效果上展现出非齐率性，与食物、饮水等资源截然不同。同一资源对于不同患者可能产生截然不同的效果，可能疗效显著，也可能毫无作用，甚至在极端情况下可能加剧患者的病情或导致死亡。最后，公共卫生资源的需求呈现出强烈的偏好性。虽然某些健康需求，如避免环境污染伤害、追求终身免疫等，在人群中具有普遍共识，但更多时候，个体的健康需求千差万别。有的患者追求生命的延长，不惜接受复杂治疗；有的则更注重减轻痛苦，提升生活质量，选择临终关怀；还有的患者拥有特殊的心理和生理需求，如美容等。在这些极具个性化的需求面前，如何作出合理的取舍成为一大难题。

鉴于公共卫生资源的上述特性，其分配难度不言而喻。公共卫生学者普遍认为，应将公众健康置于优先地位，尽可能将更多社会资源倾斜于公共卫生服务。然而，也不乏观点主张将资源投向其他领域，如基础设施建设、能源开发或国防军备等。为解决这些争议，法治提供了一个重要的政治程序框架，使得人们能够通过法定程序来凝聚共识，形成国家层面的决策。同时，法治还确立了资源分配的合理标准。联合国《第 14 号一般性意见》第十二条明确指出，公共卫生服务应当是可获得、可及、易接受和有质量的，即各国应确保提供足够数量的、无歧视的、面向所有人的、符合医学伦理及当地文化的高质量公共卫生服务，以满足公众的健康需求。

9.2.3 公共卫生事件应急管理法律体系框架

自 1989 年《传染病防治法》颁布与实施以来，我国公共卫生工作正式踏上了法制化的征程，2007 年《突发事件应对法》的出台则进一步加速了我国应急管理向现代化与法治化迈进的步伐。尤为值得一提的是，2003 年的 SARS 疫情成为了我国公共卫生应急管理法治体系发展历程中的关键转折点。在此之前，相关立法较为零散，缺乏统一的基本法指导。此后，我国深刻汲取教训，不断强化突发公共卫生应急管理领域的法律法规建设，逐步构建起一个相对完备的应急管理法治体系。这一体系以宪法为根本遵循，以《突发事件应对法》为基础，辅以《传染病防治法》《国境卫生检疫法》《突发公共卫生事件应急条例》等一系列专项法规及其实施细则，同时融入《基本医疗卫生与健康促进法》《生物安全法》《动物防疫法》《疫苗管理法》《食品安全法》及《出境入境管理法》等相关法律，形成了多层次、广覆盖的法律网络。此外，还制定了《国家突发公共事件总体应急预案》及《国家突发公共卫生事件应急预案》等预案体系，以及《突发事件应急预案管理办法》等管理办法，确保应急响应的迅速与高效。

　　在 2019 年开始的新冠疫情全球大流行中，我国公共卫生应急管理法治体系经受住了严峻考验，其独特的中国特色与制度优势得以充分展现，为依法抗疫提供了坚实的法治保障，彰显了我国制度的优越性与实践价值。面对疫情挑战，全国人大常委会高度重视公共卫生领域的立法工作，专门制定了《十三届全国人大常委会强化公共卫生法治保障立法修法工作计划》，计划在两年内修订或制定包括《传染病防治法》《突发事件应对法》在内的 17 部法律，并统筹推进其他 13 部相关法律的综合修订工作，体现了国家对公共卫生法治保障的高度重视与前瞻布局。与此同时，地方立法也积极响应，不断完善，多个省、市人大常委会迅速出台了针对疫情防控的地方性法规，如《深圳经济特区突发公共卫生事件应急条例》《北京市突发公共卫生事件应急条例》及《上海市公共卫生应急管理条例》等，有效提升了地方政府应对突发公共卫生事件的能力与效率。这一系列举措不仅强化了我国公共卫生应急管理法治体系的整体效能，也为全球公共卫生治理贡献了中国智慧与中国方案。

　　综上所述，我国公共卫生应急管理法治体系已逐步构建起以宪法为核心，涵盖国家法律法规、地方性法规及党内法规在内的全方位、多层次的法律体系框架，为应对未来可能发生的公共卫生挑战提供了坚实的法治基础与制度保障。

9.3　《突发公共卫生事件应急条例》主要内容

　　《突发公共卫生事件应急条例》是一部重要的行政法规，旨在有效预防、及时控制和消除突发公共卫生事件的危害，保障公众身体健康与生命安全，维护正常的社会秩序。该条例最初由国务院于 2003 年 5 月 9 日公布实施，旨在应对当时全球范围内包括 SARS（严重急性呼吸综合征）在内的突发公共卫生事件。随着公共卫生领域的发展和应对突发事件的需要，该条例在 2011 年 1 月进行了修订。修订后的条例更加完善，增强了应对突发公共卫生事件的能力和效率。该条例主要规定了一系列针对突发公共卫生事件的预防、报告、通报、信息发布、应急处理以及法律责任等方面的内容。

9.3.1 预防与应急准备的法律规定

1. 突发事件应急预案的制定

突发事件应急预案是经一定程序制定的处置突发事件的事先方案。《突发公共卫生事件应急条例》第十条规定，国务院卫生行政主管部门按照分类指导、快速反应的要求，制定全国突发事件应急预案，报请国务院批准。省、自治区、直辖市人民政府根据全国突发事件应急预案，结合本地实际情况，制定本行政区域的突发事件应急预案。所谓分类指导，是指对不同性质的突发事件制定不同的应急预案；所谓快速反应，是指一旦发生突发事件，应急预案马上可以启动，应急处理机制马上可以做出反应。第十一条规定，全国突发事件应急预案应当包括以下主要内容：（1）突发事件应急处理指挥部的组成和相关部门的职责；（2）突发事件的监测与预警；（3）突发事件信息的收集、分析、报告、通报制度；（4）突发事件应急处理技术和监测机构及其任务；（5）突发事件的分级和应急处理工作方案；（6）突发事件预防、现场控制，应急设施、设备、救治药品和医疗器械以及其他物资和技术的储备与调度；（7）突发事件应急处理专业队伍的建设和培训。

2. 突发事件预防控制体系

《突发公共卫生事件应急条例》第十四条规定，国家建立统一的突发事件预防控制体系。

1）突发事件应急知识教育

地方各级人民政府应当依照法律、行政法规的规定，做好传染病预防和其他公共卫生工作，防范突发事件的发生。县级以上各级人民政府卫生行政主管部门和其他有关部门，应当对公众开展突发事件应急知识的专门教育，增强全社会对突发事件的防范意识和应对能力。

2）监测和预警

县级以上地方人民政府应当建立和完善突发事件监测和预警系统，并确保其保持正常运行状态，对早期发现的潜在隐患以及可能发生的突发事件，应当及时报告。

3）物资储备

国务院有关部门和县级以上地方人民政府及其有关部门，应当根据突发事件应急预案的要求，保证应急设施、设备、救治药品和医疗器械等物资储备。

4）医疗急救服务网络

县级以上各级人民政府应当加强急救医疗服务网络的建设，配备相应的医疗救治药物、技术、设备和人员，提高医疗卫生机构应对各类突发事件的救治能力。县级以上地方人民政府卫生行政主管部门，应当定期对医疗卫生机构和人员开展突发事件应急处理相关知识、技能的培训，定期组织医疗卫生机构进行突发事件应急演练。

9.3.2　报告与信息发布的法律规定

1. 突发事件应急报告

《突发公共卫生事件应急条例》第十九条规定，国家建立突发事件应急报告制度。建立突发事件应急报告制度是领导机关准确把握事件动态，正确进行决策，有关部门及时采取处理和控制措施的重要前提。

1）突发公共卫生事件应急报告主体

应急报告的主体主要包括：（1）县级以上各级人民政府卫生行政主管部门指定的开展突发事件日常监测的机构；（2）各级各类疾病控制、卫生监督、医疗、保健等与卫生有关的机构；（3）突发事件的发生单位，与群众健康和卫生保健工作有密切关系的机构或者单位；（4）卫生行政主管部门；（5）县级以上地方人民政府。

2）突发公共卫生事件应急报告的内容

应急报告的内容主要包括：（1）发生或者可能发生传染病暴发、流行的；（2）发生或者发现不明原因的群体性疾病的；（3）发生传染病菌种、毒种丢失的；（4）发生或者可能发生重大食物和职业中毒事件的。

3）应急报告的时限

根据《突发公共卫生事件应急条例》的规定，除省级人民政府向卫生部报告的时限为 1 小时外，其他每一个环节的报告时限为 2 小时。国务院卫生行政主管部门对可能造成重大社会影响的突发事件，应当立即向国务院报告。

2. 突发事件通报

《突发公共卫生事件应急条例》第二十三条规定，国务院卫生行政主管部门应当根据发生突发事件的情况，及时向国务院有关部门和各省、自治区、直辖市人民政府卫生行政主管部门以及军队有关部门通报。突发事件发生地的省、自治区、直辖市人民政府卫生行政主管部门，应当及时向毗邻省、自治区、直辖市人民政府卫生行政主管部门通报。接到通报的省、自治区、直辖市人民政府卫生行政主管部门，必要时应当及时通知本行政区域内的医疗卫生机构。县级以上地方人民政府有关部门，已经发生或者发现可能引起突发事件的情形时，应当及时向同级人民政府卫生行政主管部门通报。

3. 突发事件信息发布

《突发公共卫生事件应急条例》第二十五条规定，国家建立突发事件的信息发布制度。国务院卫生行政主管部门负责向社会发布突发事件的信息。必要时，可以授权省、自治区、直辖市人民政府卫生行政主管部门向社会发布本行政区域内突发事件的信息。信息发布应当及时、准确、全面。

4. 突发事件举报

《突发公共卫生事件应急条例》第二十四条规定，国家建立突发事件举报制度，公布统一的突发事件报告、举报电话。任何单位和个人有权向人民政府及其有关部门报告突发事件隐患，有权向上级人民政府及其有关部门举报地方人民政府及其有关部门不履行突发事件应急处理职责，或者不按照规定履行职责的情况。接到报告、举报的有关人民政府及其有关部门，应当立即组织对突发事件隐患、不履行或者不按照规定履行突发事件应急处理职责的情况进行调查处理。对举报突发事件有功的单位和个人，县级以上各级人民政府及其有关部门应当予以奖励。

9.3.3 应急处理的法律规定

1. 应急预案的启动

突发事件发生后，卫生行政主管部门应当组织专家对突发事件进行综合评估，初步判断突发事件的类型，提出是否启动突发事件应急预案的建议。在全国范围内或者跨省、自治区、直辖市范围内启动全国突发事件应急预案，由国务院卫生行政主管部门报国务院批准后实施。省、自治区、直辖市启动突发事件应急预案，由省、自治区、直辖市人民政府决定，并向国务院报告。应急预案启动后，突发事件发生地的人民政府有关部门，应当根据预案规定的职责要求，服从突发事件应急处理指挥部的统一指挥，立即到达规定岗位，采取有关的控制措施。医疗卫生机构、监测机构和科学研究机构，应当服从突发事件应急处理指挥部的统一指挥，相互配合、协作，集中力量开展相关的科学研究工作。

2. 应急处理措施

1）突发事件的评价

省级以上人民政府卫生行政主管部门或者其他有关部门指定的突发事件应急处理专业技术机构，负责突发事件的技术调查、确证、处置、控制和评价工作。

2）法定传染病的宣布

国务院卫生行政主管部门对新发现的突发传染病，根据危害程度、流行强度，依照《传染病防治法》的规定及时宣布为法定传染病；宣布为甲类传染病的，由国务院决定。

3）应急物资的生产、供应和运送

突发公共卫生事件发生后，国务院有关部门和县级以上地方人民政府及其有关部门，应当保证突发公共卫生事件应急处理所需的医疗救护设备、救治药品、医疗器械等物资的生产、供应；铁路、交通、民用航空行政主管部门应当保证及时运送。

4）人员和物资的调集

根据突发事件应急处理的需要，突发事件应急处理指挥部有权紧急调集人员、储备的物资、交通工具以及相关设施、设备。

5）交通工具上传染病病人的处置

交通工具上发现根据国务院卫生行政主管部门的规定需要采取应急控制措施的传

染病病人、疑似传染病病人，其负责人应当以最快的方式通知前方停靠点，并向交通工具的营运单位和县级以上地方人民政府卫生行政主管部门报告。卫生行政主管部门接到报告后，应当立即组织有关人员采取相应的医学处置措施。

6）人员和疫区的控制

突发公共卫生事件应急处理指挥部根据突发公共卫生事件应急处理的需要，可以对食物和水源采取控制措施；必要时，对人员进行疏散或者隔离，并可以依法对传染病疫区实行封锁。对传染病暴发、流行区域内流动人口，突发事件发生地的县级以上地方人民政府应当做好预防工作，落实有关卫生控制措施；对传染病病人和疑似传染病病人，应当采取就地隔离、就地观察、就地治疗的措施；对需要治疗和转诊的，应当依照有关规定执行。卫生行政主管部门应当对突发公共卫生事件现场等采取控制措施，宣传突发公共卫生事件防治知识，及时对易受感染的人群和其他易受损害的人群采取应急接种、预防性投药、群体防护等措施。

3. 医疗卫生机构和有关单位的责任

1）医疗卫生机构的责任

医疗卫生机构应当对传染病做到早发现、早报告、早隔离、早治疗，切断传播途径，防止扩散。（1）应当对因突发事件致病的人员提供医疗救护和现场救援，对就诊病人必须接诊治疗，并书写详细、完整的病历记录；对需要转送的病人，应当按照规定将病人及其病历记录的复印件转送至接诊的或者指定的医疗机构。（2）医疗卫生机构内应当采取卫生防护措施，防止交叉感染和污染。（3）应当对传染病病人密切接触者采取医学观察措施，传染病病人密切触者应当予以配合。（4）收治传染病病人、疑似传染病病人，应当依法报告所在地的疾病预防控制机构。接到报告的疾病预防控制机构应当立即对可能受到危害的人员进行调查，根据需要采取必要的控制措施。

2）街道、乡镇和居（村）民委员会的责任

传染病暴发、流行时，街道、乡镇以及居民委员会、村民委员会应当组织力量，团结协作，群防群治，协助卫生行政主管部门和其他有关部门、医疗卫生机构做好疫情信息的收集和报告、人员的分散隔离、公共卫生措施的落实工作，向居民、村民宣传传染病防治的相关知识。

3）公民的责任

《突发公共卫生事件应急条例》第四十四条规定，在突发事件中需要接受隔离治疗、医学观察措施的病人、疑似病人和传染病病人密切接触者在卫生行政主管部门或者有关机构采取医学措施时应当予以配合；拒绝配合的，由公安机关依法协助强制执行。所谓传染病病人密切接触者，是指与传染病的确诊或高度疑似病例有过共同生活或工作史，以及其他形式的直接接触者，或者根据流行病调查和现场情况，由卫生防疫人员综合评定的其他人员。

4）表彰和奖励

县级以上各级人民政府及其卫生行政主管部门，应当对参加突发公共卫生事件应急处理的医疗卫生人员，给予适当补助和保健津贴；对参加突发公共卫生事件应急处理作出贡献的人员，给予表彰和奖励；对因参与应急处理工作致病、致残、死亡的人员，按照国家有关规定，给予相应的补助和抚恤。

9.3.4 违反突发公共卫生事件应急法规的法律责任

1. 隐瞒、缓报、谎报突发公共卫生事件的法律责任

县级以上地方人民政府及其卫生行政主管部门未按规定履行报告职责，对突发公共卫生事件隐瞒、缓报、谎报或者授意他人隐瞒、缓报、谎报的，对政府主要领导人及其卫生行政主管部门主要负责人，依法给予降级或者撤职的行政处分；造成传染病传播、流行或者对社会公众健康造成其他严重危害后果的，依法给予开除的行政处分；构成犯罪的，依法追究刑事责任。

医疗卫生机构隐瞒、缓报或者谎报的，由卫生行政主管部门责令改正、通报批评、给予警告；情节严重的，吊销医疗机构执业许可证；对主要负责人、负有责任的主管人员和其他直接责任人员依法给予降级或者撤职的纪律处分；造成传染病传播、流行，或者对社会公众健康造成其他严重危害后果，构成犯罪的，依法追究刑事责任。

在突发公共卫生事件应急处理工作中，有关单位和个人未按规定履行报告职责，隐瞒、缓报或者谎报的，对有关责任人员依法给予行政处分或者纪律处分；触犯治安管理处罚条例，构成违反治安管理行为的，由公安机关依法予以处罚；构成犯罪的，依法追究刑事责任。

2. 玩忽职守、失职、渎职的法律责任

县级以上各级人民政府卫生行政主管部门和其他有关部门在突发公共卫生事件调查、控制、医疗救治工作中玩忽职守、失职、渎职的，由本级人民政府或者上级人民政府有关部门责令改正、通报批评、给予警告；对主要负责人、负有责任的主管人员和其他责任人员依法给予降级、撤职的行政处分；造成传染病传播、流行或者对社会公众健康造成其他严重危害后果的，依法给予开除的行政处分；构成犯罪的，依法追究刑事责任。

国务院有关部门、县级以上地方人民政府及其有关部门未按规定完成突发公共卫生事件应急处理所需要的设施、设备、药品和医疗器械等物资的生产、供应、运输和储备的，对政府主要领导人和政府部门主要负责人依法给予降级或者撤职的行政处分；造成传染病传播、流行或者对社会公众健康造成其他严重危害后果的，依法给予开除的行政处分；构成犯罪的，依法追究刑事责任。

突发公共卫生事件发生后，县级以上地方人民政府及其有关部门对上级人民政府有关部门的调查不予配合，或者采取其他方式阻碍、干涉调查的，对政府主要领导人和政府部门主要负责人依法给予降级或者撤职的行政处分；构成犯罪的，依法追究刑事责任。

县级以上各级人民政府有关部门拒不履行应急处理职责的，由同级人民政府或者上级人民政府有关部门责令改正、通报批评、给予警告；对主要负责人、负有责任的主管人员和其他责任人员依法给予降级、撤职的行政处分；造成传染病传播、流行或者对社会公众健康造成其他严重危害后果的，依法给予开除的行政处分；构成犯罪的，依法追究刑事责任。

医疗卫生机构未按规定及时采取控制措施的、履行突发事件监测职责的、拒绝接诊病人的、拒不服从突发事件应急处理指挥部调度的，由卫生行政主管部门责令改正、通报批评给予警告；情节严重的，吊销医疗机构执业许可证；对主要负责人、负有责任的主管人员和其他直接责任人员依法给予降级或者撤职的纪律处分；造成传染病传播、流行或者对社会公众健康造成其他严重危害后果，构成犯罪的，依法追究刑事责任。

3. 扰乱社会和市场秩序的法律责任

在突发事件发生期间，散布谣言、哄抬物价、欺骗消费者，扰乱社会秩序和市场秩序的，由公安机关或者工商行政管理部门依法给予行政处罚；构成犯罪的，依法追究刑事责任。在依法追究刑事责任方面，最高人民法院、最高人民检察院《关于办理妨害预防、控制突发传染病疫情等灾害的刑事案件具体应用法律若干问题的解释》，对于下列几类案件有关犯罪的界限与刑罚适用作出了具体规定：（1）传播传染病病毒危害公共安全的案件；（2）以防治传染病之名，非法行医，制售假冒伪劣产品、药品、医疗器械、防护用品等医用卫生材料，危害医务人员和人民群众身体健康的案件；（3）虚假广告、坑蒙拐骗、哄抬价格，扰乱市场经济秩序的案件；（4）在传染病防治期间趁火打劫，侵犯公民人身权利和公私财产，危害社会治安的案件；（5）编造、传播谣言或恐怖信息，危害国家政权或社会稳定的案件；（6）国家工作人员、企事业单位的工作人员贪污、侵占、挪用防治传染病款物的案件；（7）有关国家机关工作人员、国有企事业单位工作人员，在防治传染病工作中渎职失职，造成疫情传播等严重后果的案件；（8）妨害传染病防治公务的案件等。这些具体规定，为依法惩治妨害预防、控制突发传染病疫情等灾害的犯罪活动，保障预防、控制突发传染病疫情等灾害工作的顺利进行，切实维护人民群众的身体健康和生命安全，提供了强大后盾。

【本章小结】

本章探讨了公共卫生事件类应急管理的法律制度，包括其概念界定、法律框架、应急响应机制和法律责任等方面。通过对国内外立法的比较，系统总结了中国在应对突发公共卫生事件中的法治实践。

【核心概念】

（1）公共卫生事件是指突然发生，可能对公众健康造成严重影响的事件，如传染病疫情、群体性不明原因疾病等。

（2）应急管理是指为预防、准备、响应和恢复公共卫生事件而采取的一系列组织和管理活动。

（3）法律责任是指在公共卫生事件中，个人和机构因违反法律法规所承担的法律后果。

【案例分析与小组讨论】

自2019年底，一场突如其来的新型冠状病毒（COVID-19）疫情暴发，并迅速席卷全球，成为近一个世纪以来最严重的全球公共卫生事件，COVID-19以其高度的传染性和变异能力，通过飞沫传播、接触传播等多种途径，在全球范围内迅速扩散，对全球社会生活及公共卫生体系造成了前所未有的冲击。面对疫情，各国政府迅速采取了一系列应对措施。中国实施了严格的封控和筛查措施，包括开展核酸检测和开发健康码系统，有效控制了疫情。与此同时，其他国家也根据各自国情和疫情发展态势，灵活调整防控策略。美国实施了严格的旅行禁令，并推出了一系列经济刺激计划以缓解疫情对经济的冲击；欧洲多国则采取了严格的封锁措施，限制人员流动，减少聚集活动；亚洲国家则普遍加大了核酸检测力度，力求早发现、早隔离、早治疗，有效控制疫情传播。尽管各国政府采取了诸多措施，但全球疫情形势依然复杂严峻，病毒变异、传播速度加快等问题持续考验着各国的应对能力。在此背景下，加强国际合作、共享疫情信息、协调防控措施成为了各国共识。只有携手并肩，才能在这场没有硝烟的战争中取得最终胜利，共同守护人类健康与安全。

请结合案例描述，回答以下问题：

（1）在新冠肺炎疫情应对中，中国采取了哪些关键的法律措施？

（2）此次疫情对中国现有公共卫生法律体系提出了哪些挑战？

（3）未来如何改进中国公共卫生事件的应急管理法律制度？

【延伸阅读】

[1]［美］劳伦斯·高斯汀，林赛·威利著，苏玉菊，刘碧波，穆冠群译. 公共卫生法：权力、责任、限制［M］. 北京：北京大学出版社，2021.

[2]［美］乔治·罗森著，黄沛一译. 公共卫生史［M］. 南京：译林出版社，2021.

[3]解志勇. 卫生法学通论［M］. 北京：中国政法大学出版社，2019.

第 10 章　社会安全事件类应急管理法律制度

【学习目标】

1. 明确社会安全事件的基本概念及主要特征。

2. 掌握社会安全事件法律制度建设的主要内容。

3. 分析和解决社会安全事件应急管理过程中涉及的法律问题。

【案例导引】

2008 年 6 月 21 日星期六晚上 11 点多，贵州黔南州瓮安县三中的初二女生李某与同班同学王某以及在瓮安县铝合金厂打工的陈某、刘某，一起到县城附近的西门河大堰桥散步，但李某却溺水身亡。家属对民警没有全力打捞，并在没有全面调查王某、陈某、刘某三人的情况下就作出自杀溺水身亡的结论强烈不满。在县、州两次法医鉴定不被认可、政府调解失败、李某的叔叔李某 1 与民警张明发生冲突时，停放在西门河大堰桥的冰棺不断吸引路人。一些在水利、矿产开发中利益受损的群众，纷纷认为王某等与县、省政府领导有关系而得到公安局包庇，事件不断发酵并在 7 天后的 6 月 28 日，瓮安县发生大规模打砸抢烧事件，县委、县政府及县公安局大楼被不同程度烧毁，近 2 万人的聚集更是令处理难度巨大。[1] 本案启示：我国今后仍将面临类似瓮安事件的群体性事件高发风险，开展社会安全事件法律制度建设迫在眉睫。

10.1　概　述

10.1.1　社会安全事件的基本内涵

1. 社会安全事件的概念

当前，我国现行法律文件中使用"社会安全事件"一词的情况并不多见，而且也没有明确界定这一概念。《突发事件应对法》将"社会安全事件"与"自然灾害、事故灾难、公共卫生事件"并列；《国家突发公共事件总体应急预案》采用列举的方法对"社会安全事件"的外延进行概括。上述法律、文件明确将社会安全事件列为突发事件

---

〔1〕　瓮安县法院公开开庭审理"6·28"事件刑事案件［EB/OL］.（2008-11-06）. https://www.gov.cn/jrzg/2008-11/06/content_1141902.

的一种，但并未界定其含义。学术界对于"社会安全事件"的认识亦不尽一致。从词语构成上看，"社会安全事件"由"社会""安全""事件"三部分组成。"社会"泛指由于共同物质条件而相互联系起来的人群；"安全"是指"没有危险，不受威胁"；"事件"是指历史上或社会上发生的不平凡的大事情。因此，在本书中，社会安全事件是一个广义的概念，是指由人为因素引发的，对社会秩序和公共安全造成或者可能造成严重危害的，亟须采取应急处置措施的事件。一般包括恐怖袭击事件、民族宗教事件、经济安全事件、群体性事件以及其他重大刑事案件。

2. 社会安全事件的分类

《国家突发公共事件总体应急预案》中，社会安全事件主要包括恐怖袭击事件，经济安全事件和涉外突发事件等。《新疆维吾尔自治区突发公共事件总体应急预案》中，社会安全事件主要包括恐怖袭击事件，群体性事件，网络与信息安全事件，油气供应中断突发事件，金融突发事件，涉外突发事件，民族宗教事件，舆情突发事件等。《杭州市突发事件总体应急预案》中，社会安全事件主要包括恐怖袭击事件、重大刑事案件、极端暴力案件、群体性事件、大规模踩踏事件、网络与信息安全事件、金融突发事件、涉外突发事件、民族宗教领域突发事件等。在本书中，主要分析经济安全事件、群体性事件、恐怖袭击事件。

1）经济安全事件

经济安全事件通常指的是那些影响国家、地区或个体经济安全的事件。这些事件可能源自内部或外部因素，对经济的稳定运行、资源获取、市场竞争环境等造成威胁或损害，主要包括贸易安全事件、金融安全事件、产业安全事件、资源安全事件和技术安全事件。

2）群体性事件

公安部 2000 年 4 月 5 日颁布的《公安机关处置群体性社会安全突发事件规定》中，群体性社会安全突发事件，是指聚众共同实施的违反国家法律、法规、规章，扰乱社会秩序、危害公共安全、侵犯公民人身安全和公私财产安全的行为。2008 年 12 月 9 日，公安部又颁发了《公安机关处置群体性事件规定》，同时废止了 2000 年的原规定，新规定在采用新名称的同时又没有对"群体性事件"进行明确的概念表述。因此，在本书中，群体性事件是指聚众共同实施的违反国家法律、法规、规章，扰乱社会秩序、危害公共安全、侵犯公民人身安全和公私财产安全的行为。

3）恐怖袭击事件

2001 年的《刑法修正案（三）》规定了编造、故意传播虚假恐怖信息罪等内容。2011 年，全国人大常委会通过了《反恐怖决定》。2015 年 8 月出台的《刑法修正案（九）》对打击恐怖主义犯罪作出了全面规定。2015 年 12 月出台的《反恐怖主义法》在继承前期法律实践成果的基础上，第一次对恐怖主义进行了明确定义。在本书中，恐怖袭击事件是指极端分子人为制造的、针对但不限于平民及民用设施的不符合国际道义的攻击行为。

10.1.2　社会安全事件的基本特征

1. 社会性

社会安全事件危及公共安全，波及范围广、涉及人数多、社会影响大、破坏力强。在客观上造成财产损失和人员伤亡，对公共安全和秩序产生严重的损害；在心理上会造成公众一段时期内的心理恐慌和不安全感，对社会稳定构成严重威胁。主要表现在以下两个方面：其一，事件对社会治安秩序和公民生命财产安全构成严重威胁或者损害。其二，事件超越个案和局部地点，其影响范围足以达到所谓"社会性"或"公共性"的程度。公共与个人、私人相对，属于全社会的、公众共同所有或使用的。这里的社会性或公共性表现在事件本身可能引起公众的高度关注或者对公共利益产生较大消极负面影响。

2. 紧急性

社会安全事件一旦发生会迅速升级扩大，反应越快、决策越准确、损失就越小。有些社会安全事件爆发突然，超出公众的心理惯性和社会的常态秩序。由于诱发社会安全事件的契机是偶然的，对政府和公众而言，事件发生的时间、地点、程度难以预料和把握，从而陷入极大的被动。因此，与常态事件相比较，对社会安全事件的处置更具紧迫性，它急需政府在有限的信息、时间和资源条件下开展应急处置工作。社会安全事件的紧急性主要体现在三个方面：其一，很多社会安全事件的爆发都是极其突然的，在爆发前往往都被人们认为是不可能的。但是它们的确发生了。其二，几乎所有社会安全事件在暴发时，人们都无法获得全面的信息。因此，对于事件的性质、未来发展的可能，人们往往不能准确把握，这就导致外界想要急切了解社会安全事件的真实情况。其三，社会安全事件的发展十分迅速。其事态在短时间内能够快速扩大并酿成严重后果，急需政府部门在有限的时间范围内、在有限的信息条件下开展应急处置工作，否则会造成更大危害和更严重的后果。

3. 危害性

社会安全事件的危害性主要表现在两个方面：其一，社会安全事件通过损害公共财产、危及公共安全、破坏公共秩序、减损公众福祉等方式对过去的稳定状态构成现实的威胁或损害。其二，事件在其发展过程中会引起一连串的相关反应，一些学者把它称为"涟漪反应"或"连锁反应"。同时，社会安全事件是一种由明显抵触社会的力量间的冲突而导致的危机状态，对于政府和公众而言是突发的，但对于事件的引发者来说则是具有预谋性的，事件的产生甚至扩大都是由人为的故意或者人为处置不当导致的，整个过程中人的因素起重要的作用。

4. 必要性

社会安全事件将导致某一方面、某一区域乃至更大范围内常态行政管理机制的失灵，政府部门采取常规的法律、行为方式是难以应对的。如果某一地区治安秩序的混乱已经达到政府用常态治安管理方式不足以维护当地治安秩序的程度，就必须启动应急管理状态，在政府的统一领导、指挥下，在短时间内做出判断，在有限的信息条件下判明事件的性质与发展趋势，并迅速采取各种应急措施，动用社会各界的力量，以遏制紧急事态的扩张，快速恢复公共秩序。社会安全事件状态下的应急措施比一般的行政执法手段更加严厉、苛刻，有时甚至需要中断正常的法律秩序乃至于影响公民的部分基本权利。但是，为了实现更为重大、迫切的公共利益并从最根本上保护公民的最大利益，采取这样的措施仍然是必要的。

10.1.3 社会安全事件应急处置的特点

1. 不可持续性或临时性

不可持续性或临时性是指社会安全突发事件处置不可以长久维持的过程或状态，在这里主要是指时间的短暂性和临时性。社会安全突发事件处置的不可持续性或临时性主要体现在两个方面。首先，从处置对象上来看，社会安全突发事件处置主要是围绕中小规模的社会安全突发事件或者某类突出的社会安全问题开展的，一旦事件得到妥善处置，问题得到有效解决，那么所开展的社会安全突发事件处置也就会随之结束，因此，社会安全突发事件处置在某些情况下也被称为临时性警务。其次，从执法成本上来看，行政机关（公安机关）处置社会安全突发事件需要抽调大量警力进行现场控制，从而导致用于日常社会治安管理的力量出现短缺，甚至出现短期真空的现象；同样，开展应急处置专项行动，也需要投入大量的人力（尤其警力）和财力资源，因此具有高投入、高耗能的特点，这与我国当前提出的降低行政（警务）工作成本，提高工作效率，实现工作的可持续发展，建设节约型政府的要求是背道而驰的，因此社会安全突发事件的处置状态是不可持续的。

2. 优先选择性或排他性

优先选择性或排他性是指当社会安全突发事件处置与治安管理部门的其他行政（警务）活动产生冲突时，优先考虑前者，这是社会安全突发事件处置区别于一般警务的主要特征。优先选择性或者排他性是由社会安全突发事件处置对象社会危害的严重性决定的。社会安全突发事件处置的对象往往是一些社会关注度较高的问题或事件，一旦处理不好就会迅速发酵，容易被媒体扩大和炒作，尤其是在自媒体日益发达的今天，更加速了事件传播和扩散的速度，甚至被一些别有用心的境外势力所利用，进而引发骚乱和群体性事件，危害国家安全和社会稳定。因此，必须优先考虑社会安全突发事件处置。

社会安全突发事件处置的优先选择性和排他性主要通过两个方面来体现，即人财物的高度倾斜和行政（警察）权的扩张。由于社会安全事件的紧急性和后果的严重性，要求管理部门（公安机关）必须在第一时间赶赴现场进行处置。此外，为了防止事件的进一步扩大，必须把事件的处置作为首要任务，并且在人财物方面予以充分保障。

社会安全突发事件处置中行政（警察）权的扩张主要指警察自由裁量权的扩张和程序的简化，社会安全突发事件处置的现场具有较高的不可预测性和紧迫的不可延迟性，当社会秩序和公共利益受到紧迫危险时，法律对此难以作出详细明确的规定，需要民警根据现场具体情况采取相应的必要措施，减轻事件带来的不利影响，尽快恢复正常的社会治安秩序。此外，为了保证社会安全突发事件处置的及时性和高效率，公安机关不能再按照以往的行政程序进行处理，而是更加强调程序的高效和简便，以更加灵活的方式进行现场处置，最大限度地保护人民群众的生命财产。

3. 滞后性或被动性

滞后性或被动性是指社会安全突发事件处置首先是指在社会安全突发事件发生后或者治安问题比较突出的情况下才实施警务活动，二者具有一定的时间差。社会安全突发事件的策划发动者，在事件形成之前，总是隐蔽行动，并试图选择最为恰当的时间和地点，采取突然袭击的方式，以求形成声势，达到预期的目的。其次，某些特定的事件，在通常情况下，不是有预谋、有组织的群体行为，而是一种自发的、一哄而起的泄愤行为，虽然事件的发生存在一个酝酿发展的过程，但是这一过程通常极为短暂，很难被管理机关提前察觉，当矛盾激化时，则形成循环和连锁式反应而突然爆发，民警通常都是接到报警后才赶赴现场，很难在事件的准备阶段或预谋阶段就提前干预。最后，如一些闹丧事件和小规模群众械斗，在爆发前更是毫无征兆，待民警到达现场时，双方已经形成对峙，或者已经引起大批民众围观。这种时间差所造成的滞后性给民警的现场处置带来了很大的被动，同时也容易引起群众的不满。

4. 正义性或合法性

正义性或合法性是指社会安全突发事件处置应符合公平处理或正确行动的原则或理想，现场处置必须要严格依照法律法规进行。法律的目的是维护社会的公平正义，公安机关治安管理部门作为行政执法机关，处置中小规模的治安突发事件或者开展治安专项行动的目的既是维护社会治安秩序，保护人民群众的生命财产安全，同时也是维护法律的公平与正义，这正是社会安全突发事件处置正义性的根本体现。社会安全突发事件处置作为一项治安部门的执法行为，必须依法进行，这是合法性的体现，合法性主要表现在社会安全突发事件处置主体的合法性和程序的合法性。

5. 非根本性或形式性

非根本性或形式性是指社会安全突发事件处置只是形式上的，难以从根本上解决实质问题，这是社会安全突发事件处置的显著特征，同时也是其局限性所在。这是由社会安全突发事件处置对象的复杂性所决定的。如前文所述，社会安全事件是多种社会矛盾综合作用的结果，事件爆发后，行政机关（公安机关）所能做的主要是现场的控制和后期社会治安秩序的恢复，而对事件背后隐藏的深层次社会问题，仅靠公安机关难以彻底解决。

10.2　社会安全事件类应急管理法律制度建设

10.2.1　国外典型社会安全事件法律制度建设

1. 美国社会安全突发事件法律应对机制

以美国为例，其应急管理立法活动经历了一个从单一性立法到根本性立法的过程。1976 年国会通过的《全国紧急状态法》，结束了联邦政府处理紧急事件和灾害工作的单一、分散的特点，随后又不断修订《紧急状态法》，并制定了一系列针对不同行业、不同领域应对紧急状态的实施细则，保证在发生突发事件时，政府可以根据法律的规定的应急管理基本制度和一般原则来迅速应对，有效地提高了政府的应急管理能力和应对危机的反应能力。美国国家安全委员会处于作出各种决策的中心地位，而其国务院、国防部、司法部和联邦调查局等机构则主要分工负责各种具体事务，并与其他机构相互协调有条不紊地进行各项应对工作。值得一提的是，在"9·11"事件之后，美国成立了以预防、处理人为的非自然危机为目标的国土安全部，建立了面向全方位国土安全的应急管理系统。其主要工作包含以下几个方面：一是加强海陆空的防御，防止恐怖分子入境；二是提高美国应对和处理突发事件的能力，预防各类恐怖袭击；三是汇总分析来自于联邦调查局、中央情报局的各种情报。国土安全部的成立，标志着美国的应急管理已经纳入整个国家的安全体系范围内。

2. 俄罗斯社会安全突发事件法律应对机制

俄罗斯应急管理机制的形成则经历了一个较为复杂的过程，并形成了独具特色的管理非传统安全危机事务的最主要机构——俄紧急情况部。紧急情况部属于联邦执行权力机构，是俄罗斯处理突发事件的组织核心，其主要任务是制定和落实国家在民防和应对突发事件方面的政策，实施一系列预防和消除灾害措施，对国内外受灾地区提供人道主义援助等活动。同时，完善的法律法规也是俄罗斯应急管理的重要保障之一，俄联邦政府通过了《关于保护居民和领土免遭自然和人为灾害法》《事故救援机构和救援地位法》等法律法规，借助法律来协调国家各机构与地方自治机关、单位组织、个人之间的工作，规定了若干权利义务，明确了在事故中的权责划分。

10.2.2　国内社会安全事件法律制度建设

1. 处理社会安全事件的基本原则

在应急状态下，常态的权力难以应对，政府需要动用特殊的公权力——行政紧急权力。行政紧急权力是由特定的行政机关依据特殊的应急法律法规或者专门的法律规定所享有的特定职权。它是为了及时有效地控制突发事件、消除其危害而产生的一种特定权力，具体表现为行政机关权力的集中和扩张。行政权力集中和扩张并不意味着行政紧急权不受限制，公安机关在紧急情况下行使行政紧急权应当遵守基本的应急法律原则。

1）依法行政原则

现代法治国家的理念是不存在不受限制的权力，任何权力的运行都不能脱离法治轨道。公安机关在处置突发社会安全事件时应当遵守依法行政原则，"行政机关不能仅从其目的的正当性来证明其手段的正当性，其在紧急状态下采取的措施同样必须受到法治原则的一般限制"，即"紧急不避法治"，主要表现在：一是"法"需作扩大解释。正常状态下，行政机关行使权力应当遵循宪法、法律、法规和规章等。然而，就行政紧急权力与法的关系而言，行政紧急权力具有超越正常状态下的法律体系，而适用特别或者紧急状态下的法律的属性。在突发社会安全事件应急处置时，公安机关遵守的"法"主要是宪法中的紧急权力条款、统一的突发事件应对法、单行的应急法律，行政机关制定的应急性法规与规章以及临时发布的应急性命令与决定。二是法律优位和法律保留被削弱。法律优位要求一切行政活动均不得与法律相抵触，法律须明确、具体和具有可操作内容。然而，在应急状态下，法律优位被削弱，法律不再是明确、具体和具有可操作内容的，而是概括的和无实质限制内容的，有时候应急性的行政法规和规章不得已只能中止法律中某些条款的效力。法律保留表现为国家的某些事项必须由最高国家权力机关制定法律，而不能由其他机关代为规定。然而，在突发社会安全事件时，尤其是事件严重危害社会安全时，公安机关可以对某些法律保留事项制定应急法规和规章。

2）比例原则

比例原则具体是指，行政机关在行使行政紧急权力时，应当全面权衡有关公共利益和个人权益，采取对公民权益造成限制或者损害最小的行政行为，并且使行政行为造成的损害、付出的成本与追求的行政目的相适应。具体来说，在处置社会安全事件时必须遵循以下原则。一是适当性原则。行政紧急权的行使必须符合行政目的，以法律规定的社会安全事件的存在为前提。因此，公安机关只有在采取常规权力无法应对时方可使用行政紧急权力，对公民权利的限制必须有正当理由。二是必要性原则。在突发社会安全事件中，公安机关当有多种紧急措施可以采用时，应当尽量避免侵害行政相对人的合法权益，如果对权益的限制和干预不可避免时，则应当选择对权益损害最小、影响最轻微的措施。三是均衡性原则。在应急处置中，公安机关应当平衡公共利益和私人权益，各项应急措施对公民权益造成的损害和付出的成本与所要维护的公共利益之间应保持一定的比例关系，不得显失均衡。

3）公开原则

公开原则意味着公开应急处置的法律依据、行政应急程序、处置方式以及突发社会安全事件的相关信息等，除依法涉及国家秘密、商业秘密或者个人隐私以外，应当向公众和社会公开。阳光是最好的防腐剂，坚持公开原则能够监督公安机关依法行使行政紧急权，有效防止权力滥用，同时它也是公民知情权的重要表现，是体现行政民主化的要求。公开原则对突发社会安全事件应急处置的具体要求有两点：一是公安机关所制定的应急行政法规、规章，发布的应急决定和命令应当对外公布；二是公安机关采取的具体应急措施应当公开，尤其是影响公民人身权和财产权的措施。

4）效率原则

突发社会安全事件具有突发性、紧迫性等特征，为了控制和排除危险，公安机关必须迅速行动、积极主动地采取高效迅捷的紧急措施，以最快的速度、最小的成本代价处置突发社会安全事件。效率原则对行政应急管理的主体、应急程序等均提出了要求。明确和集中公安机关职权，保证执法紧急权力主体的权威性。加强行政机关之间的协调和合作，提高办事效率。简化行政紧急权的运行方式和步骤。突发事件的处置应对依据与常态化管理不同的程序，要用短平快的决策迅速掌握事态的发生，更注重各类措施手段的效率。

2. 国内社会安全事件法律制度框架

我国从 1954 年首次规定戒严制度至今，已经颁布了一系列与处理与社会安全事件相关的突发事件有关的法律、法规，各地根据这些法律、法规又颁布了适用于木行政区域的地方立法，从而初步构建了一个从中央到地方的突发事件应急处理法律规范体系。目前，我国社会安全事件类法治建设涉及的相关法律法规中国家层面的法律规定如《戒严法》《突发事件应对法》《集会游行示威法》《反恐怖主义法》《刑法》《治安管理处罚法》《人民警察法》等；有关行政法规和规范性文件如《公安机关处置群体性事件规定》《人民警察使用警械和武器条例》《公安机关办理刑事案件程序规定》《公安机关办理行政案件程序规定》《110 接处警工作规则》等。

从公安系统内部视角来看，自 2008 年公安部开始在全国公安机关推行公安执法规范化建设，在这个过程中，我国警察法制体系得以不断的健全与完善，尤其值得肯定的是始终高度重视行政（警察）权运行的程序性规范。公安部先后出台了《公安机关执法细则》《公安机关人民警察盘查规范》等程序性警察执法规范，并适时地修订了《公安机关办理行政案件程序规定》《公安机关办理刑事案件程序规定》等程序性部门规章，为基层警察各项执法程序的规范化提供了明确、具体的依据。

3. 社会安全事件应对的行政应急权

1）"紧急状态"下的公安行政应急权

公安机关的应急处置工作，特别是实施各种应急强制措施都必须以法律为依据，获得法律的授权，在法律规定的权限范围和自由裁量空间内合法、合理地开展应急处置工作，并努力以最小的代价换取最大的收益。社会安全事件处置中，在法律规定上必须明确"紧急状态"的概念，即立法上的紧急状态还存在法律意义上的紧急状态和事实上的紧急状态之分。按照最高人民法院、最高人民检察院、公安部、司法部《关于依法惩治妨害新型冠状病毒感染肺炎疫情防控违法犯罪的意见》的规定，新型冠状病毒疫情防控期间可适用《治安管理处罚法》第五十条第一款规定之"拒不执行人民政府在紧急状态情况下发布的决定、命令的"情形。此次疫情我国并未依照《宪法》宣布进入"紧急状态"，由此可见，我国的司法、执法机关认为：《治安管理处罚法》中的紧急状态为事实上的紧急状态，而非《宪法》规定的具有法律意义的紧急状态。能够明确体现法律意义上的紧急状态的立法一般认为包括《宪法》《反恐怖主义法》《国家安全法》《突发事件应对法》及《香港基本法》和《澳门基本法》等。《宪法》关于紧急状态的规定是在 2004 年修正案中用紧急状态替换了原来的戒严后沿用至今。但是《宪法》中仅规定了紧急状态的宣布，对其他有关事项没有作出具体设计。《香港基本法》和《澳门基本法》依据《宪法》规定了港、澳特别行政区紧急状态的宣布权和宣布程序。《突发事件应对法》在紧急状态的规定方面可与《宪法》衔接，规定了严重突发事件引发紧急状态的宣布问题，但对宣布进入紧急状态后的处置内容没有规定。《国家安全法》重申了《宪法》关于紧急状态宣布的内容，有关应急行政（警察）权的内容与战争状态下应急行政（警察）权的内容完全一致。《戒严法》规定了"三乱"（动乱、暴乱和严重骚乱）引发紧急状态的情况（以下简称"三乱型紧急状态"），同时较为完整地规定了"三乱型紧急状态"下的行政应急权和警察应急权。在缺乏统一的《紧急状态法》的前提下，紧急状态下的应急行政（警察）权主要为《戒严法》中的规定。

《戒严法》规定，"三乱型紧急状态"发生时，国家可以决定实施戒严，公安机关是戒严的实施机关之一，公安人民警察是戒严执勤人员之一。戒严期间的公安机关可行使的应急行政（警察）权有以下内容：对集会、新闻等活动的限制权；交通管制权，出入交通管制区域的人员证件、车辆、物品检查权；实施宵禁权；对管制刀具、枪支、弹药等采取特别的管理措施权；临时征用权；加强警卫权；对生活必需品采取特别管理措施。

根据《戒严法》，公安人民警察可以执行的应急行政（警察）权有以下内容：对戒严地区的公共道路和其他公共场所的人员证件、车辆、物品检查权；对违反戒严规定的人员的立即拘留权；对因违反戒严规定被拘留人的人身、住所、有关场所的搜查权；对有关聚众行为使用警械强行制止或驱散权，对相关人员强制带离或立即拘留权；武器使用权。

如上列举所示，《戒严法》规定的"三乱型紧急状态"发生时应急行政（警察）权有以下特点：第一，规定较为完整和系统，既包括应急警察行政权，也包括应急警察刑事司法权；第二，既有新的创设型的应急行政（警察）权，也有突破原有行政（警察）权程序的应急行政（警察）权（第二十四条规定了立即拘留权、第二十七条规定了戒严期间的拘留、逮捕的程序和时限不受刑事诉讼法有关规定的限制）；第三，既有管理型应急行政（警察）权，也有公益性应急行政（警察）权，同时还规定了警察应急权行使的限制和约束，比如第二十九条规定的戒严执勤人员在执行戒严任务时应尊重当地民族风俗习惯，不得侵犯和损害公民合法权益。

2）一般突发事件中的公安行政应急权

我国突发事件应急方面的法律主要有《反恐怖主义法》《突发事件应对法》《传染病防治法》《突发公共卫生事件应急条例》以及各类灾害法等。突发事件应对期间的应急行政（警察）权零散分布于这些法律规范之中。《反恐怖主义法》在第六章应对处置中规定了公安机关在恐怖事件应对中享有立即处置权、先期指挥权、报告权和其他各类处置权。《突发事件应对法》关于应急行政（警察）权的规定，根据危机事件种类的不同而有所区分。自然灾害、事故灾难、公共卫生事件型危机应对期间的应急行政（警察）权隐含在人民政府的应急权中，人民警察具体实施时需要政府的再授权或者按职责推定。对社会安全事件型危机应对期间的应急行政（警察）权予以了明确授权。根据《突发事件应对法》第七十四条的规定，人民政府组织"相关部门"（即公安机关）在社会安全事件型危机应对中被赋予了强制隔离权、封锁限制权、限制供应权、临时警戒权、其他应急权等五类应急行政（警察）权。《传染病防治法》《突发公共卫生事件应急条例》规定在此种类型的危机事件应对期间人民警察有协助强制执行医学隔离治疗和协助强制执行医学观察的权力。各类灾害的应急处置基本没有专门立法，大多包含在相应的灾害法中，其中应急行政（警察）权的规定较为模糊。由此可知，非紧急状态下的一般突发事件发生时，行政（警察）权也会扩张为应急行政（警察）权，从这一角度理解，一般突发事件应对期间虽不是严重的非常规社会状态，但在应急行政（警察）权研究中应作为应急行政（警察）权分析的一个层面。

3）警察法制体系中的公安行政应急权

我国的警察（公安）法制体系调整的是常规社会状态下公安机关与其他社会主体之间的权力义务关系，对非常规社会状态下的应急行政（警察）权仅做了零星规定。比如，专门规范人民警察各项职能职责、权力责任的《人民警察法》在第十条、第十五条、第十七条规定了应急性行政（警察）权：暴乱时人民警察的武器使用权，严重治安秩序风险发生时的警察的交通管制权、现场管制权，突发事件发生期间警察的现场管制权。警察法制体系中比较集中规范应急行政（警察）权的法律规范是《110 接处警工作规则》（以下简称《规则》）。接处警是公安应急性特点的典型代表，也是各类社会危机预警的重要渠道。《规则》中规定了 110 接处警的受理范围，有关自然灾害、事故灾难、各类社会安全事件的报警，110 接处警机构都必须受理。《规则》同时较为全面地规定了各类突发事件接警、出警、处置的规则、程序、警务保障等问题。

4. 社会安全事件应对的行政应急措施

公安机关处置突发社会安全事件是通过实施各类行政应急措施来实现的。所谓行政应急措施，是行政机关（公安机关）为了控制突发社会安全事件和消除其社会危害性而采取的应对措施的总称。按照对公民权利的影响，可分为授益性应急措施、负担性应急措施和限制性应急措施。

1）授益性行政应急措施

授益性应急措施是行政机关为因突发社会安全事件而遭受损害的公民和组织等提供救助和保护的应急措施。它的功能是减少损失和控制危险扩大。在法律上的要求是采取应急措施应当坚持及时和公平规则。在措施实现上，主要是保护人身权和财产权，并以人身权的保护在先。事件发生后，公民的人身权和财产权会受到不同程度的威胁和损害，需要国家给予迅速有效的帮助，以将公民的人身伤害和财产损失降到最低点。同时，国家机关、公共机构、公共设施和私人财产也需要行政机关提供比平时更为严格的保护。例如，为了解救处于危难之中的群众而采取的应急强制措施；划定警戒区或设置临时警戒线，标明危险区域，对危险区域内的群众实施强行中止活动、强制疏散或撤离等。

2）负担性行政应急措施

负担性行政应急措施，是为了克服应急资源的不足，行政机关依法要求公民、法人和其他组织等提供财力、物力和人力支持的措施。它是通过增加公民负担来实现法律效果的。负担性行政应急措施主要有两类：一是对动产或不动产的征用和征收。在应急处置中，行政机关为了公共利益的需要，在有法律明确规定或授权的情况下，可以临时征用和征收社会组织或者个人的运输工具、设备、场地、房屋、设施等。二是对人员的征调和征召。为了应对突发事件，在人员缺乏的情况下往往需要征调执行应急措施所必需的专业技术人员，或者征召从事公务的临时人员和支援人员。在突发社会安全事件时，相应的负担性行政应急措施是必要的，财产所有者和相关人员及单位应当积极配合并履行义务。

3）限制性行政应急措施

限制性行政应急措施是行政机关为处理突发事件，而限制或者克减宪法和法律规定的公民、法人或者其他组织权利的应急措施。在突发社会安全事件时，公民的基本权利将受到较平时严格的限制。限制性行政应急措施是损益性行政行为，它将带来公民和社会组织权利的减损，行政机关应当依据法定权限并按照法定程序实施，即使法律未规定，行政机关也应当遵守比例原则，保证应急措施与事件可能造成的危害的性质、程度和范围相适应。在实施方式上，以限制人身自由权为主。社会安全事件具有人为性，因此对社会安全事件进行控制，主要通过限制人身自由权来实现。具体方式有两种：一是拘留，即行政拘留。它是行政机关为了防止危害的继续发生，对正在实施危害社会安全的人所采取的严重限制其人身自由的行为。二是管制。为了迅速消除社会安全事件的危害，行政机关可以进行现场管制和交通管制，即对事件发生的场所进行特殊管理，保护现场安全、维持现场秩序，特殊情况下可以对交通工具及物品采取特别管理，以避免危险扩大。

10.3　社会安全事件类应急管理主要法律规定

10.3.1　社会安全事件现场处置规定

1. 交通管制、现场管制

《人民警察法》第十五条规定，县级以上人民政府公安机关，为预防和制止严重危害社会治安秩序的行为，可以在一定的区域和时间，限制人员、车辆的通行或者停留，必要时可以实行交通管制。公安机关的人民警察依照前款规定，可以采取相应的交通管制措施。第十七条规定，县级以上人民政府公安机关，经上级公安机关和同级人民政府批准，对严重危害社会治安秩序的突发事件，可以根据情况实行现场管制。公安机关的人民警察依照前款规定，可以采取必要手段强行驱散，并对拒不服从的人员强行带离现场或者立即予以拘留。公安机关的人民警察依照前款规定，可以采取必要手段强行驱散，并对拒不服从的人员强行带离现场或者立即予以拘留。

《公安机关警戒带使用管理办法》第二条规定，警戒带是指公安机关按照规定装备，用于依法履行职责在特定场所设置禁止进入范围的专用标志物。第五条规定，公安机关及其人民警察履行职责时，可以根据现场需要经公安机关现场负责人批准，在下列场所使用警戒带：（1）警卫工作需要；（2）集会、游行、示威活动的场所；（3）社会安全突发事件的现场；（4）刑事案件的现场；（5）交通事故或交通管制的现场；（6）灾害事故的现场；（7）爆破或危险品实（试）验的现场；（8）重大的文体、商贸等活动的现场；（9）其他需要使用警戒带的场所。

2. 现场强制措施

1）强行带离现场、强行驱散、立即予以拘留

《人民警察法》第八条规定，公安机关的人民警察对严重危害社会治安秩序或者威胁公共安全的人员，可以强行带离现场、依法予以拘留或者采取法律规定的其他措施。第十七条规定，县级以上人民政府公安机关，经上级公安机关和同级人民政府批准，对严重危害社会治安秩序的突发事件，可以根据情况实行现场管制。公安机关的人民警察依照前款规定，可以采取必要手段强行驱散，并对拒不服从的人员强行带离现场或者立即予以拘留。

《集会游行示威法》第二十七条规定，举行集会、游行、示威，有下列情形之一的，人民警察应当予以制止：（1）未依照本法规定申请或者申请未获许可的；（2）未按照主管机关许可的目的、方式、标语、口号、起止时间、地点、路线进行的；（3）在进行中出现危害公共安全或者严重破坏社会秩序情况的。有前款所列情形之一，不听制止的，人民警察现场负责人有权命令解散；拒不解散的，人民警察现场负责人

有权依照国家有关规定决定采取必要手段强行驱散，并对拒不服从的人员强行带离现场或者立即予以拘留。参加集会、游行、示威的人员越过依照本法第二十二条规定设置的临时警戒线、进入本法第二十三条所列不得举行集会、游行、示威的特定场所周边一定范围或者有其他违法犯罪行为的，人民警察可以将其强行带离现场或者立即予以拘留。

《集会游行示威法实施条例》第二十三条规定，依照《集会游行示威法》第二十七条的规定，对非法举行集会、游行、示威或者在集会、游行、示威进行中出现危害公共安全或者严重破坏社会秩序情况的，人民警察有权立即予以制止。对不听制止，需要命令解散的，应当通过广播、喊话等明确方式告知在场人员在限定时间内按照指定通道离开现场。对在限定时间内拒不离去的，人民警察现场负责人有权依照国家有关规定，命令使用警械或者采用其他警用手段强行驱散；对继续滞留现场的人员，可以强行带离现场或者立即予以拘留。第二十八条规定，对于依照《集会游行示威法》第二十七条的规定被强行带离现场或者立即予以拘留的，公安机关应当在二十四小时以内进行讯问。不需要追究法律责任的，可以责令其具结悔过后释放；需要追究法律责任的，依照有关法律规定办理。

《公安机关警戒带使用管理办法》第九条规定，对破坏、冲闯警戒带或擅自进入警戒区的，经警告无效，可以强制带离现场，并可依照《治安管理处罚法》的规定予以处罚。

《铁路法》第五十三条规定，对聚众拦截列车或者聚众冲击铁路行车调度机构的，铁路职工有权制止；不听制止的，公安人员现场负责人有权命令解散；拒不解散的，公安人员现场负责人有权依照国家有关规定决定采取必要手段强行驱散，并对拒不服从的人员强行带离现场或者予以拘留。

2）扣押、扣留物品

《治安管理处罚法》第八十九条规定，公安机关办理治安案件，对与案件有关的需要作为证据的物品，可以扣押；对被侵害人或者善意第三人合法占有的财产，不得扣押，应当予以登记。对与案件无关的物品，不得扣押。

《公安机关办理行政案件程序规定》第五十三条规定，对查获或者到案的违法嫌疑人应当进行安全检查，发现违禁品或者管制器具、武器、易燃易爆等危险品以及与案件有关的需要作为证据的物品的，应当立即扣押；对违法嫌疑人随身携带的与案件无关的物品，应当按照有关规定予以登记、保管、退还。安全检查不需要开具检查证。第一百零七条规定，对下列物品，经公安机关负责人批准，可以依法扣押或者扣留：（1）与治安案件、违反出境入境管理的案件有关的需要作为证据的物品；（2）道路交通安全法律、法规规定适用扣留的车辆、机动车驾驶证；（3）《反恐怖主义法》等法律、法规规定适用扣押或者扣留的物品。对下列物品，不得扣押或者扣留：（1）与案件无关的物品；（2）公民个人及其所扶养家属的生活必需品；（3）被侵害人或者善意第三人合法占有的财产。对具有本条第二款第（2）项、第（3）项情形的，应当予以登记，写明登记财物的名称、规格、数量、特征，并由占有人签名或者捺指印。必要时，可以进行拍照。但是，与案件有关必须鉴定的，可以依法扣押，结束后应当立即解除。

3）盘问、检查、留置

《人民警察法》第九条规定，为维护社会治安秩序，公安机关的人民警察对有违法犯罪嫌疑的人员，经出示相应证件，可以当场盘问、检查；经盘问、检查，有下列情形之一的，可以将其带至公安机关，经公安机关批准，对其继续盘问：（1）被指控有犯罪行为的；（2）有现场作案嫌疑的；（3）有作案嫌疑身份不明的；（4）携带的物品有可能是赃物的。

我国《居民身份证法》第十五条规定，人民警察依法执行职务，遇有下列情形之一的，经出示执法证件，可以查验居民身份证：（1）对有违法犯罪嫌疑的人员，需要查明身份的；（2）依法实施现场管制时，需要查明有关人员身份的；（3）发生严重危害社会治安突发事件时，需要查明现场有关人员身份的；（4）在火车站、长途汽车站、港口、码头、机场或者在重大活动期间设区的市级人民政府规定的场所，需要查明有关人员身份的；（5）法律规定需要查明身份的其他情形。有前款所列情形之一，拒绝人民警察查验居民身份证的，依照有关法律规定，分别不同情形，采取措施予以处理。任何组织或者个人不得扣押居民身份证。但是，公安机关依照《刑事诉讼法》执行监视居住强制措施的情形除外。

《公安机关适用继续盘问规定》第七条规定，为维护社会治安秩序，公安机关的人民警察对有违法犯罪嫌疑的人员，经表明执法身份后，可以当场盘问、检查。未穿制式服装的人民警察在当场盘问、检查前，必须出示执法证件表明人民警察身份。第八条规定，对有违法犯罪嫌疑的人员当场盘问、检查后，不能排除其违法犯罪嫌疑，且具有下列情形之一的，人民警察可以将其带至公安机关继续盘问：（1）被害人、证人控告或者指认其有犯罪行为的；（2）有正在实施违反治安管理或者犯罪行为嫌疑的；（3）有违反治安管理或者犯罪嫌疑且身份不明的；（4）携带的物品可能是违反治安管理或者犯罪的赃物的。

3. 警械和武器使用

《人民警察法》第十条规定，遇有拒捕、暴乱、越狱、抢夺枪支或者其他暴力行为的紧急情况，公安机关的人民警察依照国家有关规定可以使用武器。第十一条规定，为制止严重违法犯罪活动的需要，公安机关的人民警察依照国家有关规定可以使用警械。

《人民警察使用警械和武器条例》第七条规定，人民警察遇有下列情形之一，经警告无效的，可以使用警棍、催泪弹、高压水枪、特种防暴枪等驱逐性、制服性警械：（1）结伙斗殴、殴打他人、寻衅滋事、侮辱妇女或者进行其他流氓活动的；（2）聚众扰乱车站、码头、民用航空站、运动场等公共场所秩序的；（3）非法举行集会、游行、示威的；（4）强行冲越人民警察为履行职责设置的警戒线的；（5）以暴力方法抗拒或者阻碍人民警察依法履行职责的；（6）袭击人民警察的；（7）危害公共安全、社会秩序和公民人身安全的其他行为，需要当场制止的；（8）法律、行政法规规定可以使用警械的其他情形。人民警察依照前款规定使用警械，应当以制止违法犯罪行为为限度；当违法犯罪行为得到控制时，应当立即停止使用。第八条规定，人民警察依法执行下列任务，遇有违法犯罪分子可能脱逃、行凶、自杀、自伤或者有其他危险行为的，可以使用手铐、脚镣、警绳等约束性警械：（1）抓获违法犯罪分子或者犯罪重大嫌疑人犯；（2）执行逮捕、拘留、看押、押解、审讯、拘传、强制传唤的；（3）法律、行政法规规定可以使用警械的其他情形。人民警察依照前款规定使用警械，不得故意造成人身伤害。第九条规定，人民警察判明有下列暴力犯罪行为的紧急情形之一，经警告无效的，可以使用武器：（1）放火、决水、爆炸等严重危害公共安全的；（2）劫持航空器、船舰、火车、机动车或者驾驶车、船等机动交通工具，故意危害公共安全的；（3）抢夺、抢劫枪支弹药、爆炸、剧毒等危险物品，严重危害公共安全的；（4）使用枪支、爆炸、剧毒等危险物品实施犯罪或者以使用枪支、爆炸、剧毒等危险物品相威胁实施犯罪的；（5）破坏军事、通讯、交通、能源、防险等重要设施，足以对公共安全造成严重、紧迫危险的；（6）实施凶杀、劫持人质等暴力行为，危及公民生命安全的；（7）国家规定的警卫、守卫、警戒的对象和目标受到暴力袭击、破坏或者有受到暴力袭击、破坏的紧迫危险的；（8）结伙抢劫或者持械抢劫公私财物的；（9）聚众械斗、暴乱等严重破坏社会治安秩序，用其他方法不能制止的；（10）以暴力方法抗拒或者阻碍人民警察依法履行职责或者暴力袭击人民警察，危及人民警察生命安全的；（11）在押人犯、罪犯聚众骚乱、暴乱、行凶或者脱逃的；（12）劫夺在押人犯、罪犯的；（13）实施放火、决水、爆炸、行凶、抢劫或者其他严重暴力犯罪行为后拒捕、逃跑的；（14）犯罪分子携带枪支、爆炸、剧毒等危险物品拒捕、逃跑的；（15）法律、行政法规规定可以使用武器的其他情形。人民警察依照前款规定可以使用武器，来不及警告或者警告后可能导致更为严重危害后果的，可以直接使用武器。第十条规定，人民警察有下列情形之一的，不得使用武器：（1）发现实施犯罪的人为怀孕妇女、儿童的，但是使用枪支、爆炸、剧毒等危险物品实施暴力犯罪的除外；（2）犯罪分子处于群众聚集的场所或者存放大量易燃、易爆、剧毒、放射性等危险品的场所的，但是不使用武器予以制止，将发生更为严重危害后果的除外。第十一条规定，人民警察遇有下列情形之一的，应当立即停止使用武器：（1）犯罪分子停止实施犯罪，服从人民警察命令的；（2）犯罪分子失去继续犯罪能力的。

《公安机关公务用枪管理使用规定》第二十三条规定，处置群体性事件时，一线民警不得携带枪支，二线民警依照命令可以携带枪支。此外，还包括现场新闻管制，制止外国人非法采访，拘留、搜查或者其他刑事强制措施。

《刑事诉讼法》第八十二条规定，公安机关对于现行犯或者重大嫌疑分子，如果有下列情形之一的，可以先行拘留：（1）正在预备犯罪、实行犯罪或者在犯罪后即时被发觉的；（2）被害人或者在场亲眼看见的人指认他犯罪的；（3）在身边或者住处发现有犯罪证据的；（4）犯罪后企图自杀、逃跑或者在逃的；（5）有毁灭、伪造证据或者串供可能的；（6）不讲真实姓名、住址，身份不明的；（7）有流窜作案、多次作案、结伙作案重大嫌疑的。第一百三十六条规定，为了收集犯罪证据、查获犯罪人，侦查人员可以对犯罪嫌疑人以及可能隐藏罪犯或者犯罪证据的人的身体、物品、住处和其他有关的地方进行搜查。第一百三十八条规定，进行搜查，必须向被搜查人出示搜查证。在执行逮捕、拘留的时候，遇有紧急情况，不另用搜查证也可以进行搜查。

10.3.2　社会安全事件中违法行为的法律责任

1. 非法集会、游行、示威行为

《刑法》第二百九十六条规定，举行集会、游行、示威，未依照法律规定申请或者申请未获许可，或者未按照主管机关许可的起止时间、地点、路线进行，又拒不服从解散命令，严重破坏社会秩序的，对集会、游行、示威的负责人和直接责任人员，处五年以下有期徒刑、拘役、管制或者剥夺政治权利。第二百九十七条规定，违反法律规定，携带武器、管制刀具或者爆炸物参加集会、游行、示威的，处三年以下有期徒刑、拘役、管制或者剥夺政治权利。第二百九十八条规定，扰乱、冲击或者以其他方法破坏依法举行的集会、游行、示威，造成公共秩序混乱的，处五年以下有期徒刑、拘役、管制或者剥夺政治权利。

《集会游行示威法》第二十八条规定，举行集会、游行、示威，有违反治安管理行为的，依照治安管理处罚条例有关规定予以处罚。举行集会、游行、示威，有下列情形之一的，公安机关可以对其负责人和直接责任人员处以警告或者十五日以下拘留：（1）未依照本法规定申请或者申请未获许可的；（2）未按照主管机关许可的目的、方式、标语、口号、起止时间、地点、路线进行，不听制止的。第二十九条规定，举行集会、游行、示威，有犯罪行为的，依照刑法有关规定追究刑事责任。携带武器、管制刀具或者爆炸物的，比照刑法第一百六十三条的规定追究刑事责任。未依照本法规定申请或者申请未获许可，或者未按照主管机关许可的起止时间、地点、路线进行，又拒不服从解散命令，严重破坏社会秩序的，对集会、游行、示威的负责人和直接责任人员依照刑法第一百五十八条的规定追究刑事责任。包围、冲击国家机关，致使国家机关的公务活动或者国事活动不能正常进行的，对集会、游行、示威的负责人和直接责任人员依照刑法第一百五十八条的规定追究刑事责任。占领公共场所、拦截车辆行人或者聚众堵塞交通，严重破坏公共场所秩序、交通秩序的，对集会、游行、示威的负责人和直接责任人员依照刑法第一百五十九条的规定追究刑事责任。第三十条规

定、扰乱、冲击或者以其他方法破坏依法举行的集会、游行、示威的，公安机关可以处以警告或者十五日以下拘留；情节严重，构成犯罪的，依照刑法有关规定追究刑事责任。第三十二条规定，在集会、游行、示威过程中，破坏公私财物或者侵害他人身体造成伤亡的，除依照刑法或者治安管理处罚条例的有关规定可以予以处罚外，还应当依法承担赔偿责任。

《治安管理处罚法》第五十五条规定，煽动、策划非法集会、游行、示威，不听劝阻的，处十日以上十五日以下拘留。

2. 冲击国家机关、扰乱秩序行为

《刑法》第二百九十条规定，聚众扰乱社会秩序，情节严重，致使工作、生产、营业和教学、科研、医疗无法进行，造成严重损失的，对首要分子，处三年以上七年以下有期徒刑；对其他积极参加的，处三年以下有期徒刑、拘役、管制或者剥夺政治权利。聚众冲击国家机关，致使国家机关工作无法进行，造成严重损失的，对首要分子，处五年以上十年以下有期徒刑；对其他积极参加的，处五年以下有期徒刑、拘役、管制或者剥夺政治权利。多次扰乱国家机关工作秩序，经行政处罚后仍不改正，造成严重后果的，处三年以下有期徒刑、拘役或者管制。多次组织、资助他人非法聚集，扰乱社会秩序，情节严重的，依照前款的规定处罚。

第二百九十一条规定，聚众扰乱车站、码头、民用航空站、商场、公园、影剧院、展览会、运动场或者其他公共场所秩序，聚众堵塞交通或者破坏交通秩序，抗拒、阻碍国家治安管理工作人员依法执行职务，情节严重的，对首要分子，处五年以下有期徒刑、拘役或者管制。

第二百九十一条之一规定，投放虚假的爆炸性、毒害性、放射性、传染病病原体等物质，或者编造爆炸威胁、生化威胁、放射威胁等恐怖信息，或者明知是编造的恐怖信息而故意传播，严重扰乱社会秩序的，处五年以下有期徒刑、拘役或者管制；造成严重后果的，处五年以上有期徒刑。编造虚假的险情、疫情、灾情、警情，在信息网络或者其他媒体上传播，或者明知是上述虚假信息，故意在信息网络或者其他媒体上传播，严重扰乱社会秩序的，处三年以下有期徒刑、拘役或者管制；造成严重后果的，处三年以上七年以下有期徒刑。

第二百九十二条规定，聚众斗殴的，对首要分子和其他积极参加的，处三年以下有期徒刑、拘役或者管制；有下列情形之一的，对首要分子和其他积极参加的，处三年以上十年以下有期徒刑：（1）多次聚众斗殴的；（2）聚众斗殴人数多，规模大，社会影响恶劣的；（3）在公共场所或者交通要道聚众斗殴，造成社会秩序严重混乱的；（4）持械聚众斗殴的。聚众斗殴，致人重伤、死亡的，依照本法第二百三十四条、第二百三十二条的规定定罪处罚。

第二百九十三条规定，有下列寻衅滋事行为之一，破坏社会秩序的，处五年以下有期徒刑、拘役或者管制：（1）随意殴打他人，情节恶劣的；（2）追逐、拦截、辱骂、恐吓他人，情节恶劣的；（3）强拿硬要或者任意损毁、占用公私财物，情节严重的；（4）在公共场所起哄闹事，造成公共场所秩序严重混乱的。纠集他人多次实施前款行为，严重破坏社会秩序的，处五年以上十年以下有期徒刑，可以并处罚金。

《治安管理处罚法》第二十三条规定，有下列行为之一的，处警告或者二百元以下罚款；情节较重的，处五日以上十日以下拘留，可以并处五百元以下罚款：（1）扰乱机关、团体、企业、事业单位秩序，致使工作、生产、营业、医疗、教学、科研不能正常进行，尚未造成严重损失的；（2）扰乱车站、港口、码头、机场、商场、公园、展览馆或者其他公共场所秩序的；（3）扰乱公共汽车、电车、火车、船舶、航空器或者其他公共交通工具上的秩序的；（4）非法拦截或者强登、扒乘机动车、船舶、航空器以及其他交通工具，影响交通工具正常行驶的；（5）破坏依法进行的选举秩序的。聚众实施前款行为的，对首要分子处十日以上十五日以下拘留，可以并处一千元以下罚款。第二十五条规定，有下列行为之一的，处五日以上十日以下拘留，可以并处五百元以下罚款；情节较轻的，处五日以下拘留或者五百元以下罚款：（1）散布谣言，谎报险情、疫情、警情或者以其他方法故意扰乱公共秩序的；（2）投放虚假的爆炸性、毒害性、放射性、腐蚀性物质或者传染病病原体等危险物质扰乱公共秩序的；（3）扬言实施放火、爆炸、投放危险物质扰乱公共秩序的。

3. 侵犯财产和人身权利行为

《刑法》第二百三十二条规定，故意杀人的，处死刑、无期徒刑或者十年以上有期徒刑；情节较轻的，处三年以上十年以下有期徒刑。第二百三十四条规定，故意伤害他人身体的，处三年以下有期徒刑、拘役或者管制。犯前款罪，致人重伤的，处三年以上十年以下有期徒刑；致人死亡或者以特别残忍手段致人重伤造成严重残疾的，处十年以上有期徒刑、无期徒刑或者死刑。本法另有规定的，依照规定。第二百六十三条规定，以暴力、胁迫或者其他方法抢劫公私财物的，处三年以上十年以下有期徒刑，并处罚金；有下列情形之一的，处十年以上有期徒刑、无期徒刑或者死刑，并处罚金或者没收财产：（1）入户抢劫的；（2）在公共交通工具上抢劫的；（3）抢劫银行或者其他金融机构的；（4）多次抢劫或者抢劫数额巨大的；（5）抢劫致人重伤、死亡的；（6）冒充军警人员抢劫的；（7）持枪抢劫的；（8）抢劫军用物资或者抢险、救灾、救济物资的。第二百六十七条规定，抢夺公私财物，数额较大的，处三年以下有期徒刑、拘役或者管制，并处或者单处罚金；数额巨大或者有其他严重情节的，处三年以上十年以下有期徒刑，并处罚金；数额特别巨大或者有其他特别严重情节的，处十年以上有期徒刑或者无期徒刑，并处罚金或者没收财产。携带凶器抢夺的，依照本法第二百六十三条的规定定罪处罚。第二百六十八条规定，聚众哄抢公私财物，数额较大或者有其他严重情节的，对首要分子和积极参加的，处三年以下有期徒刑、拘役或者管制，并处罚金；数额巨大或者有其他特别严重情节的，处三年以上十年以下有期徒刑，并处罚金。第二百七十五条规定，故意毁坏公私财物，数额较大或者情节严重的，处三年以下有期徒刑、拘役或者罚金；数额巨大或者情节特别严重的，处三年以上七年以下有期徒刑。第二百八十九条规定，聚众"打砸抢"，致人伤残、死亡的，依照本法第二百三十四条、第二百三十二条的规定定罪处罚。毁坏或者抢走公私财物的，除判令退赔外，对首要分子，依照本法第二百六十三条的规定定罪处罚。

《治安管理处罚法》第四十三条规定，殴打他人的，或者故意伤害他人身体的，处五日以上十日以下拘留，并处二百元以上五百元以下罚款；情节较轻的，处五日以下拘留或者五百元以下罚款。有下列情形之一的，处十日以上十五日以下拘留，并处五百元以上一千元以下罚款：（1）结伙殴打、伤害他人的；（2）殴打、伤害残疾人、孕妇、不满十四周岁的人或者六十周岁以上的人的；（3）多次殴打、伤害他人或者一次殴打、伤害多人的。第四十九条规定，盗窃、诈骗、哄抢、抢夺、敲诈勒索或者故意损毁公私财物的，处五日以上十日以下拘留，可以并处五百元以下罚款；情节较重的，处十日以上十五日以下拘留，可以并处一千元以下罚款。

4. 危害公共安全行为

《刑法》第一百一十六条规定，破坏火车、汽车、电车、船只、航空器，足以使火车、汽车、电车、船只、航空器发生倾覆、毁坏危险，尚未造成严重后果的，处三年以上十年以下有期徒刑。第一百一十七条规定，破坏轨道、桥梁、隧道、公路、机场、航道、灯塔、标志或者进行其他破坏活动，足以使火车、汽车、电车、船只、航空器发生倾覆、毁坏危险，尚未造成严重后果的，处三年以上十年以下有期徒刑。第一百一十八条规定，破坏电力、燃气或者其他易燃易爆设备，危害公共安全，尚未造成严重后果的，处三年以上十年以下有期徒刑。第一百一十九条规定，破坏交通工具、交通设施、电力设备、燃气设备、易燃易爆设备，造成严重后果的，处十年以上有期徒刑、无期徒刑或者死刑。过失犯前款罪的，处三年以上七年以下有期徒刑；情节较轻的，处三年以下有期徒刑或者拘役。第一百二十四条规定，破坏广播电视设施、公用电信设施，危害公共安全的，处三年以上七年以下有期徒刑；造成严重后果的，处七年以上有期徒刑。过失犯前款罪的，处三年以上七年以下有期徒刑；情节较轻的，处三年以下有期徒刑或者拘役。第一百二十八条规定，违反枪支管理规定，非法持有、私藏枪支、弹药的，处三年以下有期徒刑、拘役或者管制；情节严重的，处三年以上七年以下有期徒刑。第一百三十条规定，非法携带枪支、弹药、管制刀具或者爆炸性、易燃性、放射性、毒害性、腐蚀性物品，进入公共场所或者公共交通工具，危及公共安全，情节严重的，处三年以下有期徒刑、拘役或者管制。

《治安管理处罚法》第三十条规定，违反国家规定，制造、买卖、储存、运输、邮寄、携带、使用、提供、处置爆炸性、毒害性、放射性、腐蚀性物质或者传染病病原体等危险物质的，处十日以上十五日以下拘留；情节较轻的，处五日以上十日以下拘留。第三十二条规定，非法携带枪支、弹药或者弩、匕首等国家规定的管制器具的，处五日以下拘留，可以并处五百元以下罚款；情节较轻的，处警告或者二百元以下罚款。非法携带枪支、弹药或者弩、匕首等国家规定的管制器具进入公共场所或者公共交通工具的，处五日以上十日以下拘留，可以并处五百元以下罚款。第三十五条规定，有下列行为之一的，处五日以上十日以下拘留，可以并处五百元以下罚款；情节较轻的，处五日以下拘留或者五百元以下罚款：（1）盗窃、损毁或者擅自移动铁路设施、设备、机车车辆配件或者安全标志的；（2）在铁路线路上放置障碍物，或者故意向列车投掷物品的；（3）在铁路线路、桥梁、涵洞处挖掘坑穴、采石取沙的；（4）在铁路线路上私设道口或者平交过道。第三十六条规定，擅自进入铁路防护网或者火车来临时在铁路线路上行走坐卧、抢越铁路，影响行车安全的，处警告或者二百元以下罚款。第三十七条规定，有下列行为之一的，处五日以下拘留或者五百元以下罚款；情节严重的，处五日以上十日以下拘留，可以并处五百元以下罚款：（1）未经批准，安装、使用电网的，或者安装、使用电网不符合安全规定的；（2）在车辆、行人通行的地方施工，对沟井坎穴不设覆盖物、防围和警示标志的，或者故意损毁、移动覆盖物、防围和警示标志的；（3）盗窃、损毁路面井盖、照明等公共设施的。

5. 妨害社会管理行为

《刑法》第二百七十七条规定，以暴力、威胁方法阻碍国家机关工作人员依法执行职务的，处三年以下有期徒刑、拘役、管制或者罚金。以暴力、威胁方法阻碍全国人民代表大会和地方各级人民代表大会代表依法执行代表职务的，依照前款的规定处罚。在自然灾害和突发事件中，以暴力、威胁方法阻碍红十字会工作人员依法履行职责的，依照第一款的规定处罚。故意阻碍国家安全机关、公安机关依法执行国家安全工作任务，未使用暴力、威胁方法，造成严重后果的，依照第一款的规定处罚。暴力袭击正在依法执行职务的人民警察的，处三年以下有期徒刑、拘役或者管制；使用枪支、管制刀具，或者以驾驶机动车撞击等手段，严重危及其人身安全的，处三年以上七年以下有期徒刑。

第二百七十八条规定，煽动群众暴力抗拒国家法律、行政法规实施的，处三年以下有期徒刑、拘役、管制或者剥夺政治权利；造成严重后果的，处三年以上七年以下有期徒刑。第二百七十八条规定，煽动群众暴力抗拒国家法律、行政法规实施的，处三年以下有期徒刑、拘役、管制或者剥夺政治权利；造成严重后果的，处三年以上七年以下有期徒刑。

《治安管理处罚法》第五十条规定，有下列行为之一的，处警告或者二百元以下罚款；情节严重的，处五日以上十日以下拘留，可以并处五百元以下罚款：（1）拒不执行人民政府在紧急状态情况下依法发布的决定、命令的；（2）阻碍国家机关工作人员依法执行职务的；（3）阻碍执行紧急任务的消防车、救护车、工程抢险车、警车等车辆通行的；（4）强行冲闯公安机关设置的警戒带、警戒区的。阻碍人民警察依法执行职务的，从重处罚。

【本章小结】

本章主要介绍了社会安全事件的概念与特征，国内外社会安全法律制度概况，重点分析了社会安全事件类应急管理法律制度建设原则、基本框架、应对的行政应急权及其主要措施，并分析了主要现场处置和法律责任追究等相关规定。

【核心概念】

（1）社会安全事件是指由人为因素引发的，对社会秩序和公共安全造成或者可能造成严重危害的，亟须采取应急处置措施的事件。

（2）行政紧急权力是由特定的行政机关依据特殊的应急法律法规或者专门的法律规定所享有的特定职权。

（3）授益性应急措施是行政机关为因突发社会安全事件而遭受损害的公民和组织等提供救助和保护的应急措施。

（4）负担性行政应急措施，是为了克服应急资源的不足，行政机关依法要求公民、法人和其他组织等提供财力、物力和人力支持的措施。

（5）限制性行政应急措施是行政机关为处理突发事件，而限制或者克减宪法和法律规定的公民、法人或者其他组织权利的应急措施。

【案例分析与小组讨论】

2009 年 6 月 17 日 20 时 36 分，湖北省石首市笔架山街道办事处东岳山路"永隆大酒店"门前发现了一具男尸。民警前往现场进行勘察，法医初步检测，确认死者身体没有致命伤。后经查明，死者涂某，24 岁，生前是该酒店厨师。经过检查死者房间，发现了一封遗书。遗书内容大致为表达自己悲观厌世而轻生，警方初步认定为自杀，为查明死因，需要解剖尸体，却遭到了家属的拒绝。因为亲属对死因表示怀疑，尸体被停放在酒店内，拒绝火化。围观群众也越来越多，引起了大规模的群体性事件，之后部分武警被打伤，警车被砸坏，酒店被烧毁。[1]

请结合案情描述，分析回答以下问题：

(1) 依法处置群体性事件的基本原则有哪些？

(2) 如何预防类似社会安全事件的发生？

(3) 在网络社会，社会安全事件处置要注意哪些新情况？

【延伸阅读】

[1] 莫于川，沈小英，单洁. 社会安全法治论——突发社会安全事件应急法律机

---

〔1〕 黄欣悦. 当前我国群体性事件的特点及防处对策——湖北石首"6·17"事件的启示 [J]. 工会论坛（山东省工会管理干部学院学报），2009，15（5）：3-4.

制 [M]. 北京：法律出版社，2020.

[2] 胡业勋，禹竹蕊，陈旭. 突发事件应急法治化研究 [M]. 北京：法律出版社，2018.

[3] 王红建. 健全国家应急管理法律体系问题研究 [M]. 北京：法律出版社，2021.

[4] 寇丽平. 应对危机——突发事件与应急管理 [M]. 北京：中国人民公安大学出版社，2019.

下篇　应急法实践

第11章 应急管理标准及制定

【学习目标】

1. 明确应急管理相关标准的制修订流程及标准的内容、结构、层次。
2. 掌握安全生产、卫生健康、消防、应急管理标准体系架构的主要内容。
3. 分析与理解应急管理标准体系未来建设思路与方向。

【本章导引】

2022年5月，应急管理部出台了《"十四五"应急管理标准化发展计划》，提出要紧盯安全生产、消防救援和减灾救灾与综合性应急管理标准化领域，全力稳步推进适应"全灾种、大应急"要求的标准化建设，全面加强应急管理标准化体系建设、持续提升应急管理标准化水平，以标准化更好地服务应急管理体系和能力现代化建设。[1] 应急管理标准是应急管理法律法规体系的重要组成部分，加强标准化工作，实施标准化战略性研究，是一项至关重要的任务，对社会经济发展具有长远的意义。标准化作为把理念、规划、科学、技术和经验的综合成果落地生效的桥梁纽带，是应急管理工作至关重要的方法手段。加强应急管理标准化工作，对于提升我国综合防灾减灾救灾和事故灾害应急救援能力，保护人民群众的身体健康和生命财产安全，具有重要的作用。

11.1 应急管理标准制定流程

11.1.1 应急管理标准基本概述

1. 应急管理标准概念

国际标准化组织（International Organization for Standardization，ISO）的标准化原理委员会一直致力于标准化基本概念的研究，它把标准定义为：标准是由一个公认的机构制定和批准的文件，规定了活动或活动后结果的规则、导则或特性值，供其共同使用或反复使用，以实现预定领域内最佳秩序的效益。《标准化工作指南 第1部分：标准化和相关活动的通用术语》（GB/T 20000.1—2014）把标准定义为：标准是为了在一定

〔1〕 应急管理部关于印发《"十四五"应急管理标准化发展计划》的通知［EB/OL］.（2022-05-07）. https：//www.gov.cn/zhengce/zhengceku/2022-05/07/content_5688990.htm.

的范围内获得最佳秩序，经协商一致制定并由公认机构批准，共同使用的和重复使用的一种规范性文件。标准按实施性质分为强制性标准和推荐性标准。ISO/IEC 指南中对强制性标准进行了定义，即"强制性标准是因普遍性法律的效力或法规的排他性引证而强制使用的标准"，即在一定范围内通过法律、行政法规等强制性手段加以实施的标准，具有法律属性。推荐性标准，又称为非强制性标准或自愿性标准，是指生产、交换、使用等方面，通过经济手段或市场调节而自愿采用的一类标准。

结合标准的定义，我们可以这样理解，为在突发事件应急管理中获得最佳秩序，经有关方面协商一致，由主管机构批准，对实际的或潜在的问题制定共同的和重复使用的技术规范，即可称为应急管理标准，应急管理标准是法律法规的延伸，是统一的技术规范，可分为强制性标准和推荐性标准。

2. 应急管理标准分类

应急管理标准根据制定目的和制定原则可以划分出不同类别。按照管理类别，可以分为基础标准、方法标准、管理标准、产品标准和其他标准。按照标准的适用范围划分为国家标准、行业标准、地方标准、团体标准和企业标准；按照应急管理领域的技术规范或者管理要求，可以将应急管理标准分为安全生产标准、消防救援标准、减灾救灾与综合性应急管理标准，如图 11-1 所示。

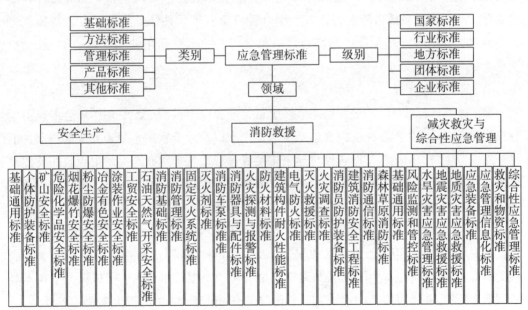

图 11-1　应急管理标准体系框架图

本书重点对以下几个标准进行解释。

1）安全生产标准

安全生产标准内容主要包括安全生产领域通用技术语言和要求，有关工矿商贸生产经营单位的安全生产条件和安全生产规程，安全设备和劳动防护用品的产品要求和配备、使用、检测、维护等要求，安全生产专业应急救援队伍建设和管理规范，安全培训考核要求，安全中介服务规范，其他安全生产有关基础通用规范。

2）消防救援标准

消防救援标准内容包括消防领域通用基础，固定灭火系统和消防灭火药剂技术，消防车、泵及车载消防设备、消防器具与配件技术，消防船的消防性能，消防特种装备技术，消防员防护装备、抢险救援器材和逃生避难器材技术要求，火灾探测与报警设备要求、防火材料、建筑耐火构配件、建筑防烟排烟设备的产品要求和试验方法，消防管理的通用技术，消防维护保养检测、消防安全评估的技术服务管理和消防职业技能鉴定相关要求，灭火和应急救援队伍建设、装备配备、训练设施和作业规程相关要求，火灾调查技术要求，消防通信和消防物联网技术要求，电气防火技术要求，森林草原火灾救援相关技术规范和管理要求，其他消防有关基础通用要求。

3）减灾救灾与综合性应急管理标准

减灾救灾与综合性应急管理标准内容包括减灾救灾与综合性应急管理通用基础要求，包括应急管理术语、符号、标记和分类，风险监测和管控、应急预案制定和演练、现场救援和应急指挥技术规范和要求，水旱灾害应急救援、地震和地质灾害应急救援相关技术规范和管理要求，应急救援装备和信息化相关技术规范，救灾物资品种和质量要求，相关应急救援事故灾害调查和综合性应急管理评估统计规范，应急救援教育培训要求，其他防灾减灾救灾与综合性应急管理有关基础通用要求（水上交通应急、卫生应急和核应急除外）。

4）卫生健康标准

除上述领域标准外，在公共卫生事件应急管理和应急救援过程管理中还会涉及卫生健康相关标准。卫生健康标准内容包括生活饮用水以及涉及饮用水卫生安全的产品、消毒产品、卫生防护用品，其他各种与健康相关或含有毒有害因素产品的卫生及相关技术要求及上述产品生产、包装、贮存、运输、销售和使用过程中的卫生技术要求，职业活动、职业病防治的卫生技术要求，生活环境、工作场所、学校和公共场所的卫生技术要求，卫生与健康评价的技术规程与方法，卫生信息技术要求，与疾病预防控制有关的卫生技术要求，与医疗卫生服务质量和安全以及医疗机构管理有关的卫生技术要求，与血液的采集、制备、临床应用过程及与血液安全有关的卫生技术要求，与保证卫生技术要求相配套的检测检验方法和评价方法，其他与保护国民健康相关的卫生技术要求。

11.1.2 应急管理标准编写规范

应急管理标准内容编写要素主要包括标准名称、规范性技术要素的选择、要求、分类标记与编码、术语和定义、符号/代号和缩略语、规范性引用文件、范围等通用要素。标准的内容结构由概述、正文、补充三部分组成，如图11-2所示。

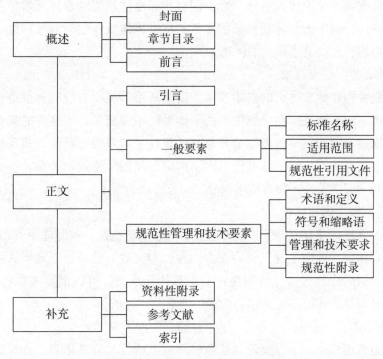

图 11-2　应急管理标准内容结构

概述部分对应的是：标准的封面，如标准号及分类号、名称、发布和实施时间、发布标准的部门等；标准的章节目录；标准的前言，如结构说明、起草规则、代替部分或全部文件说明、与国际国外文件的关系、专利说明、提出机构或归口信息、起草机构及起草人员等。

正文部分对应的是：标准的引言，如约束对象及范围、涉及的专利概述等；标准的规范性一般要素，如标准名称、标准的适用范围、规范性引用文件等；标准的规范性管理和技术要素，如术语及定义、符号和缩略语、管理和技术要求、规范性附录等。

补充部分对应的是：标准的资料性附录，如条文提及时的措辞方式、附录编号等；标准的参考文献；标准的索引。

11.1.3　应急管理标准的制修订

1. 制定原则

根据标准体系构建的基本要求，结合突发事件应急管理工作的特点，应急标准体系构建需要遵循以下基本原则。

1）目标明确，合理适用

目标明确是构建标准体系的首要原则。构建应急管理标准体系，目标是更好地服务于应急管理体系和能力现代化建设。因此，要以突发事件应急管理的法律、法规和相关政策为依据确立标准体系总体目标。同时，标准体系要结合标准对象的特点，以实际需求为导向，确定标准体系框架的主线。将未能体现在主线的基础性、辅助性标准作为补充内容，予以适当形式的体现。

2）结构完整，层次清晰

结构完整是构建标准体系的基本要求，需要从不同维度对应急标准进行分类，划分为不同维度下的子体系。同一维度下的子体系间不能交叉，子体系的集合与体系整体相切合。通过合理的确定维度划分子体系，保证子体系的完整性，实现标准体系整体的完整性。层级关系是同一标准体系内不同标准间的主要逻辑关系，一般表达为树状的层级结构，层级关系不仅要清晰明确，而且要简洁明了，一般以三级层级为宜。

3）适应国情，国际接轨

制定应急管理标准要充分了解现有应急管理体制、机制，并与应急管理实践相符。具体而言，要体现"政府主导下整合多方力量合力应对"的应急管理模式的国情。同时，也要学习国际先进经验，特别是在制定具体标准时，可以借鉴先进的国际标准，如通过修改采用等方式提高标准体系构建的效率。

4）平衡兼容，动态完善

制定应急管理标准，不仅要注意应急管理的灵活性与标准的程式性间的平衡，也要注意新制定标准与现有相关标准之间的兼容。同时，要根据应急管理中出现的新情况、新问题及时制定新的标准；要及时跟进国际标准或相关国内标准，对原有标准进行必要修订。

2. 制修订程序

国际标准化组织（ISO/IEC）的标准制定流程主要包括：预备阶段提出建议、立项阶段拟定项目、起草阶段提出初稿、征求意见阶段的提交修改稿、审查阶段的提出草案、批准阶段的确定标准稿、出版阶段的发行标准、复审阶段的确认修订或废止 8 个阶段组成。借鉴国际标准制修订的流程，我国应急管理标准制修订流程可以分为标准立项、组织起草、征求意见、技术审查和报批发布 5 个主要阶段（见图 11-3）。

1）标准立项

应急管理标准制修订项目由有关业务主管单位通过下列方式提出：根据应急管理标准化发展规划、应急管理标准体系建设和应急管理工作现实需要，直接向政策法规司提出；对有关分技术委员会提出的项目建议进行审核后，向应急管理部政策法规司提出；向社会征集标准项目后，向应急管理部政策法规司提出。有关业务主管单位在提出强制性标准项目前，应当调研企业、社会团体、消费者和教育科研机构等方面的实际需求，组织相关单位开展项目预研究，并组织召开专家论证会，对项目的必要性和可行性进行论证评估。

对有关业务主管单位提出的标准项目，应急管理部政策法规司组织相应的技术委员会对立项材料的完整性、规范性，以及标准项目是否符合应急管理标准化发展规划

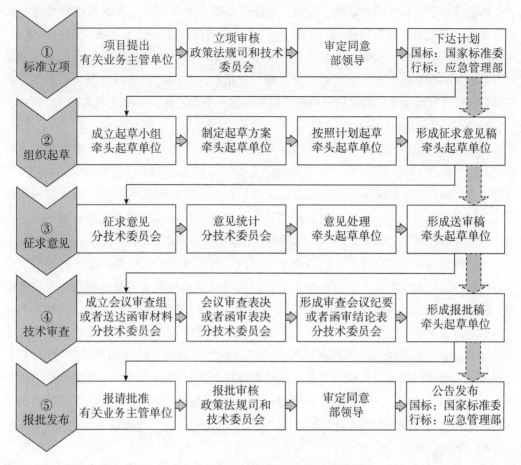

图 11-3　应急管理标准制修订工作流程框架图

和标准体系建设要求进行审核。应急管理标准制修订计划采取"随时申报、定期下达"的方式，一般每半年集中下达一次行业标准计划或者向国家标准委集中申报一次国家标准计划。对于符合立项条件的标准项目，报请分管标准化工作的部领导审定并经部主要领导同意后，按程序和权限下达立项计划。行业标准项目由应急管理部下达立项计划；国家标准项目由国家标准委审核并下达立项计划。

2）组织起草

标准起草应当按照 GB/T 1《标准化工作导则》、GB/T 20000《标准化工作指南》、GB/T 20001《标准编写规则》等规范标准制修订工作的基础性国家标准的有关规定执行。标准起草单位应当具有广泛的代表性，由来自不同地域、不同所有制、不同规模的企事业等单位共同组成，原则上不少于 5 家，且应当确定 1 家单位为标准牵头起草单位。标准立项计划下达之日起 1 个月内，标准牵头起草单位应当组织成立标准起草小组，制定标准起草方案，明确职责分工、时间节点、完成期限，并将起草方案报归口的分技术委员会秘书处备案。

强制性标准应当在调查分析、实验、论证的基础上进行起草。技术内容需要进行实验验证的，应当委托具有资质的技术机构开展。强制性标准的技术要求应当全部强制，并且可验证、可操作。标准起草小组应当按照标准立项计划确定的内容进行起草，如果确需对相关事项进行调整，应当提交项目调整申请表，并同时报请分管有关业务工作的部领导和分管标准化工作的部领导批准。属于国家标准的，还应当报送国家标准委批准。

3）征求意见

标准起草小组应当在制修订标准项目和采用国际标准或者国外先进标准的项目立项计划下达之日起 10 个月内，或者在其他标准立项计划下达之日起 12 个月内，完成标准征求意见稿，由标准牵头起草单位将标准征求意见稿、标准编制说明、征求意见范围建议等相关材料报送归口的分技术委员会秘书处。采用国际标准或者国外先进标准的，应当报送该标准的外文原文和中文译本；标准内容涉及有关专利的，应当报送专利相关材料。

归口的分技术委员会秘书处应当在 1 个月内，对标准牵头起草单位报送材料的完整性、规范性进行形式审查。不符合要求的，退回标准牵头起草单位补充完善；符合要求的，应当制定征求意见方案，将标准征求意见稿、标准编制说明及有关附件、征求意见表送达本分技术委员会全体委员和其他相关单位专家征求意见，并书面报告有关业务主管单位和本分技术委员会所属的技术委员会；强制性标准项目应当向涉及的政府部门、行业协会、科研机构、高等院校、企业、检测认证机构、消费者组织等有关单位书面征求意见，并应当通过应急管理部政府网站向社会公开征求意见。书面征求意见的有关政府部门应当包括标准实施的监督管理部门。通过网站公开征求意见期限不少于 60 天。

4）技术审查

归口的分技术委员会秘书处应当在 1 个月内，对标准牵头起草单位报送的标准送审稿等相关材料的完整性、规范性进行形式审查，并报主任委员初审。不符合要求的，退回标准牵头起草单位补充完善；符合要求的，向有关业务主管单位提出组织技术审查的书面建议。有关业务主管单位同意开展技术审查的，由归口的分技术委员会秘书处制定审查方案，组织开展标准技术审查。审查方案应当经有关业务主管单位同意，并抄报所属的技术委员会。标准技术审查形式包括会议审查和函审。强制性标准应当采取会议审查形式，推荐性标准可以采取函审形式。标准技术审查的内容包括：（1）标准内容是否符合相关法律法规和政策要求；（2）标准内容是否技术上先进、经济上合理，且可操作性和实用性强；（3）标准内容是否与现行标准协调一致；（4）标准内容是否存在重大分歧意见，及对重大分歧意见的处理是否适当；（5）标准制修订是否符合程序性要求；（6）标准编写是否符合相关规范要求；（7）其他需要通过技术审查确定的内容。

5）报批和发布

归口的分技术委员会秘书处应当在 1 个月内，对标准牵头起草单位报送的标准报批稿等相关材料的完整性、规范性进行形式审查。不符合报批条件的，退回标准牵头起草单位补充完善；符合报批条件的，经秘书长初核，报主任委员或者经其授权的副主任委员复核后，向有关业务主管单位提出标准报批的书面建议，并抄报本分技术委员会所属的技术委员会。政策法规司组织相应的技术委员会对有关业务主管单位提出报批的标准项目进行审核。经审核，对于符合报批条件的标准项目，报请分管标准化工作的部领导审定并经部主要领导同意后，按程序和权限发布。行业标准由应急管理部公告发布；国家标准提请国家标准委审核、发布。强制性标准的发布日期和实施日期之间，应当预留出 6 个月到 10 个月作为标准实施过渡期；行业标准应当在应急管理部公告发布后 1 个月内依法向国家标准委备案，国家标准委备案公告发布后及时在应急管理部政府网站免费公开标准全文。

6）快速程序

采用快速程序（如图 11-4 所示）的标准项目，项目提出单位应当在项目建议书中明确提出拟省略的阶段程序，并经由政策法规司审核后，按照标准制修订计划要求省略相关程序，其余程序仍应当符合上述规定。符合下列情况的标准项目，可以省略制修订相关阶段：等同采用国际标准或者国外先进标准，或者将现行行业标准转化为国家标准，以及将现行地方标准、团体标准、企业标准转化为国家标准或者行业标准，而且标准内容无实质性变化的，可以省略起草阶段；对于技术内容变化不大的标准修订项目，可以省略起草阶段和征求意见阶段。强制性标准发布后，因个别技术内容影响标准使用，需要对原标准内容进行少量增减的，可以采用修改单方式修改标准，但每次修改内容一般不超过两项。

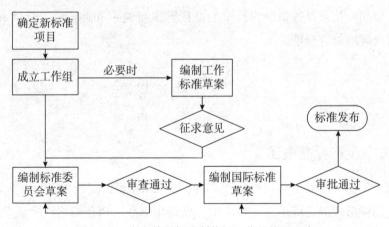

图 11-4　应急管理标准制修订工作的快速程序

7）标准的实施

强制性标准应当通过执法监督等手段强制实施，推荐性标准应当通过非强制手段引导、鼓励相关单位主动实施。在应急管理强制性标准实施过渡期内，有关业务主管单位应当为标准实施做好组织动员和其他相关准备，对标准实施可能产生的效果进行预判，提前研究应对措施。有关业务主管单位应当将职责范围内的应急管理标准的宣传贯彻工作纳入年度工作计划，标准发布后应当及时组织有关分技术委员会和地方应急管理部门开展标准宣传贯彻工作，并将标准宣传贯彻工作的有关情况通报政策法规司。有关分技术委员会应当将标准宣传贯彻工作的详细情况报告本分技术委员会所属的技术委员。

3. 信息服务与维护更新

标准制修订过程需要依靠多种信息予以支持，制修订后需要及时准确发布对应的信息，使相关人员能够及时知悉、掌握和应用标准。随着社会经济及科学技术的进步，标准化工作要与时俱进，以实现更好的服务社会经济发展。

1）信息服务

信息服务涵盖了标准化工作的各个领域，贯穿于标准制修订的全过程。标准信息服务包括：国际标准、国外标准、国内标准及其对应的目录、介绍等标准信息；计划、更改、编制、出版等标准化业务信息；国内外标准技术发展动态、重要活动、未来发展规划等动态信息；有关法律法规、规章制度、标准化著作、研究报告等标准文献信息。标准制修订过程中的信息服务主要是通过标准相关性查询、制修订咨询服务、标准文献查找和翻译、专题委托、标准化知识培训等方法实现，标准批准发布后主要是通过发布最新公告、出版发行新标准、标准信息综合报道等方法实现。

2）维护更新与修订

标准是对当时所处时期的科学和实践的反映，不可避免地局限于当时的知识和经验积累，在实施过程中会暴露出一些无法解决的问题，对遇到的问题进行评价，及时做好标准的维护更新。主要是通过各种渠道和形式，及时反馈和收集标准在实施中的各种信息；定期或按照具体情况对标准的适用性进行复审和评价；对反馈和复审的结果认真及时处理或修订标准。

11.2 安全生产标准

11.2.1 安全生产标准概述

我国安全生产标准的迅猛发展始于 21 世纪，2004 年，安全生产行业标准代号 AQ 获批，我国逐步形成涵盖煤矿、非煤矿山、危险化学品、烟花爆竹、冶金有色、工贸、粉尘防爆、涂装作业、职业危害、个体防护和综合 11 个领域较为完善的安全生产标准体系。2004 年，国家标准化管理委员会（以下简称国家标准委）组织了有关安全生产标准的清理整顿工作，集中修订一批标龄过长的安全生产国家标准，解决标准"老化"问题；2008 年，国家标准委会同原国家安全生产监督管理总局等四部委编制了《2008—2010 年全国安全生产（部分工业领域）标准化发展规划》，初步构建了安全生产标准体系；2014 年，原国家安监总局组织安全生产标准与新修订《安全生产法》的一致性审查，解决了标准与法律匹配问题；2015 年，国务院印发的《深化标准化工作改革方案》有力推动了安全生产标准化工作；2016 年，依据国务院办公厅《强制性标准整合精简工作方案》以及国家标准委《推荐性标准集中复审工作方案》，原国家安监总局对安全生产现行国家标准和行业标准开展清理评估，废止一批，转化一批，整合一批，修订一批；2018 年，政府机构改革，组建成立应急管理部，安全生产标准调整由应急管理部归口管理；2022 年 5 月，应急管理部出台了《"十四五"应急管理标准化发展计划》，是进一步完善我国安全生产标准体系的重要举措。

11.2.2 安全生产标准体系架构

安全生产标准及国家标准中的安全部分制修订工作应在国家标准委和安全标准化行政主管部门的指导下，由全国公共安全基础标准化技术委员会、全国安全生产标准化技术委员会、全国个体防护装备标准化技术委员会、全国电气安全标准化技术委员会统一组织和归口管理，各委员会所属分技术委员会按专业分工具体实施，其体系架构如图 11-5 所示。

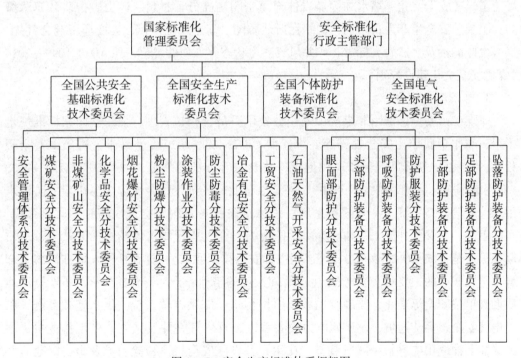

图 11-5 安全生产标准体系框架图

11.2.3 安全生产标准具体内容

1. 安全管理体系

安全管理体系相关标准由安全管理体系分技术委员会归口管理，推荐性国家标准涵盖了供应链安全管理体系、安全韧性城市、突发事件分类与编码、应急信息交互协议、家用防灾应急包、城市服务和生活品质、重大毒气泄漏事故应急计划区划分与公众避难室、避难室场所和毒气防护性能、城乡社区网格化服务管理、地铁安全疏散、社会治安的综治中心与基础数据等规范，如 GB/T 40947—2021《安全韧性城市评价指南》，GB/T 45001—2020《职业健康安全管理体系 要求及使用指南》等。

2. 煤矿安全

煤矿安全领域相关标准由煤矿安全分技术委员会归口管理，强制性国家标准规定了煤矿安全操作规程等要求，如 GB 39496—2020《尾矿库安全规程》；推荐性国家标准涵盖了矿山安全术语、安全标志等方面的规范，如 GB/T 15259—2008《矿山安全术语》。强制性行业标准规定了一线作业人员安全培训、个体防护、安全监控系统及检测仪器传感器、安全设施预评价、验收评价、输送机械车辆系统、矿井通风设计及设备设施、矿用炸药雷管、矿井粉尘瓦斯火灾矿井水的检测及防治、矿用及矿用产品安全标志、矿井运输提升系统、矿用防爆机械设备、矿井电气安全、矿山救护、选煤厂安全、露天煤矿安全等要求，如 AQ 1083—2011《煤矿建设安全规范》；推荐性行业标准涵盖了煤矿安全文化、堵水加固煤岩体充填密闭用高分子材料、矿山救护队队旗队徽防护服装、安全生产人员培训、矿井瓦斯地质图、安全风险预控、灾变环境混合气体、煤自燃倾向性及自然发火标志、矿井风流热力状态等方面的规范，如 AQ/T 1099—2014《煤矿安全文化建设导则》。

3. 非煤矿山安全

非煤矿山安全标准由非煤矿山安全分技术委员会归口管理，强制性国家标准规定了金属与非金属矿山安全规程等要求，如 GB 16423—2020《金属非金属矿山安全规程》；推荐性国家标准规范了矿用炮烟净化装置等方面的规范，如 GB/T 22584—2008《矿用炮烟净化装置通用技术条件》。强制性行业标准规定了金属非金属矿山的防治水系统、通信联络系统、监测监控系统、紧急避险提升系统、空气压缩机、通风系统、运输系统、超深竖井施工、磷石膏库、排土场安全生产等要求以及石油天然气、地质勘探等规范，如 AQ 2069—2019《矿用电梯安全技术要求》；推荐性行业标准涵盖了金属非金属矿山的主要负责人/安全生产管理人员的培训考核、安全标准化、矿产资源地质勘查单位安全标准化、监测监控系统通用技术、压风自救系统、供水施救系统、矿山电气安全、高陡边坡、尾矿库电力设备系统、页岩气钻井及独立式带压作业机、国家级陆上油气田应急救援队伍装备、在用设备设施安全检测检验目录及报告、地质勘查安全防护与应急救生用品、石油行业安全生产标准化及评审报告编写等方面的规范，如 AQ/T 2030—2010《尾矿库安全监测技术规范》。

4. 化学品安全

化学品安全领域标准由化学品安全分技术委员会归口管理，强制性国家标准规定了危险化学品经营企业安全技术、特殊作业、生产装置与储存设施、重大危险源辨识、应急救援物资，化学品生产单位特殊作业、应急救援物资，氯气及电石乙炔法生产、深度冷冻法生产等要求，如 GB 18218—2018《危险化学品重大危险源辨识》；推荐性国家标准涵盖了危险化学品生产装置和储存设施外部安全防护距离、化学品危险信息短语与代码、双层罐渗漏检测系统等方面的规范，如 GB/T 32374—2015《化学品危险信息短语与代码》。强制性行业标准规定了硫酸、电石、涂料、溶解乙炔生产企业与危险化学品从业单位安全标准化，化学品安全警示标志、钢制常压储罐及焊接储罐、危化品重大危险源安全监控、气雾剂及电镀化学品运输储存与加油/气站及连二亚硫酸钠包装作业、危险场所电气防爆、危化品汽车运输安全监控系统、客户端数据接口和数据交换等要求，如 AQ 3047—2013《化学品作业场所安全警示标志规范》；推荐性行业标准涵盖了陆上油气管道建设项目安全设施设计、验收及安全评价、化工企业定量风险评价、工艺安全管理、劳动防护用品选用配备，危化品事故应急救援指挥与管理人员培训及考核、外浮顶原油储罐机械清洗、HAZOP 和 LOPA 分析应用导则、化工建设项目安全设计及项目管理方、石油化工企业安全管理体系、氯碱及合成氨生产企业安全标准化等方面的规范，如 AQ/T 3054—2015《保护层分析（LOPA）方法应用导则》。

5. 烟花爆竹安全

烟花爆竹安全标准由烟花爆竹安全分技术委员会归口管理，强制性国家标准规定了烟花爆竹作业安全技术规程等要求，如 GB 11652—2012《烟花爆竹作业安全技术规程》。强制性行业标准规定了烟花爆竹零售店（点）、化工原材料使用、单基火药安全等要求，如 AQ 4125—2014《烟花爆竹 单基火药安全要求》；推荐性行业标准涵盖了烟花爆竹生产过程名词术语、烟火药危险性分类定级、烟火药吸湿率、烟火药火焰感度等方面的规范，如 AQ/T 4124—2014《烟花爆竹 烟火药危险性分类定级方法》。

6. 粉尘防爆

粉尘防爆标准由粉尘防爆分技术委员会归口管理，强制性国家标准规定了粉尘、纺织工业、饲料加工系统、粮食加工、储运系统、港口散粮装卸系统、铝镁粉加工等粉尘防爆安全规程，如 GB 15577—2018《粉尘防爆安全规程》；推荐性国家标准涵盖了粉尘层最低着火温度和电阻率、粉尘云爆炸下限浓度、惰化防爆及泄压、粉尘爆炸危险场所用收尘器、粉尘防爆术语、监控式抑爆装置等方面的规范，如 GB/T 37241—2018《惰化防爆指南》。强制性行业标准规定了铝镁制品机械加工、木材加工、纺织工业除尘设备、散粮码头、塑料生产等粉尘防爆技术规范，粉尘爆炸危险场所用除尘系统等要求，如 AQ 4232—2013《塑料生产系统粉尘防爆规范》。

7. 涂装作业

涂装作业标准由涂装作业分技术委员会归口管理，强制性国家标准规定了涂装作业安全规程等相关要求，如 GB 17750—2012《涂装作业安全规程 浸涂工艺安全》；推荐性国家标准涵盖涂装作业安全规程、专业术语等方面的规范，如 GB/T 8264—2008《涂装技术术语》。强制性行业标准规定了涂装职业健康、涂料与辅助材料使用、涂装工程安全评价与安全设施验收、建筑涂装、电弧热喷涂设备和电镀生产装置、油漆与粉刷作业、电镀生产及涂料生产企业等要求，如 AQ 5213—2023《鳞片状锌铝粉防腐涂层涂装作业安全规定》；推荐性行业标准涵盖了烘干设备和喷漆室安全性能、通风净化装置安全性能、涂装企业事故应急预案等方面的规范，如 AQ/T 5215—2013《喷漆室安全性能检测方法》）。

8. 防尘防毒

防尘防毒相关标准由防尘防毒分技术委员会归口管理，推荐性国家标准涵盖涉尘、涉毒作业安全卫生等方面的规范，如 GB/T 14442—2008《毛皮生产安全卫生规程》。强制性行业标准规定了日用化学产品生产企业防尘防毒、焊接烟尘净化器等要求，如 AQ 1114—2016《煤矿用自吸过滤式防尘口罩》；推荐性行业标准涵盖了建设项目职业病危害预评价、控制效果评价、评价通则、防护设施设计专篇以及轧钢企业及铁矿采选业职业健康、职业卫生监管人员、作业场所职业卫生、职业病危害监察等方面的规范，如 AQ/T 4233—2013《建设项目职业病防护设施设计专篇编制导则》。

9. 冶金有色安全

冶金有色安全标准由冶金有色安全分技术委员会归口管理，强制性国家标准规定了铜及铜合金熔铸、氧化铝、变形铝及铝合金铸锭等安全生产要求，如 GB 30186—2013《氧化铝安全生产规范》。强制性行业标准规定了炼铁、炼钢、轧钢、高温熔融金属吊运、干法熄焦、煤气排水器、烧结球团、铁合金、耐火材料等安全规程，煤气隔断装置等要求，如 AQ 2003—2018《轧钢安全规程》；推荐性行业标准涵盖了金属冶炼单位主要负责人/安全生产管理人员安全生产培训和考核等方面的规范，如 AQ/T 2060—2016《金属冶炼单位主要负责人/安全生产管理人员安全生产培训大纲和考核标准》。

10. 工贸安全

工贸安全领域标准由工贸安全分技术委员会归口管理，强制性国家标准规定了生产加工行业的作业环境、平面布置、防火与防爆、设备与安全装置、安全操作、作业安全管理与教育等要求，如 GB 15606—2008《木工（材）车间安全生产通则》。强制性行业标准规定了氨制冷、新型干法水泥生产、水泥工厂筒型储运库人工清库、制冷空调作业、棉纺织，木工机械及压力机、纺织工业等企业安全管理等要求，如 AQ 7015—2018《氨制冷企业安全规范》；推荐性行业标准涵盖了机械制造、白酒等企业安全管理规范，如 AQ/T 7006—2012《白酒企业安全管理规范》。

11. 石油天然气开采安全

石油天然气开采安全领域标准由石油天然气开采安全分技术委员会负责，负责制修订石油天然气勘探、开发生产、井下、路上海上作业规范、油气管道储运及技术服务中的安全管理和安全技术等方面的标准。强制性国家标准有 GB 40554.1—2021《海洋石油天然气开采安全规程 第 1 部分：总则》；推荐性国家标准有 GB/T 39537—2020

《石油天然气勘探规范》。强制性行业标准有 GA 1166—2014《石油天然气管道系统治安风险等级和安全防范要求》；推荐性行业标准有 DZ/T 0317—2018《陆上石油天然气开采业绿色矿山建设规范》。

12. 个体防护

个体防护标准由个体防护装备标准化技术委员会归口管理，眼面部防护标准涵盖了职业眼面部防护、个人用眼护具、激光防护镜、眼面部防护名词术语、焊接眼面防护规范等，如 GB 14866—2006《个人用眼护具技术要求》；头部防护标准规定了头部防护、防静电工作帽、安全帽测试及选用等规范与要求，如 GB 2811—2019《头部防护 安全帽》；呼吸防护装备标准规定了呼吸器和防毒面具的技术要求、实用性能评价、选择及使用维护等规范，如 GB 6220—2009《呼吸防护 长管呼吸器》；防护服装标准规定了阻燃服、化学防护服及其通用技术条件以及职业用高可视性警示服、隔热服、防静电服、酸碱类化学品防护服、阻燃防护使用和维护等要求，如 GB 8965.1—2020《防护服装 阻燃服》；手部防护装备标准规定了手部防护装备的测试方法、防护手套的选择、使用和维护指南等方面的规范，如 GB 28881—2012《手部防护 化学品及微生物防护手套》；足部防护装备标准规定了安全鞋、防化学品鞋等佩戴、使用和维护等要求，如 GB 21148—2020《足部防护 安全鞋》；坠落防护装备领域标准规定了坠落防护的水平生命线装置、挂点装置、安全绳、速差自控器、带刚性导轨的自锁器等要求，如 GB 38454—2019《坠落防护 水平生命线装置》。

13. 电气安全

电气安全领域标准由全国电气安全标准化技术委员会归口管理，强制性国家标准规定了国家电气设备安全等要求，如 GB 19517—2023《国家电气设备安全技术规范》；推荐性国家标准涵盖了电气设备及低压电气设备、人员密集场所电气安全风险评估，电气场所安全生态构建、风险预警、用电安全及充电电气、低压直流系统与设备安全导则；静电安全术语及标志、导体终端和标识、电气设备的可接触热表面的温度和人体工程指南、电工电子安全、外壳防护及检验、人机界面标志标识的基本和安全规则、电气设备安全设计及通用试验、国家电气设备安全技术、电气设备热表面灼伤风险评估等方面的规范，如 GB/T 29481—2013《电气安全标志》。

11.3　消防救援标准

11.3.1　消防救援标准概述

2018 年政府机构改革，原由公安部归口管理的消防救援领域国家标准、行业标准已调整由应急管理部归口管理。根据《标准化法》《行业标准管理办法》《应急管理标准化工作管理办法》的有关规定，消防救援领域行业标准类别由公共安全行业标准调整为消防救援行业标准，代号由"GA"调整为"XF"，顺序号、年代号和内容保持不变；消防救援行业标准（XF）的组织制修订职责，由应急管理部消防救援局及全国消防标准化技术委员会承担。

ISO 8421 Fire protection. Vocabulary 和 ISO 13943 Fire safety. Vocabulary 等国际标准将消防定义为："消防是指火灾预防和灭火救援等的统称"。根据消防的定义可知，消防标准是用于火灾预防和灭火救援等消防安全工作的标准规范的统称，是建设、设计、施工、生产单位和消防机构开展工程建设、产品生产、消防监督的重要依据。在消防工程上，火灾发生的前提条件是燃烧，场所内发生燃烧需要具备可燃物、助燃物、点火源、链式自由基四个要素。消防标准围绕火灾事故发生前的预防、发生时的灭火救援、灭火后的事故调查以及全过程的术语等开展某场所内与其相邻场所全生命周期的消防安全工作。

11.3.2　消防救援标准体系架构

消防救援标准及国家标准中的消防部分制修订工作应在国家标准委和消防标准化行政主管部门的指导下，由全国消防标准化技术委员会和全国森林草原防火标准化技术委员会统一组织和归口管理，所属 15 个分技术委员会按专业分工具体实施，体系架构如图 11-6 所示。

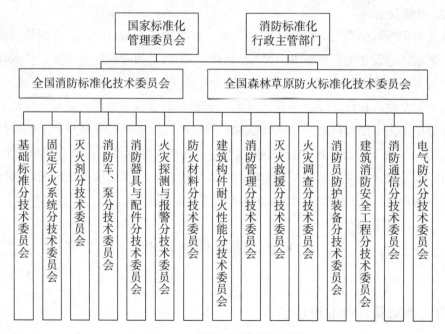

图 11-6　消防标准体系架构图

11.3.3 消防救援标准具体内容

1. 基础标准

消防基础专业领域标准由基础标准分技术委员会归口管理，强制性国家标准规定了消防安全标志中的标志部分及其对应的设置等要求，如 GB 15630—1995《消防安全标志设置要求》；推荐性国家标准涵盖了消防词汇、火灾分类、消防设备图形符号等基础性规范，并且规范了可燃气体、可燃液体、蒸气等燃烧或爆炸性测定的基础性方法，如 GB/T 4968—2008《火灾分类》；强制性行业标准规定了火灾损失统计方法、消防安全标志通用技术条件等要求，如 XF 185—2014《火灾损失统计方法》；推荐性行业标准涵盖了易燃易爆危险品火灾危险性分级及试验方法、消防标准制修订工作程序、消防产品分类及型号编制导则等方面的规范，如 XF/T 1250—2015《消防产品分类及型号编制导则》。

2. 固定灭火系统

固定灭火系统专业领域标准由固定灭火系统分技术委员会归口管理，强制性国家标准规定了自动喷水灭火系统系列规范和固定消防给水设备，并且规定了气体、水、泡沫、干粉、细水雾等灭火系统及其配套设施零部件的实际要求，如 GB 5135.1—2019《自动喷水灭火系统 第 1 部分：洒水喷头》；推荐性国家标准涵盖了自动喷水灭火系统管道支吊架管件和报警装置、石油气体管道阻火器、A 类火灾试验用标准燃烧物等装置要求规范，如 GB/T 31431—2015《灭火系统 A 类火试验用标准燃烧物》。强制性行业标准规定了气体、热气溶胶、干粉、细水雾等灭火装置的要求，并且规定了消防水鹤、消防用易熔合金元件通用要求、消防产品一致性控制检查等的设计使用，如 XF 602—2013《干粉灭火装置》；固定灭火系统部分没有推荐性行业标准，在消防安全工作中应严格按照标准执行。

3. 灭火剂

灭火剂专业领域标准由灭火剂分技术委员会归口管理，强制性国家标准规定了泡沫系列、水系、干粉、二氧化碳、惰性气体等灭火剂的术语和定义、实验方法、检验方法的要求，如 GB 15308—2006《泡沫灭火剂》；推荐性国家标准对灭火剂灭火性能测试方法进行了规范，如 GB/T 20702—2006《气体灭火剂灭火性能测试方法》。强制性行业标准规定了消防产品及其安全要求、哈龙灭火系统工况评定、超细干粉和 D 类干粉灭火剂的实际要求，如 XF 1025—2012《消防产品 消防产品安全要求》；推荐性行业标准规范了气体灭火剂、灭火剂、防火阻燃产品等相关试验和评价方法的技术要求，如 XF/T 636—2006《气体灭火剂的毒性试验和评价方法》。

4. 消防车、泵

消防车、泵专业领域标准主要由消防车、泵分技术委员会归口管理，强制性国家标准规定了照明车、排烟、供气、干粉、气体、泵浦、水罐、泡沫、压缩空气泡沫、举高、抢险救援等消防车辆的通用技术条件，并且规定了消防泵和机动车排气火花熄灭器的使用要求，如 GB 7956.1—2014《消防车第 1 部分通用技术条件》；在消防船消防性能要求和试验方法上我国采用的是推荐性标准，如 GB/T 12553—2005《消防船消防性能要求和试验方法》。

5. 消防器具与配件

消防器具有配件专业领域标准由消防器具与配件分技术委员会归口管理，强制性国家标准规定了建筑火灾逃生避难器材、消防移动式照明装置、消防救生照明线、移动式消防排烟机、消防用开门器、救生抛投器、消防水带等器具与配件的相关要求，如 GB 6246—2011《消防水带》；在消防抛投器的要求方面采用的是推荐性标准，如 GB/T 27906—2011《救生抛投器标准》。行业强制性标准规范了消防手套、消防腰斧、正压式消防氧气呼吸器、消防员抢险救援防护服装、消防用防坠落装备等器具配件的要求，如 XF 7—2004《消防手套》。

6. 火灾探测与报警

火灾探测与报警专业领域标准由火灾探测与报警分技术委员会归口管理，强制性国家标准规定了感烟、感温、可燃气体等探测和报警器的技术要求，还规定了消防控制室、火灾监控系统、自动报警系统、消防电子产品等的兼容、维护、报废的要求，如 GB 23757—2009《消防电子产品防护要求》；在消防电子产品环境试验方法及严酷等级方面采用的是推荐性国家标准，如 GB/T 16838—2021《消防电子产品环境试验方法及严酷等级》。行业强制性标准规定了火灾报警系统无线通信、消防产品工厂检查、消防控制室图形显示装置软件、防火卷帘控制器等方面的要求，如 XF 588—2012《消防产品现场检查判定规则》；在逃生与救援用车窗玻璃电动击碎装置和火灾报警设备图形符号方面采用的是行业推荐性标准，如 XF/T 3011—2020《逃生与救援用车窗玻璃电动击碎装置》。

7. 防火材料

防火材料标准由防火材料分技术委员会归口管理，强制性国家标准规定了建筑材料及制品、阻燃制品、防火制品、电缆、光缆等的燃烧性能分级和标识等的要求，如 GB 8624—2012《建筑材料及制品燃烧性能分级》；推荐性国家标准规范了建筑材料及其制品燃烧难易性、热辐射、燃烧热值等燃烧性能试验方法，还有防火相关材料的燃烧性能、火焰引燃性能、产烟毒性等试验方法，还有电缆或光缆在受火条件下火焰蔓延、热释放和产烟特性的试验方法，如 GB/T 20285—2006《材料产烟毒性危险分级》。强制性行业标准规定了塑料管道阻火圈、水基型阻燃处理剂等阻燃设施，阻燃防火材料的性能要求及试验方法，电气安装用阻燃 PVC 塑料平导管、阻燃篷布、防火刨花板等的通用技术条件，如 XF 159—2011《水基型阻燃处理剂》；行业推荐标准包括钢结构防火保护材料、建筑构件用防火保护材料、构件用防火保护材料等防火材料的火灾烟气毒性及其制取方法，如 XF/T 3012—2020《钢结构防火保护板》。

8. 建筑构件耐火性能

建筑构件耐火性能专业领域标准由建筑构件耐火性能分技术委员会归口管理，强制性国家标准规定了防火卷帘、防火门、防火窗等防火分隔类产品的要求，建筑通风和排烟系统用防火阀门、耐火电缆槽和推闩式逃生门锁防火配件产品，如 GB 15930—2007《建筑通风和排烟系统用防火阀门》；推荐性国家标准涵盖了镶玻璃构件、保险柜、建筑构件等防火配件产品；门和卷帘、电梯层门、建筑外墙等防火分隔类产品和风管道耐火试验方法等，如 GB/T 7633—2008《门和卷帘的耐火试验方法》。强制性行业标准规定了防火玻璃非承重隔墙、防火门闭门器、防火卷帘用卷门机、消防排烟风机等技术要求，如 XF 93—2004《防火门闭门器》；在母线干线系统（母线槽）阻燃、防火、耐火性能的试验方法和排油烟气防火止回阀采用的是推荐性行业标准，如 XF/T 798—2008《排油烟气防火止回阀》。

9. 消防管理

消防管理专业领域标准由消防管理分技术委员会归口管理，行业强制性标准涵盖了建设工程消防验收和消防设计审查规则，住宅物业和人员密集场所消防安全管理，消防技术服务机构设备配备、消防产品身份信息管理、建筑消防设施检测技术规程、住宿与生产储存经营合用场所消防安全技术等要求，如 XF 1283—2015《住宅物业消防安全管理》；行业推荐性标准规范了汽车加油加气站、文物建筑、消防安全管理、城市轨道交通单位消防安全评估、火灾隐患举报投诉中心工作规范、社会消防安全培训机构设置与评审，如 XF/T 3005—2020《单位消防安全评估》。

10. 灭火救援

灭火救援专业领域标准由灭火救援分技术委员会归口管理，推荐性国家标准规定了消防应急救援通则、技术训练指南、训练设施要求、装备配备指南、作业规程，如 GB/T 29176—2012《消防应急救援通则》。行业强制性标准规定了灭火救援装备和人员防护装备配备、化工装置火灾事故处置、消防员高空心理训练，如 XF 1282—2015《灭火救援装备储备管理通则》；行业推荐性标准涵盖了综合性消防队伍建设、接警调度及救援分级、危险化学品泄漏事故处置等内容，还有石油储罐、地下建筑、高层建筑等的火灾扑救和水域、道路交通的救援及救援人员训练，如 XF/T 967—2011《消防训练安全要则》。

11. 火灾调查

火灾调查专业领域标准由火灾调查分技术委员会归口管理，推荐性国家标准涵盖了火灾现场易燃液体残留物实验室提取、火灾物证痕迹检验、电气火灾勘验方法和程序、火灾技术鉴定、火灾技术鉴定物证提取等方面的规范，如 GB/T 20162—2006《火灾技术鉴定物证提取方法》。强制性行业标准规定了火灾现场勘验、火灾原因认定等要求，如 XF 839—2009《火灾现场勘验规则》；推荐性行业标准涵盖了火灾原因调查、调查案卷制作、现场照相、事故技术调查、火灾调查职业危害安全防护等方面的规范，如 XF/T 812—2008《火灾原因调查指南》。

12. 消防员防护装备

消防员防护装备专业领域标准由消防员防护装备分技术委员会归口管理，强制性国家标准规定了消防员方位灯、呼救器、照明灯具，消防员接触式送受话器采用的是推荐性国家标准，如 GB 27899—2011《消防员方位灯》。行业强制性标准规定了消防员防蜂服、护目镜、阻燃毛衣、消防头盔、隔热防护服、长管空气呼吸器、蓄冷型消防员降温背心、灭火防护服、正压式消防空气呼吸器、灭火防护头套、合同制消防员制式服装、化学防护服装、灭火防护靴等的相关要求，如 XF 10—2014《消防员灭火防护服》；消防用荧光棒采用的是行业推荐性标准，如 XF/T 1428—2017《消防用荧光棒》。

13. 建筑消防安全工程

建筑消防安全工程专业领域标准主要由建筑消防安全工程分技术委员会归口管理，强制性国家标准规定了建筑、人防工程、石油天然气工程等的设计防火规定，如 GB 50016—2014《建筑设计防火规范》；推荐性国家标准涵盖了消防安全工程指南等系列标准，如 GB/T 31592—2015《消防安全工程总则》。行业推荐性标准有建筑火灾荷载调查与统计分析方法、人员密集场所消防安全评估导则、防排烟系统性能现场验证方法热烟试验法，如 XF/T 1427—2017《建筑火灾荷载调查与统计分析方法》。

14. 消防通信

消防通信专业领域标准主要由消防通信分技术委员会归口管理，强制性国家标准规定了城市消防远程监控系统前两部分、消防通信指挥系统设计规范、消防通信指挥系统施工及验收规范、城市消防远程监控系统技术规范等的技术要求，如 GB 26875.1—2011《城市消防远程监控系统 第 1 部分：用户信息传输装置》；在城市消防远程监控系统的第 2-8 部分采用的是推荐性国家标准，如 GB/T 26875.4—2011《城市消防远程监控系统 第 4 部分：基本数据项》。行业强制性标准规定了消防员单兵通信系统消防车辆动态管理装置 1 和 2 部分、消防用无线电话机技术要求和试验方法，如 XF 1086—2013《消防员单兵通信系统通用技术要求》；行业推荐性标准包括消防卫星通信系统前两部分和火场通信控制台，如 XF/T 875—2010《火场通信控制台》。

15. 电气防火

电气防火专业领域标准由电气防火分技术委员会归口管理，强制性国家标准规定了电气火灾监控设备、剩余电流式电气火灾监控探测器、测温式电气火灾监控探测器、故障电弧探测器等相关要求，如 GB 14287.1—2014《电气火灾监控系统 第 1 部分：电气火灾监控设备》。

16. 森林草原消防

森林草原消防领域标准由森林草原消防分技术委员会归口管理，负责制定针对森林草原火灾扑救特点，深入研究森林草原消防日常管理、火灾监测预警、装备机具、火灾救援及灭火安全等方面标准化需求，提高常用装备技术性能要求，建立全新的森林草原消防员防护装备标准体系和高效的灭火技能战术标准体系，如 LY/T 2246—2014《森林消防专业队伍建设和管理规范》。

11.4　减灾救灾与综合性应急管理标准

11.4.1　减灾救灾与综合性应急管理标准概述

国内外均没有对减灾救灾与综合性应急管理标准进行统一规定，根据《"十四五"应急管理标准化发展计划》的规定，应急管理与减灾救灾标准化技术委员会主要负责减灾救灾与综合性应急管理领域标准制修订工作，包括应急管理术语符号和标记分类、风险监测和管控、应急预案、现场救援和应急指挥、水旱灾害应急、地震地质灾害应急、应急救援装备和信息化、救灾物资、事故灾害调查、教育培训等标准化工作。

11.4.2　减灾救灾与综合性应急管理标准体系架构

应急管理与减灾救灾标准制修订工作应在国家标准委和应急管理标准化行政主管部门的指导下，由全国应急管理与减灾救灾标准化技术委员会统一组织和归口管理，计划筹建的 9 个分技术委员会按专业分工具体实施，体系架构如图 11-7 所示。

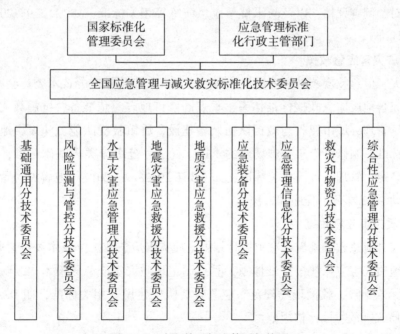

图 11-7　应急管理标准体系架构图

11.4.3　减灾救灾与综合性应急管理标准具体内容

1. 基础通用

基础通用领域标准根据计划由基础通用分技术委员会归口管理，负责制修订应急管理术语、符号、标记和分类等基础通用标准，以及其他与防灾减灾和综合性应急管理相关的基础通用标准，确保做到应急管理全过程的统一，如 GB/T 40054—2021《公共安全 应急管理 公共预警指南》，GB/T 37228—2018《公共安全 应急管理 突发事件响应要求》等。

2. 风险监测与管控

风险监测与管控领域标准根据计划由风险监测与管控分技术委员会归口管理，负责研制自然灾害综合风险预警响应等级、监测预警系统设计、风险隐患信息报送相关标准；研制自然灾害综合风险普查对象和内容、调查指标体系、重点隐患综合分析、综合风险评估、综合防治区划等相关标准，探索建立自然灾害综合风险监测预警、自然灾害综合风险普查标准体系，如 GB/T 37230—2018《公共安全 应急管理 预警颜色指南》。

3. 水旱灾害应急管理

水旱灾害应急管理领域标准根据计划由水旱灾害应急管理分技术委员会归口管理，负责构建防汛抗旱防台风应急管理技术规范和标准体系，编制和修订完善洪涝干旱灾害防范应对、调查评估，以及防汛抗旱应急演练等相关标准，如 SL 579—2012《洪涝灾情评估标准》。

4. 地震灾害应急救援

地震灾害应急救援领域标准根据计划由地震灾害应急救援分技术委员会归口管理，负责修订完善地震应急救援标准体系，重点制修订地震应急准备、抗震救灾指挥、地震救援现场管理、城市搜救与救援队伍装备建设、城镇救援队能力建设、地震救援培训等相关标准；制修订应急避难场所的术语、标志、分级分类等基础标准，应急避难场所评估认定、管理运维等相关标准，如 GB/T 29428.2—2014《地震灾害紧急救援队伍救援行动 第 2 部分：程序和方法》。

5. 地质灾害应急救援

地质灾害应急救援领域标准根据计划由地质灾害应急救援分技术委员会归口管理，负责梳理地质灾害应急救援标准体系，重点制定地质灾害应急救援术语、险情灾情速报、灾害紧急避险、救援现场规范、应急救援队伍建设等相关标准，如 DZ/T 0286—2015《地质灾害危险性评估规范》。

6. 应急装备

应急装备领域标准根据计划由应急装备分技术委员会归口管理，负责顺应应急装备智能化、轻型化、标准化的发展方向，研究提出统一规范的应急装备标准体系。强化装备分类编码、术语定义、标志标识等基础性、通用性、衔接性标准，数字化战场、应急通信、无人机、机器人等实战需求迫切的专业性标准，以及测试、检测、认证等辅助性标准的编制供给。优化应急装备研、产、用标准体系的衔接，提升常用装备性能，促进人工智能等先进技术装备的实战应用，如 GB/T 40686—2021《便携式宽带应急通信系统总体技术要求和测试方法》。

7. 应急管理信息化

应急管理信息化领域标准根据计划由应急管理信息化分技术委员会归口管理，负责制定应急管理数据治理和大数据应用平台技术规范，构建与应急管理信息化相适应的基础设施及应用领域标准体系，重点加强网络、云平台、应用、安全等领域标准体系建设，推动应急遥感产品标准体系和应急遥感评估技术规范标准制定，以信息化推进应急管理现代化，如 GB/T 35965.2—2018《应急信息交互协议 第 2 部分：事件信息》。

8. 救灾和物资

救灾和物资领域标准根据计划由救灾和物资分技术委员会归口管理，负责制定救灾指挥、灾害评估、灾害信息、灾民生活救助、灾害术语、灾害预案、救灾物资及减灾救灾标准等，为实现减灾救灾工作科学化、标准化、规范化管理的标准，制定灾情核查、损失评估、救灾捐赠等灾害救助工作标准，制定应急物资储备规划和需求计划、因灾毁损房屋恢复重建补助和受灾群众生活救助等相关标准的制修订，如 GB/T 38565-2020《应急物资分类及编码》。

9. 应急救援力量建设

应急救援力量建设领域标准根据计划由应急救援力量建设分技术委员会归口管理，负责为规范救援协调和预案管理工作，制定应急救援现场指挥、应急预案编制、应急演练、专业应急救援队伍和社会应急救援力量建设、航空应急救援等相关标准。推动应急救援事故灾害调查和综合性应急管理评估统计规范，应急救援教育培训要求等相关标准制修订，如 GB/T 29428.2—2014《地震灾害紧急救援队伍救援行动 第 2 部分：程序和方法》。

11.5　卫生健康标准

11.5.1　卫生健康标准概述

世界卫生组织（WHO）认为，健康不仅是没有疾病，而且包括躯体健康、心理健康、良好的社会适应能力和道德健康。国内卫生工作主要是围绕卫生健康展开，在卫生标准方面，根据《职业卫生名词术语》（GBZ/T 224—2010）定义：卫生标准是指为实施国家卫生法律法规和有关卫生政策，保护人体健康，在预防医学和临床医学研究与实践的基础上，对涉及人体健康和医疗卫生服务事项制定的各类技术规定。在健康标准方面，健康是健康素养、健康生活方式、健康场所共同作用的有机整体，根据《职业健康促进名词术语》（GBZ/T 296—2017）定义：健康素养是指个人获取和理解基本健康信息和服务，并运用这些信息和服务作出正确决策，以维护和促进自身健康的能力；"健康生活方式"是指朝向健康或被健康结果所强化的行为模式；健康场所是指通过环境、组织和个体因素的交互作用，促进人们健康和幸福的日常活动地点或社会环境。可见，健康标准是健康素养、健康生活方式、健康场所相关标准的统称。

卫生健康标准是贯彻各项卫生法律法规的重要技术依据，是我国卫生法律体系的重要组成部分，在保障人民身体健康，促进我国经济社会发展等方面发挥着重要作用。"健康中国2030""健康北京2030"规划纲要明确提出了健全健康标准体系，促进健康管理标准化的要求。但是，我国现行卫生健康相关标准数量不足，结构有待优化，更新不及时，分布不均衡，还有待进一步提高卫生健康标准的有效供给，加大对现行卫生健康标准的整合精简和优化完善，加强卫生健康标准的复审和修订工作，完善卫生健康标准体系。

11.5.2 卫生健康标准体系架构

卫生健康行业标准及相关国家标准的制修订工作应在国家卫生健康标准化行政主管部门的指导下，由国家卫生健康标准委员会统一组织和归口管理，国家卫生健康委员会所属的标准专业委员会按职责分工具体管理专业领域的标准，如图11-8所示。

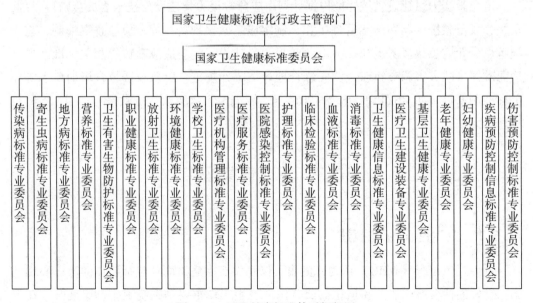

图 11-8 卫生健康标准体系框架图

11.5.3　卫生健康标准具体内容

1. 传染病

传染病领域标准由传染病标准专业委员会归口管理，强制性国家标准规定了鼠疫疫区处理、监测控制、流行判定等要求，如 GB 16883—2022《鼠疫自然疫源地及动物鼠疫流行判定》；推荐性国家标准规定了布鲁氏菌病、结核病、丁型病毒性肝炎等监测要求，如 GB/T 18645—2020《动物结核病诊断技术》。强制性行业标准规定了炭疽、鼠疫、淋病、布病、麻疹、梅毒、麻风病、艾滋病、丙型肝炎、登革热、手足口病、肺结核、风疹、猩红热、流行性脑脊髓膜炎和乙型脑炎等疾病的诊断要求，结核病分类、病原微生物实验室生物安全、人间传染的病原保藏机构等要求，如 WS 283—2020《炭疽诊断》；推荐性行业标准涵盖了生殖器沙眼衣原体和疱疹、性病性淋巴肉芽肿、尖锐湿疣、基孔肯雅热、克-雅病、软下疳等诊断方面的规范，如 WS/T 235—2016《尖锐湿疣诊断》。

2. 寄生虫病

寄生虫病领域标准由寄生虫病标准专业委员会归口管理，强制性国家标准规定了疟疾、血吸虫等疾病控制和消除的要求，如 GB 15976—2015《血吸虫病控制和消除》。强制性行业标准规定了疟疾、蛲虫病、血吸虫病、丝虫病、包虫病、钩虫病、裂头蚴病、带绦虫病、并殖吸虫病、囊尾蚴病、旋毛虫病、广州管圆线虫病、华支睾吸虫病、黑热病等疾病诊断和处理的要求，如 WS 259—2015《疟疾的诊断》；行业推荐性标准涵盖了日本血吸虫毛、钩虫、肠道原虫、巴贝虫、裂头绦虫、肠道蠕虫、疟原虫等检测规范，阿米巴病肠外脓肿、阴道毛滴虫、片形吸虫、囊尾蚴、蛔虫、巴贝虫、隐孢子虫等疾病诊断规范，以及钉螺调查、包虫病控制、土源性线虫病传播控制与阻断、抗疟药使用、寄生虫病诊断名词术语等规范，如 WS/T 792—2021《日本血吸虫抗体检测标准 酶联免疫吸附试验法》。

3. 地方病

地方病领域标准由地方病标准专业委员会归口管理，强制性国家标准规定了碘缺乏病、大骨节病病区、地方性氟中毒、克山病等的病区划分、诊断判定、预防控制的要求，如 GB 16006—2008《碘缺乏病消除标准》；推荐性国家标准涵盖了水源性高碘地区和高碘病区的划定等的要求，如 GB/T 19380—2016《水源性高碘地区和高碘病区的划定》。强制性行业标准规定了地方性氟骨症、克汀病及其亚临床病、甲状腺肿等的诊断要求，食物中碘的测定、地方性砷中毒病区判定和划分等要求，如 WS 276—2007《地方性甲状腺肿诊断标准》；推荐性行业标准涵盖了血清中和尿中碘、氟化物、尿中砷及砷形态、煤及土壤中总氟等的测定，人群总摄氟量、尿砷、尿氟等规范，碘缺乏和适碘划定、改水降氟效果评价、大骨节病治疗效果等，地方性砷中毒、氟斑牙、克山病、氟斑牙、大骨节病、地方性氟骨症等方面的规范，如 WS/T 669—2020《碘缺乏地区和适碘地区的划定》。

4. 营养标准

营养领域标准由营养标准专业委员会归口管理，推荐性行业标准涵盖了儿童生长状况判定、老年人健康、人群健康监测、营养名词术语、铁、叶酸缺乏、贫血、人群维生素（A、D）、成人糖尿病等规范，高温作业、高尿酸与痛风、恶性肿瘤、脑卒中、慢性肾脏病、高血压、老年人等的膳食指导，以及学生餐、婴幼儿、紧急情况下等营养指南，肿瘤患者营养评估、老年人营养不良、食物成分及血糖、健康监测、膳食营养素、营养风险筛查、膳食调查、成人体重判定等方面的规范，如 WS/T 423—2022《7 岁以下儿童生长标准》。

5. 卫生有害生物防护

卫生有害生物防护（又称"病媒生物控制"）领域标准由卫生有害生物防护标准专业委员会归口管理，强制性国家标准规定了蜚蠊抗药性检测法等要求，如 GB 26351—2010《蜚蠊抗药性检测方法、德国小蠊生物测定法》；推荐性国家标准涵盖了病媒生物术语与分类、综合治理、化学防治、抗药性、病原体采样、密度监测及控制水平、危害风险评估、应急监测与控制，以及卫生杀虫剂和杀鼠剂等安全使用、药效测定及评价，粘鼠板效果、蚊虫、蝇类抗药性检测方法、家蝇测定法等规范，如 GB/T 33413—2016《病媒生物应急监测与控制 震灾》。推荐性行业标准涵盖了登革热病应急监测与控制、蚊虫生物防治技术指南，以及细菌杀幼剂、臭虫密度监测、病媒生物防制操作规程等规范，如 WS/T 784—2021《登革热病媒生物应急监测与控制标准》。

6. 职业健康

职业健康领域标准由职业健康标准专业委员会归口管理，强制性国家标准规定了职业性皮肤病、眼病、耳鼻喉口腔疾病、化学中毒、物理因素所致职业病、放射性疾病、传染病、肿瘤、尘肺病等呼吸系统疾病、急性光气中毒、二硫化碳中毒等职业病诊断；工作场所职业病危害警示标识、有害因素职业接触限值、消防员职业健康标准等要求，如 GBZ 41—2019《职业性中暑的诊断》；推荐性国家标准涵盖了职业健康促进、职业病诊断名词术语；职业禁忌证界定、卫生诊断标准编写指南、疑似职业病界定、工作场所物理因素、空气中有毒物质粉尘、有毒气体检测、化学有害因素评估、职业病危害作业分级、尿中二氯甲烷、三甲基氯化锡、N-甲基乙酰胺、甲苯二胺、丙酮、多种金属测定、镉、铬、锰、铝、铅、锑等的规范；血中三甲基氯化锡、镉、镍等的测定，汽车铸造、造纸业、中小箱包加工、建筑、纺织印染业、用人单位、电池制造、木材加工及火力发电职业危害预防控制；建设项目职业病危害预评价、效果评价、放射防护评价；职业人群生物监测、核和辐射突发事件心理救助和防护生理参数、非铀矿山中氡及黑色金属冶炼职业卫生防护、化学品毒理学评价、职业健康监护、接触毒物危害程度、密闭空间作业职业危害防护、血源性病原体职业接触防护、高毒物品作业、有机溶剂作业场所个人防护用品，服装干洗和石棉作业职业卫生管理等，如 GBZ/T 325—2022《疑似职业病界定标准》。推荐性行业标准涵盖了职业接触酚的生物限值、尿中铍汞铬铅铜锌镍、硫氰酸盐、硒氟砷、2-硫代噻唑烷-4-羧酸、δ-氨基乙酰丙酸、亚硫基二乙酸马尿酸、三氯乙酸、肌酐、对氨基酚、甲醇、4-氨基-2,6-二硝基甲苯、苯乙醛酸等测定方法；血中镍铅铜铬、碳氧血红蛋白、锌原和游离原卟啉、硒的氢化物及胆碱酯酶活性等的测定方法；职业接触可熔性铬盐、五氯酚、汞、氟及其无机化合物、甲苯、苯乙烯、三硝基甲苯、正己烷、铅和镉及其化合物、三氯乙烯、一氧化碳、二硫化碳、有机磷酸酯类农药等的生物限值；呼出气中二硫化碳和丙酮的测定、尿中有机（甲基）汞无机汞和总汞的分别测定、甲基马尿酸测定方法，如 WS/T 267—2006《职业接触酚的生物限值》。

7. 放射卫生

放射卫生领域标准由放射卫生标准专业委员会归口管理，强制性国家标准规定了核医学、放射性诊断治疗、油气田测井、医用 X 射线诊断受检者等要求；职业性放射性疾病诊断治疗、放射工作人员健康要求及监护、射防护与辐射源安全基本标准以及含放射性物质消费品等卫生防护等要求，如 GBZ 121—2020《放射治疗放射防护要求》；推荐性国家标准涵盖了核和辐射事故医学应急准备响应处理、室内及工作场所内放射危害及防护、外照射辐射事故中受照人员、放射性疾病名单、外照射放射病治疗和医学处理、核电厂操纵员和放射工作人员职业健康等方面的规范，如 GBZ/T 244—2017《电离辐射所致皮肤剂量估算方法》。强制性行业标准规定了临床核医学患者防护、螺旋断层治疗装置、医学与生物学实验室等要求，如 WS 76—2020《医用 X 射线诊断设备质量控制检测规范》；推荐性行业标准涵盖了建筑材料氡及其子体、公共地下建筑及地热水、核和辐射事故、辐射生物剂量估算、人体内和应急情况下放射性核素及其污染处理、空气中放射性核素等放射卫生方面的规范，如 WS/T 676—2020《建筑材料氡析气系数的测量方法》。

8. 环境健康

环境健康领域标准由环境健康标准专业委员会归口管理，强制性国家标准规定了公共场所卫生设计指标和卫生管理规范；以噪声污染为主的工业、石油、皮革鞣制、棉及化纤纺织及印染、屠宰及肉类等加工业，动物胶、汽车、硫酸、黄磷、聚氯乙烯、肥料、氯丁橡胶、内燃机、铜铁冶炼、非金属矿物制品、纸制品业、铅蓄电池厂等企业卫生防护距离；村镇规划、农村住宅、公共交通、医院候诊室、图书馆、博物馆、体育馆、文化娱乐场所、生活饮用水等卫生要求；水体污染慢性甲基汞中毒等诊断标准及处理原则等，如 GB 37487—2019《公共场所卫生管理规范》；推荐性国家标准涵盖了公共场所卫生学评价和卫生检验方法、生活饮用水、游泳池水微生物、抗菌纺织品和煤制气业、人防工程、城市公厕、室内环境卫生、镉污染、水利水电工程、生物监测等卫生规范，如 GB/T 37678—2019《公共场所卫生学评价规范》。强制性行业标准规定了新冠肺炎疫情期间办公场所和公共场所空调通风系统运行管理、公共交通工具消毒与个人防护、医学观察和救治临时特殊场所卫生要求等要求，如 WS 694—2020《新冠肺炎疫情期间医学观察和救治临时特殊场所卫生防护技术要求》；推荐性行业标准涵盖了污水中和农贸市场新冠病毒检测、化学物质检测、新冠疫情期间重点场所单位和特定人群防护、大气污染人群健康风险评估技术规范、公共场所集中空调通风系统清洗消毒和卫生学评价、环境砷污染致砷中毒病区判定等方面的规范，如 WS/T 699—2020《人群聚集场所手卫生规范》。

9. 学校卫生

学校卫生领域标准由学校卫生标准专业委员会归口管理，强制性国家标准规定了学生宿舍、书写板、铅笔涂层中可溶性元素、中小学校传染病预防控制、教室采光和照明等要求，如 GB 31177—2014《学生宿舍卫生要求及管理规范》；推荐性国家标准涵盖了中小学校采暖教科书与教室微小气候和换气、普通高等学校健康教育、儿童安全与健康、儿童青少年脊椎弯曲异常与发育水平和伤害监测、学生使用电脑和心理健康教育检查、学校课桌椅和卫生综合评价、视力表、中小学生一日学习时间和健康教育等方面的规范，如 GB/T 34858—2017《普通高等学校健康教育规范》。强制性行业标准规定了儿童少年矫正眼镜卫生、学生营养餐生产企业卫生规范等要求，如 WS 219—2015《儿童少年矫正眼镜卫生要求》；推荐性行业标准涵盖了居家隔离期间近视防控、学校传染病监测预警、中小学生屈光不正、书包、体育锻炼、普通高等学校传染病预防控制、0~6 岁儿童发育行为和健康管理、7~18 岁儿童青少年腰围身高和血压、学龄儿童青少年营养不良与肥胖超重、健康促进学校规范、学生军训卫生安全规范、学校卫生标准编写等方面的规范，如 WS/T 663—2020《中小学生屈光不正筛查规范》。

10. 医疗机构管理

医疗机构管理领域标准由医疗机构管理标准专业委员会归口管理，强制性行业标准规定了医疗机构标志、消防、患者场所设施等安全管理技术要求，医院中央空调系统、电力系统、二次供水系统、医用气体系统、供热系统等运行管理要求，如 WS 308—2019《医疗机构消防安全管理》；推荐性行业标准涵盖了医用多参数监护仪、婴儿培养箱、输液泵和注射泵、麻醉机、呼吸机、医疗器械、心脏除颤器、高频电刀等安全管理方面规范，医院病房床单元设施、医疗通用场所的命名等方面的规范，如 WS/T 659—2019《多参数监护仪安全管理》。

11. 医疗服务与护理

医疗服务领域标准由医疗服务标准专业委员会归口管理，强制性行业标准包括呼吸机临床应用、麻醉记录单等要求，如 WS 392—2012《呼吸机临床应用》；推荐性行业标准涵盖了急救机构与患者病情交接单、口腔颌面部 X 射线、丙型病毒性肝炎、医院急诊科、CT 检查、医学 X 射线等方面的规范，如 WS/T 608—2018《口腔颌面部 X 射线检查操作规范》。护理领域标准由护理标准专业委员会归口管理，推荐性行业标准涵盖了静脉治疗护理、护理分级等方面的规范，如 WS/T 431—2013《护理分级》。

12. 医院感染控制

医院感染控制领域标准由医院感染控制标准专业委员会归口管理，强制性行业标准规定了软式内镜清洗消毒、口腔器械消毒灭菌技术、医院消毒供应中心等要求，如 WS 507—2016《软式内镜清洗消毒技术规范》；推荐性行业标准涵盖了医务人员手卫生、医院感染预防控制与医用织物消毒和感染管理、医疗机构急诊医院感染与环境表面清洁和消毒管理规范、重症监护病房和经空气传播疾病医院感染、医院感染暴发控制与空气净化隔离和感染监测规范等方面的规范，如 WS/T 313—2019《医务人员手卫生规范》。

13. 临床检验

临床检验领域标准由临床检验标准专业委员会归口管理，推荐性国家标准涵盖了刚地弓形虫试验、临床实验室设计及定量测定室间质量等方面的规范，如 GB/T 30224—2013《刚地弓形虫试验临床应用》。推荐性行业标准涵盖了检测实验室标准人类白细胞抗原基因分型检测系统、凝血因子活性测定，临床常用免疫学检验项目、生化检验项目、儿童生化检验项目、血细胞分析等参考区间及区间制定规范；下呼吸道感染、细菌性腹泻、侵袭性真菌病、梅毒等诊断操作指南；便携式血糖仪、静脉血液标本、临床微生物实验室血培养、血细胞分析、尿液标本、酶学参考实验室参考方法、室间质量评价、血浆凝固实验、流式细胞术检测、基质效应与互通性、受委托临床、临床化学设备、医疗机构内定量检验、临床实验室生物安全、干扰实验、定性测定等指南规范；临床体液检验、临床检验室间质量、常用血清肿瘤标志物检测、临床检验定量测定、抗菌药物敏感性、临床微生物学检验样本、天门冬氨酸氨基转移酶、临床实验室定量检验、临床实验室试剂用水、感染性疾病免疫测定、血清 25-羟基维生素 D3 检测、D-二聚体定量检测等方面的规范，临床定性免疫检验、临床检验方法检出能力、临床实验室质量指标、临床检验定量测定、糖化血红蛋白检测、尿路感染、无室间质量评价、血清肌酐测定、抗丝状真菌药物敏感性、γ-谷氨酰基转移酶催化活性、抗酵母样真菌药物敏感性、临床实验室对商品定量分析、临床血液学检验常规项目等方面的规范；乳酸脱氢酶催化活性、血红蛋白、红细胞比容、红细胞沉降率、出血时间、网织红细胞计数、α-淀粉酶催化活性、碱性磷酸酶、血小板计数、红细胞和白细胞计数、白细胞分类计数等参考方法规范；免疫沉淀分析、临床化学检验血、尿液物理学、化学及沉渣分析、临床诊断中聚合酶链反应（PCR）、凝血因子活性测定等方面的规范，如 WS/T 785—2021《人类白细胞抗原基因分型检测系统技术标准》。

14. 血液

血液领域标准由血液标准专业委员会归口管理，强制性国家标准规定了献血者健康、全血及成分血质量等相关要求，如 GB 18469—2012《全血及成分血质量要求》。强制性行业标准规定了血液储存等要求，如 WS 399—2012《血液储存要求》；推荐性行业标准涵盖了输血的医学术语、相容性、反应分类、内科以及围手术期输血等规范、献血者及献血场所、全血及成分血、血液运输储存等方面规范，如 WS/T 794—2022《输血相容性检测标准》。

15. 消毒

消毒领域标准由消毒标准专业委员会归口管理，强制性国家标准规定了疫源地消毒、医疗卫生用品辐射灭菌、消毒剂发生器和生成器安全与卫生标准、各类消毒剂的卫生要求、隐形眼镜护理液、医院消毒、一次性使用卫生用品、消毒与灭菌效果等要求，如 GB 19193—2015《疫源地消毒总则》；推荐性国家标准涵盖了压力蒸汽灭菌生物、环氧乙烷灭菌生物、环氧乙烷灭菌化学、过氧化氢气体灭菌生物、小型压力蒸汽灭菌器灭菌、医疗器械消毒剂等方面的规范，如 GB/T 33420—2016《压力蒸汽灭菌生物指示物检验方法》。强制性行业标准规定了湿巾卫生等要求，如 WS 575—2017《卫生湿巾卫生要求》；推荐性行业标准规定了消毒产品卫生安全评价等要求，如 WS/T 628—2018《消毒产品卫生安全评价技术要求》。

16. 卫生健康信息

卫生健康信息领域标准由卫生健康信息标准专业委员会归口管理，强制性行业标准规定了医疗机构感染监测、医院人财物运营管理、院前医疗急救、继续医学教育管理、远程医疗信息、电子病历、疾病管理、妇女儿童保健、医学数字影像通信、居民健康卡、城乡居民健康档案等卫生信息数据集及对应的编制、目录、值域代码的要求，职业病、托幼机构缺勤、学校缺勤缺课、结核病等的监测报告和预防接种的要求，如 WS 670—2021《医疗机构感染监测基本数据集》；推荐性行业标准涵盖了区域卫生信息平台、卫生信息资源使用分类与编码、药品采购使用管理分类代码与标识码、卫生统计指标和信息标识、卫生与人口信息概念数据模型和数据字典、电子病历共享文档、医学数字影像通信（DICOM）中文标准符合性、医学数字影像中文封装与通信、医院感染管理信息系统、远程医疗信息系统与统一通信平台、居民健康卡技术、健康档案共享文档、卫生信息编制、卫生监督现场快速检测和业务信息系统、卫生检测与评价名词术语、院前医疗急救指挥信息系统、新型农村合作医疗管理信息系统、慢性病监测信息系统、居民健康档案的区域卫生信息平台、电子病历的医院信息平台、卫生信息共享文档数据元和数据模式分类与编码规则等方面的规范，如 WS/T 789—2021《血液产品标签与标识代码标准》。

17. 医疗卫生建设装备

医疗卫生建设装备领域标准由医疗卫生建设装备标准专业委员会归口管理，负责医疗卫生机构建筑、设施、装备配备等基础设施建设标准。推荐性行业标准涵盖了妇幼保健机构等医用设备配备方面的规范，如 WS/T 793—2022《妇幼保健机构医用设备配备标准》。

18. 基层卫生与老年妇幼健康

基层卫生健康领域标准由基层卫生健康专业委员会归口管理，负责基层环境卫生基础设施建设、乡镇社区卫生服务、生活饮用水卫生要求等相关标准，如 GB 18055—2012《村镇规划卫生规范》、GB 5749—2022《生活饮用水卫生标准》；老年健康领域标准由老年健康专业委员会归口管理。近年来，妇幼健康问题时有发生，妇幼健康服务机构管理相关标准，如妇幼健康信息、生殖健康和出生缺陷防治等标准在卫生健康工作中扮演重要角色。妇幼健康领域标准由妇幼健康专业委员会归口管理，如建标 189—2017《妇幼健康服务机构建设标准》。

19. 疾病预防控制信息与伤害预防控制

疾病预防控制信息领域标准由疾病预防控制信息标准专业委员会，负责疾病预防控制领域有关数据、技术、安全、管理、数字设备等信息标准；伤害预防控制领域标准由伤害预防控制标准专业委员会，负责公共卫生领域重点非故意伤害类型监测与调查、预防控制、疾病负担评价、风险评价和效果评价等标准。

【本章小结】

本章讲述了应急管理相关标准的制修订流程、编写规范、内容结构及后续的维护与更新，对应急管理中安全生产、消救援防、应急管理与减灾救灾以及卫生健康的标准体系以对应的标准化委员会为指导对各专业委员会的职责和制定的标准进行了概述，为应急管理法导论的建设提供了标准层面的支撑。

【核心概念】

（1）安全标准是确保行业所在专业领域内不发生人员伤亡、职业病、财产损失、设备损坏、环境损害的状态的标准规范统称。

（2）消防标准是用于火灾预防和灭火救援等消防安全工作的标准规范的统称。

（3）应急管理与减灾救灾标准化技术委员会主要负责减灾救灾与综合性应急管理领域标准制修订工作。

【案例分析与小组讨论】

在国际贸易和经济一体化进程的迅速发展中，中国注重与各国之间互利共赢，我国在全球经济发展中的重要程度越发显现，在其中采用国际标准和国外先进标准的重要性是不言而喻的，但也要在全球经济发展方面讲好中国故事、拿出中国的标准。

请结合上述材料，试回答以下问题：

（1）应急管理方面的标准采用国际标准和国外先进标准的流程是什么？

（2）应急管理方面的标准走出去需要具备哪些条件？

（3）如何才能让中国应急管理标准走上国际舞台？

【延伸阅读】

［1］洪生伟. 标准化管理［M］. 北京：中国标准出版社，2012.

［2］全国标准化原理与方法标准化技术委员会. 标准化工作导则 第 1 部分：标准化文件的结构和起草规则（GB/T 1.1—2020）［S］. 北京：中国标准出版社，2020.

［3］工标网［EB/OL］. http：//www.csres.com/.

第 12 章 应急管理综合执法实践

【学习目标】
1. 明确应急管理综合执法的基本职责和要求。
2. 掌握安全生产行政执法程序、消防安全执法程序、应急管理行政执法程序。

【案例导引】

2021 年 9 月 28 日，G 市应急管理局行政执法人员在对某能源有限责任公司开展执法检查时，发现该公司主要负责人张某在履行安全生产管理职责时存在以下问题：未建立健全并落实本单位全员安全生产责任制，加强安全生产标准化建设；未组织制定并实施本单位安全生产教育和培训计划；未保证本单位安全生产投入的有效实施；未组织建立并落实安全风险分级管控和隐患排查治理双重预防工作机制，督促、检查本单位的安全生产工作，及时消除安全生产事故隐患；未组织制定并实施本单位的安全生产事故应急救援预案。此外，行政执法人员还发现该公司存在未对安全设备进行经常性维护保养、高压低压电工（金某林、黄某英）无特种作业操作证、危险物品容器（盛装铁水包耳轴）未经具有专业资质的机构检测检验合格即投入使用（冶金行业判定为重大事故隐患）等违法行为。随后，某能源有限责任公司对上述问题进行了整改。该起案件中所查事项均为"铝七条"中明确规定的重点检查事项，一旦管理不到位极有可能造成安全生产事故。G 市应急管理局在案件查办过程中，通过深入排查企业现场作业环节，从基础管理和现场管理两个层面开展执法检查，对企业存在的相关违法违规行为按照法律规定对企业和主要负责人同时进行处罚，既警醒企业主要负责人应当严格履行法定安全管理职责，进一步压实企业主体责任，也有助于提升企业自身安全管理水平，为从根本上消除事故隐患起到积极的推动作用。[1]

12.1 安全生产执法实践

12.1.1 安全生产执法程序

安全生产行政执法程序是安全生产监督管理机构及其安全生产行政执法人员实施

---

〔1〕 应急管理部公布 2021 年第二批安全生产优秀执法案例〔EB/OL〕.（2022-06-05）. https://weibo.com/ttarticle/p/show? id=2309404777055559745582.

行政执法行为所必须遵循的程序。它是规范、制约、监督、促进安全生产行政职权合理行使的重要手段。因此，研究和掌握安全生产行政执法程序的作用、原则，是保障安全生产行政执法质量[1] 的关键。

1. 什么是安全生产执法

《安全生产执法程序规定》第二条规定，安全生产执法是指安全生产监督管理部门依照法律、行政法规和规章，在履行安全生产（含职业卫生，下同）监督管理职权中，作出的行政许可、行政处罚、行政强制等行政行为。

2. 安全生产执法主体和管辖

安全生产监督管理部门的内设机构或者派出机构对外行使执法职权时，应当以安全生产监督管理部门的名义作出行政决定，并由该部门承担法律责任。依法受委托的机关或者组织在委托的范围内，以委托的安全生产监督管理部门名义行使安全生产执法职权，由此所产生的后果由委托的安全生产监督管理部门承担法律责任。委托的安全生产监督管理部门与受委托的机关或者组织之间应当签订委托书。委托书应当载明委托依据、委托事项、权限、期限、双方权利和义务、法律责任等事项。委托的安全生产监督管理部门、受委托的机关或者组织应当将委托的事项、权限、期限向社会公开。委托的安全生产监督管理部门应当对受委托机关或者组织办理受委托事项的行为进行指导、监督。受委托的机关或者组织应当自行完成受委托的事项，不得将受委托的事项再委托给其他行政机关、组织或者个人。有下列情形之一的，委托的安全生产监督管理部门应当及时解除委托，并向社会公布：（1）委托期限届满的；（2）受委托行政机关或者组织超越、滥用行政职权或者不履行行政职责的；（3）受委托行政机关或者组织不再具备履行相应职责的条件的。

12.1.2 安全生产行政许可程序

安全生产监督管理部门应当将本部门依法实施的行政许可事项、依据、条件、数量、程序、期限以及需要提交的全部材料的目录和申请书示范文本等进行公示。公示应当采取下列方式：（1）在实施许可的办公场所设置公示栏、电子显示屏或者将公示信息资料集中在本部门专门场所供公众查阅；（2）在联合办理、集中办理行政许可的场所公示；（3）在本部门官方网站上公示。

12.1.3 安全生产行政处罚的基本要求

在法治社会中，安全生产行政执法人员在实施行政处罚时应当严格遵守"事实清楚，证据确凿，定性准确，处理适当，程序合法"的五项基本要求。严格按照五项基本要求执行行政处罚，做到无假案、冤案、错案。

1. 事实清楚

案件的事实是多种多样的，为准确把握案件事实的特点和规律，在执法工作中应当针对不同类型的案件，从多种视角对案件事实进行研究和分析，切实做到对案件事实认定清楚。

2. 证据确凿

办理案件必须重视证据，做到证据充分确凿。凡能够证明案件真实情况的一切事实都是证据。在办案时需要收集的证据，包括书证、物证、证人证言、视听资料、当事人陈述、鉴定结论、勘察笔录和现场笔录。

3. 定性准确

定性准确是指按照法律规定确定所立案调查的行为的性质。定性是将调查结果与法律规定相结合的过程和结果，是运用法律对所调查的行为的评价。在定性时首先要确定所调查的行为是否构成违法行为，如果构成违法行为，再确定构成哪一种违法行为。如是不正当竞争行为还是投机倒把行为。

4. 处理适当

处理适当是指在确定调查结果的基础上，按照法律规定作出恰如其分的处理。在审查调查结果的基础上，根据不同情况作出不同的处理，要"罚当其责""过罚相当"。

5. 程序合法

行政执法程序是行政处罚的操作规程，必须严格按照程序法规范办案，要严格履行告知程序，充分保障当事人的陈述申辩权。

12.1.4　安全生产行政处罚的程序

1. 简易程序

1）简易程序的内容

简易程序即当场处罚程序，是指应急管理部门对案情简单清楚、处罚较轻的安全生产行政违法行为当场给予处罚所采用的程序。违法事实确凿并有法定依据，对公民处以 50 元以下、对法人或者其他组织处以 1000 元以下罚款或者警告的行政处罚的，行政执法人员可以当场作出行政处罚决定。适用简易程序当场作出行政处罚决定的，行政执法人员应当遵循以下程序：（1）向当事人或者有关人员出示有效的行政执法证件，表明身份；（2）告知当事人作出行政处罚决定的事实、理由和依据；（3）听取当事人的陈述和申辩，并制作《调查询问笔录》；（4）制作《行政（当场）处罚决定书》；（5）将行政处罚决定书当场交付当事人，并由当事人签字确认；（6）及时报告行政处罚决定，并在 5 日内报所属应急管理部门备案。

2）行政（当场）处罚决定书内容

《行政（当场）处罚决定书》应载明下列内容：（1）当事人的基本情况，包括当事人的姓名、住址等有关事项；（2）当事人的违法行为及主要证据；（3）行政处罚的依据，包括作出该行政处罚的事实依据和法律依据；（4）罚款数额（如果是警告则此项不写）；（5）违法行为发生的时间及行政处罚的地点；（6）作出行政处罚决定的应急管理部门的名称；（7）安全生产行政执法人员签名。

3）收缴罚款

有下列情形之一的，行政执法人员可以依法当场收缴罚款，同时向当事人出具由省级财政部门统一制发的罚款收据：（1）依法给予20元以下的罚款的；（2）不当场收缴事后难以执行的；（3）在边远、水上、交通不便地区，当事人向指定的银行缴纳罚款确有困难，经当事人提出的。

当场收缴的罚款，应当自收缴罚款之日起2日内交至本部门财务机构；在水上当场收缴的罚款，应当自抵岸之日起2日内交至本部门财务机构；财务机构应当自收缴罚款之日起2日内缴付指定银行。

除依法当场收缴的罚款外，当事人应当自收到行政处罚决定书之日起15日内，到指定的银行缴纳罚款。

2. 一般程序

1）立案

对经初步调查认为生产经营单位涉嫌违反安全生产法律法规和规章的行为、依法应给予行政处罚、属于本部门管辖范围的，应当予以立案，并填写立案审批表。对确需立即查处的安全生产违法行为，可以先行调查取证，并在5日内补办立案手续。

2）调查取证

（1）进行案件调查取证时，安全生产执法人员不得少于两名，应当向当事人或者有关人员出示有效的执法证件，表明身份；（2）向当事人或者有关人员询问时，应制作询问笔录；（3）安全生产执法人员应当全面、客观、公正地进行调查，收集、调取与案件有关的原始凭证作为证据。调取原始凭证确有困难的，可以复制，复制件应当注明"经核对与原件无异"的字样、采集人、出具人、采集时间和原始凭证存放的单位及其处所，并由出具证据的生产经营单位盖章；个体经营且没有印章的生产经营单位，应当由该个体经营者签名。（4）安全生产执法人员在收集证据时，可以采取抽样取证的方法；在证据可能灭失或者以后难以取得的情况下，经本部门负责人批准，可以先行登记保存，并应当在7日内依法作出处理决定。（5）调查取证结束后，负责承办案件的安全生产执法人员拟定处理意见，编写案件调查报告，并交案件承办机构负责人审核，审核后报所在安全生产监督管理部门负责人审批。

3）案件审理

安全生产监督管理部门应当建立案件审理制度，对适用一般程序的安全生产行政处罚案件应当由内设的法制机构进行案件的合法性审查。负责承办案件的安全生产执法人员应当根据审理意见，填写案件处理呈批表，连同有关证据材料一并报本部门负责人审批。

4）行政处罚告知

经审批，应当给予行政处罚的案件，安全生产监督管理部门在依法作出行政处罚决定之前，应当告知当事人作出行政处罚决定的事实、理由、依据、拟作出的行政处罚决定、当事人享有的陈述和申辩权利等，并向当事人送达《行政处罚告知书》。

5）听证告知

符合听证条件的，应当告知当事人有要求举行听证的权利，并向当事人送达《听证告知书》。

6）听取当事人陈述申辩

安全生产监督管理部门听取当事人陈述申辩，除法律法规规定可以采用的方式外，原则上应当形成书面证据证明，没有当事人书面材料的，安全生产执法人员应当制作当事人陈述申辩笔录。

7）作出行政处罚决定的执行

安全生产监督管理部门应当对案件调查结果进行审查，并根据不同情况，分别作出以下决定：（1）依法应受行政处罚的违法行为的，根据情节轻重及具体情况，作出行政处罚决定；（2）违法行为轻微，依法可以不予行政处罚的，不予行政处罚；违法事实不能成立，不得给予行政处罚；（3）违法行为涉嫌犯罪的，移送司法机关处理。对严重安全生产违法行为给予责令停产停业整顿、责令停产停业、责令停止建设、责令停止施工、吊销有关许可证、撤销有关执业资格或者岗位证书、5 万元以上罚款、没收违法所得 5 万元以上的行政处罚的，应当由安全生产监督管理部门的负责人集体讨论决定。

8）行政处罚决定送达

《行政处罚决定书》应当当场交付当事人；当事人不在场的，安全监督管理部门应当在 7 日内，依照《民事诉讼法》的有关规定，将《行政处罚决定书》送达当事人或者其他的法定受送达人。送达必须有送达回执，由受送达人在送达回执上注明收到日期，签名或者盖章。

具体可以采用下列方式：（1）送达应当直接送交受送达人。受送达人是个人的，本人不在时，交他的同住成年家属签收，并在《行政处罚决定书》送达回执的备注栏内注明与受送达人的关系；受送达人是法人或者其他组织的，应当由法人的法定代表人、其他组织的主要负责人或者该法人、组织负责收件的人签收；受送达人指定代收人或者委托代理人的，交给代收人或者委托代理人签收并注明受当事人委托的情况；（2）直接送达确有困难的，可以挂号邮寄送达，也可以委托当地安全监督管理部门代为送达，代为送达的安全监督管理部门收到文书后，应当及时交受送达人签收；（3）当事人或者他的同住成年家属拒绝接收的，送达人可以邀请有关基层组织或者所在单位的代表到场，说明情况，在《行政处罚决定书》送达回执上记明拒收的事由和日期，由送达人、见证人签名或者盖章，将行政处罚决定书留在当事人的住所；也可以把《行政处罚决定书》留在受送达人的住所，并采用拍照、录像等方式记录送达过程，即视为送达；（4）受送达人下落不明，或者用以上方式无法送达的，可以公告送达，自公告发布之日起经过 60 日，即视为送达。公告送达，应当在案卷中注明原因和经过；（5）经受送达人同意，还可采用传真、电子邮件等能够确认其收悉的方式送达；（6）法律、法规规定的其他送达方式。

9）行政处罚决定的执行

当事人应当在行政处罚决定的期限内，予以履行。当事人按时全部履行处罚决定的，安全生产监督管理部门应该保留相应的凭证；行政处罚部分履行的，应有相应的审批文书；当事人逾期不履行的，作出行政处罚决定的安全生产监督管理部门可按每日以罚款数额的 3% 加处罚款，但加处罚款的数额不得超出原罚款的数额；根据法律规定，将查封、扣押的设施、设备、器材拍卖所得价款抵缴罚款和申请人民法院强制执行等措施。当事人对行政处罚决定不服，申请行政复议或者提起行政诉讼的，行政处罚不停止执行，法律、法规另有规定的除外。

10）备案

安全生产监督管理部门实施 5 万元以上罚款、没收违法所得 5 万元以上、责令停产停业、责令停止建设、责令停止施工、责令停产停业整顿、撤销有关资格、岗位证书或者吊销有关许可证的行政处罚的，按有关规定报上一级安全生产监督管理部门备案。对上级安全生产监督管理部门交办的案件给予行政处罚的，由决定行政处罚的安全生产监督管理部门自作出行政处罚决定之日起 10 日内报上级安全生产监督管理部门备案。

11）结案

行政处罚案件应当自立案之日起 30 日内作出行政处罚决定；由于客观原因不能完成的，经安全生产监督管理部门负责人同意，可以延长，但不得超过 90 日；特殊情况需进一步延长的，应当经上一级安全生产监督管理部门批准，可延长至 180 日。案件执行完毕后，应填写结案审批表，经安全生产监督管理部门负责人批准后结案。

12）归档

安全生产行政处罚案件结案后，应按安全生产执法文书的时间顺序和执法程序排序进行归档。

12.2 消防安全执法实践

12.2.1 消防安全职责

消防安全职责是指组织指导城乡综合性消防救援工作，负责指挥调度相关灾害事故救援行动。参与起草消防法律法规和规章草案，拟订消防技术标准并监督实施，组织指导火灾预防、消防监督执法以及火灾事故调查处理相关工作，依法行使消防安全综合监管职能。负责消防救援队伍综合性消防救援预案编制、战术研究，组织指导执勤备战、训练演练等工作。组织指导消防救援信息化和应急通信建设，指导开展相关救援行动应急通信保障工作。负责消防救援队伍建设、管理和消防应急救援专业队伍规划、建设与调度指挥。组织指导社会消防力量建设，参与组织协调动员各类社会救援力量参加救援任务。组织指导消防安全宣传教育工作。管理消防救援队伍事业单位。完成应急管理部交办的跨区域应急救援等其他任务。

12.2.2　消防安全执法原则

消防安全执法原则主要包括：（1）消防执法必须依法进行，遵循法律法规的规定，确保公正、公平、公开；（2）消防执法应当高效、快捷，提供便民服务，减少行政相对人的负担；（3）消防执法部门应当依法履行职责，并对其作出的行政行为承担法律责任；（4）消防执法应当遵循法定程序，保障行政相对人的合法权益。

12.2.3　消防安全执法程序

1. 简易程序

1）条件

违法事实确凿并有法定依据，对当事人处 50 元以下罚款或警告，对法人或者其他组织处 1000 元以下罚款或者警告的处罚，适用简易程序。

2）程序

主要包括：（1）向当事人出示《公安消防监督检查证》；（2）指出当事人的违法行为、处罚的事实、理由及依据；（3）填写《当场处罚决定书》，当场交付当事人；（4）符合当场收缴罚款条件的，消防监督员应当场收缴，并向当事人出具省级财政部门统一制发的罚款收据；（5）报所属公安消防机构备案。

2. 一般程序

1）条件

对当事人处 50 元以上，法人或其他组织处 1000 元以上罚款，没收违法所得和非法财物、责令停止施工、停止使用、停产停业、行政拘留等处罚，适用一般程序。

2）程序

主要包括：（1）向当事人出示《公安消防监督检查证》；（2）讯问当事人或询问证人，讯问人或询问人不得少于 2 人。需要传唤的，应当使用《传唤证》。《传唤证》由公安消防机构负责人签发，消防监督员执行。当事人逃避或拒绝传唤的，公安消防机构可以强制传唤。讯问当事人或询问证人应当制作《讯问笔录》或《询问笔录》；

（3）进行现场勘验或检查，并制作勘验或检查笔录；（4）收集书证、物证、视听资料、证人证言、当事人陈述、鉴定结论、勘验笔录、现场检查笔录等证据；（5）填报《行政处罚审批表》（分为适用听证和不适用听证两种）。对给予拘留处罚的，由公安机关依照治安管理处罚条例的规定裁决；（6）填写《告知公安消防行政处罚决定通知书》送达当事人。当事人要求陈述申辩的，公安消防机构必须充分听取当事人的意见，并制作《公安消防行政处罚案件当事人陈述、申辩笔录》；（7）填发《公安行政处罚决定书》；（8）制作《公安消防行政处罚案件结案报告》，建立行政处罚档案。

3）时限

主要包括：（1）被传唤人的讯问时间不得超过 24 小时，24 小时不能结束讯问的，应当让被讯问人离去；需要继续讯问的，可以再次传唤；（2）填写《告知公安消防行政处罚决定书》，3 日内送达当事人；（3）填发《公安行政处罚决定书》，宣告后当场交付当事人；当事人不在场的，公安消防机构应在 7 日内按民事诉讼程序送达当事人。

12.2.4　消防行政处罚程序

消防行政处罚，首先是需要处罚的人员表明身份，之后作出行政处罚的，应及时补正程序瑕疵。日常生产、生活中因消防问题产生的事故占据了相当的比例，造成严重的人员伤亡和财产损失，违反消防法律法规的，相关部门可以进行处罚。处罚的程序分为简易程序、一般程序和产品处罚三种，如果执法人员采取简易程序作出处罚决定的，应遵循下列程序：表明身份，即向当事人出示执法身份证件，简易程序可以由一名执法人员单独实施；说明处罚理由，包括作出行政处罚决定的事实、理由和依据；告知当事人依法享有的权利，包括陈述、申辩、申请行政复议和提起行政诉讼等权利；给予当事人陈述和申辩的机会；制作笔录；填写预定格式、编有号码的行政处罚决定书；备案；执行。

12.3　应急管理行政执法实践

12.3.1　应急管理行政执法概述

1. 应急管理行政执法的基本原则

应急管理行政执法是履行国家法律法规和政策的行政行为，必须遵循以下基本原则：保护生命财产安全和公共利益；维护法律法规的严肃性和公正性；实现法定职责和行政法制；科学、规范、公正的程序；兼顾效率和公平。

2. 应急管理行政执法的适用范围

预防事故、灾害，保护环境和公共安全；发生事故、灾害后，执法部门应该立即启动应急机制，及时调查事故原因，迅速处置灾害和恢复正常秩序；根据国家和地方的相关法律、法规，对危险品运输、社会治安、公共卫生等因素进行管理和监督。

3. 应急管理行政执法的责任主体

应急管理执法的责任主体是国家、地方和相关部门。其中，国家的应急管理执法职能主要由国家有关部门负责；地方的应急管理执法职能主要由地方政府和相关部门负责。相关部门包括但不限于公安部门、工商部门、环保部门、卫生部门等。

4. 应急管理行政执法的具体内容

协调指挥、组织处置突发事件；履行预防和减灾措施的法定职责；提出应急预案建议，及时修订应急预案；组织开展对应急员工、志愿者的培训和演练；对参与应急行动的单位、个人进行奖励和处罚；开展公共安全检查、危险品检查、环境保护检查等活动。

12.3.2　应急管理执法行政处罚程序

1. 行政处罚简易程序

1）适用范围

（1）简易程序即当场处罚程序。应急管理局安全生产执法人员对案情简单清楚、处罚较轻的安全生产行政违法行为当场给予处罚所采用的程序。

（2）违法事实确凿并有法定依据，对公民处以 200 元以下、对法人或者其他组织处以 3000 元以下罚款或者警告的行政处罚的，行政执法人员可以当场作出行政处罚决定。

2）处罚程序

（1）适用简易程序当场作出行政处罚决定的，行政执法人员应当遵循以下程序：①向当事人或者有关人员出示有效的行政执法证件，表明身份；②告知当事人作出行政处罚决定的事实、理由和依据；③听取当事人的陈述和申辩，并制作《当事人陈述申辩笔录》；④按照有关规定，制作《行政（当场）处罚决定书》；⑤将《行政（当场）处罚决定书》当场交付当事人，并由当事人签字确认；⑥承办案件人员及时向局主管领导报告行政处罚决定，并在 5 日内备案。

（2）《行政（当场）处罚决定书》应载明下列内容：①当事人的基本情况，包括当事人的姓名、住址等有关事项；②当事人的违法行为及主要证据；③行政处罚的依据，包括作出该行政处罚的事实依据和法律依据；④罚款数额（如果是警告则此项不写）；⑤违法行为发生的时间及行政处罚的地点；⑥注明市应急管理局的名称和日期；⑦承办案件的执法人员签名。

3）收缴罚款

当事人应当自收到行政处罚决定书之日起 15 日内，到指定的银行缴纳罚款。

2. 行政处罚一般程序

1）立案

办理立案手续。除依照简易程序当场作出的行政处罚外，局各股室（单位）发现生产经营单位及其有关人员有应当给予行政处罚的行为的，应当予以立案，填写《立案审批表》，并全面、客观、公正地进行调查，收集有关证据。对确需立即查处的安全生产违法行为，可以先行调查取证，并在 5 日内补办立案手续。

（1）立案条件。满足以下条件方可申请立案：①有证据初步证明公民、法人或者其他组织有安全生产违法行为；②属于市应急管理局管辖范围；③依法应当给予行政处罚；④在法定追究行政处罚责任的期限内；⑤法律、法规、规章规定的其他条件。

（2）审批。确需进行立案的，应填写《立案审批表》，载明案由、案件来源、案件名称、当事人、案件基本情况等内容。《立案审批表》应经两名承办人签署意见及姓名、执法证件编号、时间后，送局主管领导审核、审批。

2）调查取证

进行案件调查取证时，安全生产执法人员不得少于两名，并应当向当事人或者有关人员出示有效的执法证件，表明身份。有下列情形之一的，承办案件的行政执法人员应当回避：①本人是本案的当事人或者当事人的近亲属的；②本人或者近亲属与本案有利害关系的；③与本人有其他利害关系，可能影响案件的公正处理的。安全生产执法人员在案件办理中，发现存在上述需要回避情形的，应当自行申请回避；本人未申请回避的，市应急管理局责令其回避；公民、法人和其他组织也可以提出回避申请。安全生产行政执法人员的回避，由市应急管理局局长决定。回避决定作出之前，承办案件的安全生产行政执法人员不得擅自停止对案件的调查。

询问或者检查应当制作笔录。笔录应当记载时间、地点、询问和检查情况，并由被询问人、被检查单位和安全生产行政执法人员签名或者盖章；被询问人、被检查单位要求补正的，应当允许。被询问人或者被检查单位拒绝签名或者盖章的，安全生产行政执法人员应当在笔录上注明原因并签名。调取原始凭证确有困难的，可以复制，复制件应当注明"经核对与原件无异"的字样、采集人、出具人、采集时间和原始凭证存放的单位及其处所，并由出具证据的生产经营单位、人员签名或者盖章；个体经营且没有印章的生产经营单位，应当由该个体经营者签名。

安全生产行政执法人员在收集证据时，可以采取抽样取证的方法；在证据可能灭失或者以后难以取得的情况下，经市应急管理局主管领导批准，可以先行登记保存，制作并送达《先行登记保存证据通知书》，并在 7 日内依法作出处理决定。

3）案件审理

建立案件审理制度，对适用一般程序的安全生产行政处罚案件，在作出行政执法决定之前，由局政策法规科对其合法性、适当性进行合法性审核。负责承办案件的安全生产执法人员应当根据审理意见，填写《案件处理呈批表》，连同有关证据材料一并报局领导审批。

4）作出行政处罚决定

（1）行政处罚告知。

经审批，应当给予行政处罚的案件，在依法作出行政处罚决定之前，应当告知当事人作出行政处罚决定的事实、理由、依据、拟作出的行政处罚决定、当事人享有的陈述和申辩权利等，并向当事人送达《行政处罚告知书》和《行政处罚听证告知书》。符合听证条件的，按照听证程序处理。

听取当事人陈述申辩。承办股室（单位）应当听取当事人陈述申辩，除法律法规规定可以采用的方式外，原则上应当形成书面证据证明。没有当事人书面材料的，执法人员应当制作《当事人陈述申辩笔录》。依法履行行政处罚告知程序后，案件承办人员应当对当事人提出的事实、理由和证据进行复核；成立的，应当予以采纳。

（2）行政处罚决定。

应急管理局主管领导应当及时对案件调查结果进行审查，根据不同情况，分别作出以下决定：①确有应受行政处罚的违法行为的，根据情节轻重及具体情况，作出行政处罚决定；②违法行为轻微，依法可以不予行政处罚的，不予行政处罚；③违法事实不能成立的，不得给予行政处罚；④违法行为涉嫌犯罪的，按照有关规定移送司法机关处理。对严重安全生产违法行为给予责令停产停业整顿、责令停产停业、责令停止建设、责令停止施工、吊销有关许可证、撤销有关执业资格或者岗位证书、5 万元以上罚款、没收违法所得 5 万元以上的行政处罚的，承办案件股室（单位）应当经主管领导集体讨论决定。符合重大行政执法决定法制审核条件的（对公民处以 1 万元以上的罚款，对法人或其他组织处以 10 万元以上的罚款），按照应急管理局《重大行政执法决定法制审核实施办法》执行。

（3）行政处罚决定书载明的事项。

《行政处罚告知书》和《行政处罚听证告知书》送达当事人 3 个工作日内，行政处罚当事人既不向承办案件股室陈述申辩，也没有提出听证申请的，《行政处罚告知书》送达当事人 3 个工作日后，承办案件股室（单位）应当制作《行政处罚决定书》。《行政处罚决定书》应当载明下列事项：①当事人的姓名或者名称、地址或者住址；②违法事实和证据；③行政处罚的种类和依据；④行政处罚的履行方式和期限；⑤不服行政处罚决定，可以依法在 60 日内向人民政府或者应急管理部门申请行政复议，或者在 6 个月内依法向法院提起行政诉讼；⑥注明应急管理部门的名称和作出决定的日期。行政处罚决定书必须盖有应急管理部门的印章。

（4）行政处罚时限要求。

行政处罚案件应当自立案之日起 30 日内作出行政处罚决定；由于客观原因不能完成的，经市应急管理局负责人同意，可以延长，但不得超过 90 日；特殊情况需进一步延长的，经应急管理局批准，可延长至 180 日。

5）文书送达

（1）送达基本要求。

行政处罚决定书应当在宣告后当场交付当事人；当事人不在场的，市应急管理局承办案件股室（单位）应当在 7 日内依照民事诉讼法的有关规定，将行政处罚决定书送达当事人或者其他的法定受送达人。送达必须有送达回执，由受送达人在送达回执上注明收到日期，签名或者盖章。

（2）送达方式。

①直接送达。送达一般应当直接送交受送达人。受送达人是公民的，应当由本人签收。本人不在的，交他的同住成年家属签收，并在《送达回执》的备注栏内注明与受送达人的关系；受送达人是法人或者其他组织的，应当由法人的法定代表人、其他组织的主要负责人或者该法人、组织负责收件的人签收；受送达人委托代理人的，交其代理人签收并注明受当事人委托的情况；受送达人指定代收的，交其代收人签收并注明受当事人委托的情况；②留置送达。受送达人或者他的同住成年家属拒绝接收的，送达人可以邀请有关基层组织或者所在单位的代表到场，说明情况，在送达回执上记明拒收的事由和日期，由送达人、见证人签名或者盖章，将文书留在受送达人住址；也可以把文书留在受送达人的住所，并采用拍照、录像等方式记录送达过程，即视为送达。有关基层组织和所在单位的代表，可以是受送达人的住所地的居民委员会、村民委员会的工作人员以及受送达人所在单位的工作人员。③委托送达。直接送达确有困难的，可以委托相关乡镇人民政府代为送达，代为送达的相关乡镇人民政府收到文书后，应当及时交受送达人签收，以受送达人在送达回执上的签收日期为送达日期。④邮寄送达。直接送达确有困难的，也可以挂号邮寄送达，以回执上注明的收件日期为送达日期。⑤公告送达。受送达人下落不明，或者用以上方式无法送达的，可以公告送达，自公告发布之日起经过 60 日，即视为送达。公告送达，应当在案卷中注明原因和经过。⑥经受送达人同意，还可以采用传真、电子邮件等能够确认其收悉的方式送达。⑦法律、法规规定的其他送达方式。

【本章小结】

本章介绍了安全生产行政执法程序、消防安全行政执法程序、应急管理行政执法程序及应急管理综合执法的基本职责和要求。

【核心概念】

（1）安全生产执法是指安全生产监督管理部门依照法律、行政法规和规章，在履行安全生产（含职业卫生）监督管理职权中，作出的行政许可、行政处罚、行政强制等行政行为。

（2）简易程序即当场处罚程序，是指应急管理部门对案情简单清楚、处罚较轻的安全生产行政违法行为当场给予处罚所采用的程序。

（3）消防安全职责是指组织指导城乡综合性消防救援工作，指挥调度相关灾害事故救援行动，参与起草消防法律法规和规章草案，拟订消防技术标准并监督实施，组织指导火灾预防、消防监督执法以及火灾事故调查处理相关工作，依法行使消防安全综合监管的职能。

【案例分析与小组讨论】

2021 年 7 月 5 日，北京市消防救援总队在开展消防技术服务机构专项检查过程中，发现某机电公司在依法注册的执业人员数量不足的情况下，为大兴区某酒店提供消防技术服务。调查过程中，某机电公司称其没有为某酒店提供消防技术服务，也未制作消防设施维保记录。经专业鉴定机构鉴定，消防设施维保记录上的印章与某机电公司的公章不一致。通过调查，某酒店法定代表人段某供述了其为应付消防检查、逃避监管，私自刻制某机电公司印章、伪造消防设施维保记录的违法事实。此外，段某还主动交代了其以同样方式为其在通州区经营的另一家酒店伪造消防设施维保记录的事实。北京市消防救援总队与大兴区、通州区消防救援支队联合立案，对两家酒店的违法行为进行查处。同时，北京市消防救援总队向北京市公安局大兴分局移送了段某涉嫌伪造有关证明文件的相关线索材料。[1]

请结合案情描述，试回答以下问题：

（1）该案例中的酒店伪造消防设施维保记录违反了《消防法》的哪些规定？

（2）执法人员对该酒店的消防行政处罚程序如何？

（3）对该酒店的消防管理需要如何改进？

【延伸阅读】

[1] 闪淳昌. 安全生产执法实务与案例 [M]. 北京：中国法制出版社，2021.

[2] 中安华邦（北京）安全生产技术研究院. 《安全生产执法程序规定》学习读本 [M]. 北京：团结出版社，2016.

[3] 任国友，孟燕华. 职业安全与卫生法律教程 [M]. 北京：机械工业出版社，2015.

---

〔1〕应急管理部公布 2021 年第二批安全生产优秀执法案例 [EB/OL]. (2022 - 07 - 02). https：// yjgl. luohe. gov. cn/index. php？ s＝zhuantizhuanlan&c＝show&id＝236.

参 考 文 献

［1］习近平．习近平关于总体国家安全观论述摘编［M］．北京：中央文献出版社，2018．

［2］习近平．全面贯彻落实总体国家安全观 开创新时代国家安全工作新局面［N］．人民日报，2018-04-18（001）．

［3］习近平．论坚持全面依法治国［M］．北京：中央文献出版社，2020．

［4］中共中央党史和文献研究院．习近平关于防范风险挑战、应对突发事件论述摘编［M］．北京：中央文献出版社，2020

［5］韩大元，莫于川．应急法制论：突发事件应对机制的法律问题研究［M］．北京：法律出版社，2009．

［6］林鸿超．应急法概论［M］．北京：应急管理出版社，2020．

［7］马宝成．应急管理体系和能力现代化［M］．北京：国家行政学院出版社，2022．

［8］雷晓康，孔锋．应急管理概论［M］．北京：高等教育出版社，2024．

［9］李遐桢．应急法治概论［M］．北京：应急管理出版社，2023．

［10］公丕祥．法理学［M］．上海：复旦大学出版社，2016．

［11］黄培云．关于《行政处罚法》过错归责新规定对消防执法影响的思考［J］．消防科学与技术，2022，41（4）：566-568．

［12］林鸿潮，陶鹏．应急管理与应急法治十讲［M］．北京：中国法制出版社，2021．

［13］韩大元，莫于川．应急法制论［M］．北京：法律出版社，2005．

［14］马怀德．应急反应的法学思考——"非典"法律问题思考［M］．北京：中国政法大学出版社，2004．

［15］王红建，刘辉．健全国家应急管理法律体系问题研究［M］．北京：法律出版社，2021．

［16］胡建淼．行政法学［M］．北京：法律出版社2015．

［17］齐延平．人权观念的演进［M］．济南：山东大学出版社，2015．

［18］兰泽全．应急管理法律法规［M］．北京：应急管理出版社，2021．

［19］代海军．应急法要义［M］．北京：应急管理出版社，2023．

［20］（法）卢梭著，何兆武译．社会契约论［M］．北京：商务印书馆，2003．

[21]（意）贝卡里亚著，黄风译．论犯罪与刑罚［M］．北京：中国大百科全书出版社，1993.

[22] 莫纪宏，徐高．紧急状态法学［M］．北京：中国人民公安大学出版社，1992.

[23] 闪淳昌，薛澜．应急管理概论：理论与实践［M］．北京：高等教育出版社，2012.

[24] 马怀德．应急管理法治化研究［M］．北京：法律出版社，2010.

[25] 兰泽全．应急管理法律法规［M］．北京：应急管理出版社，2021.

[26] 唐彦东．应急管理学原理（防灾减灾系列教材）［M］．北京：应急管理出版社，2021.

[27] 中安华邦（北京）安全生产技术研究院．《安全生产执法程序规定》学习读本［M］．北京：团结出版社，2016.

[28] 刘锐．中国应急管理法治年度报告（2019—2020）［M］．北京：中国政法大学出版社，2021.

[29] 代海军．应急法要义［M］．北京：应急管理出版社，2023.

[30] 刘跃进．国家安全学［M］．北京：中国政法大学出版社，2004.

[31] 邹光华，兰泽全．应急管理概论［M］．北京：应急管理出版社，2023.

[32] 王皓，徐凤娇，张超，等．突发事件应对标准数字化应用研究［J］．中国安全生产科学技术，2023，19（9）：170-175.

[33] 任国友，孟燕华．职业安全与卫生法律教程［M］．北京：机械工业出版社，2015.

[34] 史培军．中国自然灾害风险地图集［M］．北京：科学出版社，2013.

[35] 中国安全生产协会注册安全工程师工作委员会．安全生产法律法规［M］．北京：中国应急出版社，2024.

[36] 达庆东，曹文妹，侃田．卫生法学纲要（第三版）［M］．上海：复旦大学出版社，2004.

[37] 解志勇．卫生法学通论［M］．北京：中国政法大学出版社，2019.

[38]（美）乔治·罗森著，黄沛一译．公共卫生史［M］．南京：译林出版社，2021.

[39] 王宇，杨功焕．中国公共卫生［M］．北京：中国协和医科大学出版社，2013.

[40]（美）劳伦斯·高斯汀，林赛·威利著，苏玉菊，刘碧波，穆冠群译．公共卫生法：权力、责任、限制［M］．北京：北京大学出版社，2021.

[41] 杨杰，刘兰秋，李晶华．部分国家卫生基本法研究［M］．北京：法律出版社，2017.

［42］权彤，石涛．近代日本的疫病与防治管理制度探析［J］．史学集刊，2020（4）：65-78.

［43］Tobey J A．Public Health and the Police Power［J］．*New York University Law Review*，1927，4（2）：126-133.

［44］岳高峰，赵祖明，邢立强．标准体系理论与实务［M］．北京：中国计量出版社，2011.

附录 中华人民共和国突发事件应对法

（2007 年 8 月 30 日第十届全国人民代表大会常务委员会第二十九次会议通过；2024 年 6 月 28 日第十四届全国人民代表大会常务委员会第十次会议修订）

目 录

第一章 总则
第二章 管理与指挥体制
第三章 预防与应急准备
第四章 监测与预警
第五章 应急处置与救援
第六章 事后恢复与重建
第七章 法律责任
第八章 附则

第一章 总 则

第一条 为了预防和减少突发事件的发生，控制、减轻和消除突发事件引起的严重社会危害，提高突发事件预防和应对能力，规范突发事件应对活动，保护人民生命财产安全，维护国家安全、公共安全、生态环境安全和社会秩序，根据宪法，制定本法。

第二条 本法所称突发事件，是指突然发生，造成或者可能造成严重社会危害，需要采取应急处置措施予以应对的自然灾害、事故灾难、公共卫生事件和社会安全事件。

突发事件的预防与应急准备、监测与预警、应急处置与救援、事后恢复与重建等应对活动，适用本法。

《中华人民共和国传染病防治法》等有关法律对突发公共卫生事件应对作出规定的，适用其规定。有关法律没有规定的，适用本法。

第三条 按照社会危害程度、影响范围等因素，突发自然灾害、事故灾难、公共卫生事件分为特别重大、重大、较大和一般四级。法律、行政法规或者国务院另有规定的，从其规定。

突发事件的分级标准由国务院或者国务院确定的部门制定。

第四条 突发事件应对工作坚持中国共产党的领导，坚持以马克思列宁主义、毛泽东思想、邓小平理论、"三个代表"重要思想、科学发展观、习近平新时代中国特色社会主义思想为指导，建立健全集中统一、高效权威的中国特色突发事件应对工作领导体制，完善党委领导、政府负责、部门联动、军地联合、社会协同、公众参与、科技支撑、法治保障的治理体系。

第五条 突发事件应对工作应当坚持总体国家安全观，统筹发展与安全；坚持人民至上、生命至上；坚持依法科学应对，尊重和保障人权；坚持预防为主、预防与应急相结合。

第六条 国家建立有效的社会动员机制，组织动员企业事业单位、社会组织、志愿者等各方力量依法有序参与突发事件应对工作，增强全民的公共安全和防范风险的意识，提高全社会的避险救助能力。

第七条 国家建立健全突发事件信息发布制度。有关人民政府和部门应当及时向社会公布突发事件相关信息和有关突发事件应对的决定、命令、措施等信息。

任何单位和个人不得编造、故意传播有关突发事件的虚假信息。有关人民政府和部门发现影响或者可能影响社会稳定、扰乱社会和经济管理秩序的虚假或者不完整信息的，应当及时发布准确的信息予以澄清。

第八条 国家建立健全突发事件新闻采访报道制度。有关人民政府和部门应当做好新闻媒体服务引导工作，支持新闻媒体开展采访报道和舆论监督。

新闻媒体采访报道突发事件应当及时、准确、客观、公正。

新闻媒体应当开展突发事件应对法律法规、预防与应急、自救与互救知识等的公益宣传。

第九条 国家建立突发事件应对工作投诉、举报制度，公布统一的投诉、举报方式。

对于不履行或者不正确履行突发事件应对工作职责的行为，任何单位和个人有权向有关人民政府和部门投诉、举报。

接到投诉、举报的人民政府和部门应当依照规定立即组织调查处理，并将调查处理结果以适当方式告知投诉人、举报人；投诉、举报事项不属于其职责的，应当及时移送有关机关处理。

有关人民政府和部门对投诉人、举报人的相关信息应当予以保密，保护投诉人、举报人的合法权益。

第十条 突发事件应对措施应当与突发事件可能造成的社会危害的性质、程度和范围相适应；有多种措施可供选择的，应当选择有利于最大程度地保护公民、法人和其他组织权益，且对他人权益损害和生态环境影响较小的措施，并根据情况变化及时调整，做到科学、精准、有效。

第十一条　国家在突发事件应对工作中，应当对未成年人、老年人、残疾人、孕产期和哺乳期的妇女、需要及时就医的伤病人员等群体给予特殊、优先保护。

第十二条　县级以上人民政府及其部门为应对突发事件的紧急需要，可以征用单位和个人的设备、设施、场地、交通工具等财产。被征用的财产在使用完毕或者突发事件应急处置工作结束后，应当及时返还。财产被征用或者征用后毁损、灭失的，应当给予公平、合理的补偿。

第十三条　因依法采取突发事件应对措施，致使诉讼、监察调查、行政复议、仲裁、国家赔偿等活动不能正常进行的，适用有关时效中止和程序中止的规定，法律另有规定的除外。

第十四条　中华人民共和国政府在突发事件的预防与应急准备、监测与预警、应急处置与救援、事后恢复与重建等方面，同外国政府和有关国际组织开展合作与交流。

第十五条　对在突发事件应对工作中做出突出贡献的单位和个人，按照国家有关规定给予表彰、奖励。

第二章　管理与指挥体制

第十六条　国家建立统一指挥、专常兼备、反应灵敏、上下联动的应急管理体制和综合协调、分类管理、分级负责、属地管理为主的工作体系。

第十七条　县级人民政府对本行政区域内突发事件的应对管理工作负责。突发事件发生后，发生地县级人民政府应当立即采取措施控制事态发展，组织开展应急救援和处置工作，并立即向上一级人民政府报告，必要时可以越级上报，具备条件的，应当进行网络直报或者自动速报。

突发事件发生地县级人民政府不能消除或者不能有效控制突发事件引起的严重社会危害的，应当及时向上级人民政府报告。上级人民政府应当及时采取措施，统一领导应急处置工作。

法律、行政法规规定由国务院有关部门对突发事件应对管理工作负责的，从其规定；地方人民政府应当积极配合并提供必要的支持。

第十八条　突发事件涉及两个以上行政区域的，其应对管理工作由有关行政区域共同的上一级人民政府负责，或者由各有关行政区域的上一级人民政府共同负责。共同负责的人民政府应当按照国家有关规定，建立信息共享和协调配合机制。根据共同应对突发事件的需要，地方人民政府之间可以建立协同应对机制。

第十九条　县级以上人民政府是突发事件应对管理工作的行政领导机关。

国务院在总理领导下研究、决定和部署特别重大突发事件的应对工作；根据实际需要，设立国家突发事件应急指挥机构，负责突发事件应对工作；必要时，国务院可以派出工作组指导有关工作。

县级以上地方人民政府设立由本级人民政府主要负责人、相关部门负责人、国家综合性消防救援队伍和驻当地中国人民解放军、中国人民武装警察部队有关负责人等组成的突发事件应急指挥机构，统一领导、协调本级人民政府各有关部门和下级人民政府开展突发事件应对工作；根据实际需要，设立相关类别突发事件应急指挥机构，组织、协调、指挥突发事件应对工作。

第二十条　突发事件应急指挥机构在突发事件应对过程中可以依法发布有关突发事件应对的决定、命令、措施。突发事件应急指挥机构发布的决定、命令、措施与设立它的人民政府发布的决定、命令、措施具有同等效力，法律责任由设立它的人民政府承担。

第二十一条　县级以上人民政府应急管理部门和卫生健康、公安等有关部门应当在各自职责范围内做好有关突发事件应对管理工作，并指导、协助下级人民政府及其相应部门做好有关突发事件的应对管理工作。

第二十二条　乡级人民政府、街道办事处应当明确专门工作力量，负责突发事件应对有关工作。

居民委员会、村民委员会依法协助人民政府和有关部门做好突发事件应对工作。

第二十三条　公民、法人和其他组织有义务参与突发事件应对工作。

第二十四条　中国人民解放军、中国人民武装警察部队和民兵组织依照本法和其他有关法律、行政法规、军事法规的规定以及国务院、中央军事委员会的命令，参加突发事件的应急救援和处置工作。

第二十五条　县级以上人民政府及其设立的突发事件应急指挥机构发布的有关突发事件应对的决定、命令、措施，应当及时报本级人民代表大会常务委员会备案；突发事件应急处置工作结束后，应当向本级人民代表大会常务委员会作出专项工作报告。

第三章　预防与应急准备

第二十六条　国家建立健全突发事件应急预案体系。

国务院制定国家突发事件总体应急预案，组织制定国家突发事件专项应急预案；国务院有关部门根据各自的职责和国务院相关应急预案，制定国家突发事件部门应急预案并报国务院备案。

地方各级人民政府和县级以上地方人民政府有关部门根据有关法律、法规、规章、上级人民政府及其有关部门的应急预案以及本地区、本部门的实际情况，制定相应的突发事件应急预案并按国务院有关规定备案。

第二十七条　县级以上人民政府应急管理部门指导突发事件应急预案体系建设，综合协调应急预案衔接工作，增强有关应急预案的衔接性和实效性。

第二十八条　应急预案应当根据本法和其他有关法律、法规的规定，针对突发事件的性质、特点和可能造成的社会危害，具体规定突发事件应对管理工作的组织指挥体系与职责和突发事件的预防与预警机制、处置程序、应急保障措施以及事后恢复与重建措施等内容。

应急预案制定机关应当广泛听取有关部门、单位、专家和社会各方面意见，增强应急预案的针对性和可操作性，并根据实际需要、情势变化、应急演练中发现的问题等及时对应急预案作出修订。

应急预案的制定、修订、备案等工作程序和管理办法由国务院规定。

第二十九条　县级以上人民政府应当将突发事件应对工作纳入国民经济和社会发展规划。县级以上人民政府有关部门应当制定突发事件应急体系建设规划。

第三十条　国土空间规划等规划应当符合预防、处置突发事件的需要，统筹安排突发事件应对工作所必需的设备和基础设施建设，合理确定应急避难、封闭隔离、紧急医疗救治等场所，实现日常使用和应急使用的相互转换。

第三十一条　国务院应急管理部门会同卫生健康、自然资源、住房城乡建设等部门统筹、指导全国应急避难场所的建设和管理工作，建立健全应急避难场所标准体系。县级以上地方人民政府负责本行政区域内应急避难场所的规划、建设和管理工作。

第三十二条　国家建立健全突发事件风险评估体系，对可能发生的突发事件进行综合性评估，有针对性地采取有效防范措施，减少突发事件的发生，最大限度减轻突发事件的影响。

第三十三条　县级人民政府应当对本行政区域内容易引发自然灾害、事故灾难和公共卫生事件的危险源、危险区域进行调查、登记、风险评估，定期进行检查、监控，并责令有关单位采取安全防范措施。

省级和设区的市级人民政府应当对本行政区域内容易引发特别重大、重大突发事件的危险源、危险区域进行调查、登记、风险评估，组织进行检查、监控，并责令有关单位采取安全防范措施。

县级以上地方人民政府应当根据情况变化，及时调整危险源、危险区域的登记。登记的危险源、危险区域及其基础信息，应当按照国家有关规定接入突发事件信息系统，并及时向社会公布。

第三十四条　县级人民政府及其有关部门、乡级人民政府、街道办事处、居民委员会、村民委员会应当及时调解处理可能引发社会安全事件的矛盾纠纷。

第三十五条　所有单位应当建立健全安全管理制度，定期开展危险源辨识评估，制定安全防范措施；定期检查本单位各项安全防范措施的落实情况，及时消除事故隐患；掌握并及时处理本单位存在的可能引发社会安全事件的问题，防止矛盾激化和事态扩大；对本单位可能发生的突发事件和采取安全防范措施的情况，应当按照规定及时向所在地人民政府或者有关部门报告。

第三十六条　矿山、金属冶炼、建筑施工单位和易燃易爆物品、危险化学品、放射性物品等危险物品的生产、经营、运输、储存、使用单位，应当制定具体应急预案，配备必要的应急救援器材、设备和物资，并对生产经营场所、有危险物品的建筑物、构筑物及周边环境开展隐患排查，及时采取措施管控风险和消除隐患，防止发生突发事件。

第三十七条　公共交通工具、公共场所和其他人员密集场所的经营单位或者管理单位应当制定具体应急预案，为交通工具和有关场所配备报警装置和必要的应急救援设备、设施，注明其使用方法，并显著标明安全撤离的通道、路线，保证安全通道、出口的畅通。

有关单位应当定期检测、维护其报警装置和应急救援设备、设施，使其处于良好状态，确保正常使用。

第三十八条　县级以上人民政府应当建立健全突发事件应对管理培训制度，对人民政府及其有关部门负有突发事件应对管理职责的工作人员以及居民委员会、村民委员会有关人员定期进行培训。

第三十九条　国家综合性消防救援队伍是应急救援的综合性常备骨干力量，按照国家有关规定执行综合应急救援任务。县级以上人民政府有关部门可以根据实际需要设立专业应急救援队伍。

县级以上人民政府及其有关部门可以建立由成年志愿者组成的应急救援队伍。乡级人民政府、街道办事处和有条件的居民委员会、村民委员会可以建立基层应急救援队伍，及时、就近开展应急救援。单位应当建立由本单位职工组成的专职或者兼职应急救援队伍。

国家鼓励和支持社会力量建立提供社会化应急救援服务的应急救援队伍。社会力量建立的应急救援队伍参与突发事件应对工作应当服从履行统一领导职责或者组织处置突发事件的人民政府、突发事件应急指挥机构的统一指挥。

县级以上人民政府应当推动专业应急救援队伍与非专业应急救援队伍联合培训、联合演练，提高合成应急、协同应急的能力。

第四十条　地方各级人民政府、县级以上人民政府有关部门、有关单位应当为其组建的应急救援队伍购买人身意外伤害保险，配备必要的防护装备和器材，防范和减少应急救援人员的人身伤害风险。

专业应急救援人员应当具备相应的身体条件、专业技能和心理素质，取得国家规定的应急救援职业资格，具体办法由国务院应急管理部门会同国务院有关部门制定。

第四十一条　中国人民解放军、中国人民武装警察部队和民兵组织应当有计划地组织开展应急救援的专门训练。

第四十二条　县级人民政府及其有关部门、乡级人民政府、街道办事处应当组织开展面向社会公众的应急知识宣传普及活动和必要的应急演练。

居民委员会、村民委员会、企业事业单位、社会组织应当根据所在地人民政府的要求，结合各自的实际情况，开展面向居民、村民、职工等的应急知识宣传普及活动和必要的应急演练。

第四十三条　各级各类学校应当把应急教育纳入教育教学计划，对学生及教职工开展应急知识教育和应急演练，培养安全意识，提高自救与互救能力。

教育主管部门应当对学校开展应急教育进行指导和监督，应急管理等部门应当给予支持。

第四十四条　各级人民政府应当将突发事件应对工作所需经费纳入本级预算，并加强资金管理，提高资金使用绩效。

第四十五条　国家按照集中管理、统一调拨、平时服务、灾时应急、采储结合、节约高效的原则，建立健全应急物资储备保障制度，动态更新应急物资储备品种目录，完善重要应急物资的监管、生产、采购、储备、调拨和紧急配送体系，促进安全应急产业发展，优化产业布局。

国家储备物资品种目录、总体发展规划，由国务院发展改革部门会同国务院有关部门拟订。国务院应急管理等部门依据职责制定应急物资储备规划、品种目录，并组织实施。应急物资储备规划应当纳入国家储备总体发展规划。

第四十六条　设区的市级以上人民政府和突发事件易发、多发地区的县级人民政府应当建立应急救援物资、生活必需品和应急处置装备的储备保障制度。

县级以上地方人民政府应当根据本地区的实际情况和突发事件应对工作的需要，依法与有条件的企业签订协议，保障应急救援物资、生活必需品和应急处置装备的生产、供给。有关企业应当根据协议，按照县级以上地方人民政府要求，进行应急救援物资、生活必需品和应急处置装备的生产、供给，并确保符合国家有关产品质量的标准和要求。

国家鼓励公民、法人和其他组织储备基本的应急自救物资和生活必需品。有关部门可以向社会公布相关物资、物品的储备指南和建议清单。

第四十七条　国家建立健全应急运输保障体系，统筹铁路、公路、水运、民航、邮政、快递等运输和服务方式，制定应急运输保障方案，保障应急物资、装备和人员及时运输。

县级以上地方人民政府和有关主管部门应当根据国家应急运输保障方案，结合本地区实际做好应急调度和运力保障，确保运输通道和客货运枢纽畅通。

国家发挥社会力量在应急运输保障中的积极作用。社会力量参与突发事件应急运输保障，应当服从突发事件应急指挥机构的统一指挥。

第四十八条　国家建立健全能源应急保障体系，提高能源安全保障能力，确保受突发事件影响地区的能源供应。

第四十九条　国家建立健全应急通信、应急广播保障体系，加强应急通信系统、应急广播系统建设，确保突发事件应对工作的通信、广播安全畅通。

第五十条　国家建立健全突发事件卫生应急体系，组织开展突发事件中的医疗救治、卫生学调查处置和心理援助等卫生应急工作，有效控制和消除危害。

第五十一条　县级以上人民政府应当加强急救医疗服务网络的建设，配备相应的医疗救治物资、设施设备和人员，提高医疗卫生机构应对各类突发事件的救治能力。

第五十二条　国家鼓励公民、法人和其他组织为突发事件应对工作提供物资、资金、技术支持和捐赠。

接受捐赠的单位应当及时公开接受捐赠的情况和受赠财产的使用、管理情况，接受社会监督。

第五十三条　红十字会在突发事件中，应当对伤病人员和其他受害者提供紧急救援和人道救助，并协助人民政府开展与其职责相关的其他人道主义服务活动。有关人民政府应当给予红十字会支持和资助，保障其依法参与应对突发事件。

慈善组织在发生重大突发事件时开展募捐和救助活动，应当在有关人民政府的统筹协调、有序引导下依法进行。有关人民政府应当通过提供必要的需求信息、政府购买服务等方式，对慈善组织参与应对突发事件、开展应急慈善活动予以支持。

第五十四条　有关单位应当加强应急救援资金、物资的管理，提高使用效率。

任何单位和个人不得截留、挪用、私分或者变相私分应急救援资金、物资。

第五十五条　国家发展保险事业，建立政府支持、社会力量参与、市场化运作的巨灾风险保险体系，并鼓励单位和个人参加保险。

第五十六条　国家加强应急管理基础科学、重点行业领域关键核心技术的研究，加强互联网、云计算、大数据、人工智能等现代技术手段在突发事件应对工作中的应用，鼓励、扶持有条件的教学科研机构、企业培养应急管理人才和科技人才，研发、推广新技术、新材料、新设备和新工具，提高突发事件应对能力。

第五十七条　县级以上人民政府及其有关部门应当建立健全突发事件专家咨询论证制度，发挥专业人员在突发事件应对工作中的作用。

第四章　监测与预警

第五十八条　国家建立健全突发事件监测制度。

县级以上人民政府及其有关部门应当根据自然灾害、事故灾难和公共卫生事件的种类和特点，建立健全基础信息数据库，完善监测网络，划分监测区域，确定监测点，明确监测项目，提供必要的设备、设施，配备专职或者兼职人员，对可能发生的突发事件进行监测。

第五十九条　国务院建立全国统一的突发事件信息系统。

县级以上地方人民政府应当建立或者确定本地区统一的突发事件信息系统，汇集、储存、分析、传输有关突发事件的信息，并与上级人民政府及其有关部门、下级人民政府及其有关部门、专业机构、监测网点和重点企业的突发事件信息系统实现互联互通，加强跨部门、跨地区的信息共享与情报合作。

第六十条 县级以上人民政府及其有关部门、专业机构应当通过多种途径收集突发事件信息。

县级人民政府应当在居民委员会、村民委员会和有关单位建立专职或者兼职信息报告员制度。

公民、法人或者其他组织发现发生突发事件，或者发现可能发生突发事件的异常情况，应当立即向所在地人民政府、有关主管部门或者指定的专业机构报告。接到报告的单位应当按照规定立即核实处理，对于不属于其职责的，应当立即移送相关单位核实处理。

第六十一条 地方各级人民政府应当按照国家有关规定向上级人民政府报送突发事件信息。县级以上人民政府有关主管部门应当向本级人民政府相关部门通报突发事件信息，并报告上级人民政府主管部门。专业机构、监测网点和信息报告员应当及时向所在地人民政府及其有关主管部门报告突发事件信息。

有关单位和人员报送、报告突发事件信息，应当做到及时、客观、真实，不得迟报、谎报、瞒报、漏报，不得授意他人迟报、谎报、瞒报，不得阻碍他人报告。

第六十二条 县级以上地方人民政府应当及时汇总分析突发事件隐患和监测信息，必要时组织相关部门、专业技术人员、专家学者进行会商，对发生突发事件的可能性及其可能造成的影响进行评估；认为可能发生重大或者特别重大突发事件的，应当立即向上级人民政府报告，并向上级人民政府有关部门、当地驻军和可能受到危害的毗邻或者相关地区的人民政府通报，及时采取预防措施。

第六十三条 国家建立健全突发事件预警制度。

可以预警的自然灾害、事故灾难和公共卫生事件的预警级别，按照突发事件发生的紧急程度、发展势态和可能造成的危害程度分为一级、二级、三级和四级，分别用红色、橙色、黄色和蓝色标示，一级为最高级别。

预警级别的划分标准由国务院或者国务院确定的部门制定。

第六十四条 可以预警的自然灾害、事故灾难或者公共卫生事件即将发生或者发生的可能性增大时，县级以上地方人民政府应当根据有关法律、行政法规和国务院规定的权限和程序，发布相应级别的警报，决定并宣布有关地区进入预警期，同时向上一级人民政府报告，必要时可以越级上报；具备条件的，应当进行网络直播或者自动速报；同时向当地驻军和可能受到危害的毗邻或者相关地区的人民政府通报。

发布警报应当明确预警类别、级别、起始时间、可能影响的范围、警示事项、应当采取的措施、发布单位和发布时间等。

第六十五条 国家建立健全突发事件预警发布平台，按照有关规定及时、准确向社会发布突发事件预警信息。

广播、电视、报刊以及网络服务提供者、电信运营商应当按照国家有关规定，建立突发事件预警信息快速发布通道，及时、准确、无偿播发或者刊载突发事件预警信息。

公共场所和其他人员密集场所，应当指定专门人员负责突发事件预警信息接收和传播工作，做好相关设备、设施维护，确保突发事件预警信息及时、准确接收和传播。

第六十六条　发布三级、四级警报，宣布进入预警期后，县级以上地方人民政府应当根据即将发生的突发事件的特点和可能造成的危害，采取下列措施：

（一）启动应急预案；

（二）责令有关部门、专业机构、监测网点和负有特定职责的人员及时收集、报告有关信息，向社会公布反映突发事件信息的渠道，加强对突发事件发生、发展情况的监测、预报和预警工作；

（三）组织有关部门和机构、专业技术人员、有关专家学者，随时对突发事件信息进行分析评估，预测发生突发事件可能性的大小、影响范围和强度以及可能发生的突发事件的级别；

（四）定时向社会发布与公众有关的突发事件预测信息和分析评估结果，并对相关信息的报道工作进行管理；

（五）及时按照有关规定向社会发布可能受到突发事件危害的警告，宣传避免、减轻危害的常识，公布咨询或者求助电话等联络方式和渠道。

第六十七条　发布一级、二级警报，宣布进入预警期后，县级以上地方人民政府除采取本法第六十六条规定的措施外，还应当针对即将发生的突发事件的特点和可能造成的危害，采取下列一项或者多项措施：

（一）责令应急救援队伍、负有特定职责的人员进入待命状态，并动员后备人员做好参加应急救援和处置工作的准备；

（二）调集应急救援所需物资、设备、工具，准备应急设施和应急避难、封闭隔离、紧急医疗救治等场所，并确保其处于良好状态、随时可以投入正常使用；

（三）加强对重点单位、重要部位和重要基础设施的安全保卫，维护社会治安秩序；

（四）采取必要措施，确保交通、通信、供水、排水、供电、供气、供热、医疗卫生、广播电视、气象等公共设施的安全和正常运行；

（五）及时向社会发布有关采取特定措施避免或者减轻危害的建议、劝告；

（六）转移、疏散或者撤离易受突发事件危害的人员并予以妥善安置，转移重要财产；

（七）关闭或者限制使用易受突发事件危害的场所，控制或者限制容易导致危害扩大的公共场所的活动；

（八）法律、法规、规章规定的其他必要的防范性、保护性措施。

第六十八条 发布警报，宣布进入预警期后，县级以上人民政府应当对重要商品和服务市场情况加强监测，根据实际需要及时保障供应、稳定市场。必要时，国务院和省、自治区、直辖市人民政府可以按照《中华人民共和国价格法》等有关法律规定采取相应措施。

第六十九条 对即将发生或者已经发生的社会安全事件，县级以上地方人民政府及其有关主管部门应当按照规定向上一级人民政府及其有关主管部门报告，必要时可以越级上报，具备条件的，应当进行网络直报或者自动速报。

第七十条 发布突发事件警报的人民政府应当根据事态的发展，按照有关规定适时调整预警级别并重新发布。

有事实证明不可能发生突发事件或者危险已经解除的，发布警报的人民政府应当立即宣布解除警报，终止预警期，并解除已经采取的有关措施。

第五章 应急处置与救援

第七十一条 国家建立健全突发事件应急响应制度。

突发事件的应急响应级别，按照突发事件的性质、特点、可能造成的危害程度和影响范围等因素分为一级、二级、三级和四级，一级为最高级别。

突发事件应急响应级别划分标准由国务院或者国务院确定的部门制定。县级以上人民政府及其有关部门应当在突发事件应急预案中确定应急响应级别。

第七十二条 突发事件发生后，履行统一领导职责或者组织处置突发事件的人民政府应当针对其性质、特点、危害程度和影响范围等，立即启动应急响应，组织有关部门，调动应急救援队伍和社会力量，依照法律、法规、规章和应急预案的规定，采取应急处置措施，并向上级人民政府报告；必要时，可以设立现场指挥部，负责现场应急处置与救援，统一指挥进入突发事件现场的单位和个人。

启动应急响应，应当明确响应事项、级别、预计期限、应急处置措施等。

履行统一领导职责或者组织处置突发事件的人民政府，应当建立协调机制，提供需求信息，引导志愿服务组织和志愿者等社会力量及时有序参与应急处置与救援工作。

第七十三条 自然灾害、事故灾难或者公共卫生事件发生后，履行统一领导职责的人民政府应当采取下列一项或者多项应急处置措施：

（一）组织营救和救治受害人员，转移、疏散、撤离并妥善安置受到威胁的人员以及采取其他救助措施；

（二）迅速控制危险源，标明危险区域，封锁危险场所，划定警戒区，实行交通管制、限制人员流动、封闭管理以及其他控制措施；

（三）立即抢修被损坏的交通、通信、供水、排水、供电、供气、供热、医疗卫生、广播电视、气象等公共设施，向受到危害的人员提供避难场所和生活必需品，实施医疗救护和卫生防疫以及其他保障措施；

（四）禁止或者限制使用有关设备、设施，关闭或者限制使用有关场所，中止人员密集的活动或者可能导致危害扩大的生产经营活动以及采取其他保护措施；

（五）启用本级人民政府设置的财政预备费和储备的应急救援物资，必要时调用其他急需物资、设备、设施、工具；

（六）组织公民、法人和其他组织参加应急救援和处置工作，要求具有特定专长的人员提供服务；

（七）保障食品、饮用水、药品、燃料等基本生活必需品的供应；

（八）依法从严惩处囤积居奇、哄抬价格、牟取暴利、制假售假等扰乱市场秩序的行为，维护市场秩序；

（九）依法从严惩处哄抢财物、干扰破坏应急处置工作等扰乱社会秩序的行为，维护社会治安；

（十）开展生态环境应急监测，保护集中式饮用水水源地等环境敏感目标，控制和处置污染物；

（十一）采取防止发生次生、衍生事件的必要措施。

第七十四条　社会安全事件发生后，组织处置工作的人民政府应当立即启动应急响应，组织有关部门针对事件的性质和特点，依照有关法律、行政法规和国家其他有关规定，采取下列一项或者多项应急处置措施：

（一）强制隔离使用器械相互对抗或者以暴力行为参与冲突的当事人，妥善解决现场纠纷和争端，控制事态发展；

（二）对特定区域内的建筑物、交通工具、设备、设施以及燃料、燃气、电力、水的供应进行控制；

（三）封锁有关场所、道路，查验现场人员的身份证件，限制有关公共场所内的活动；

（四）加强对易受冲击的核心机关和单位的警卫，在国家机关、军事机关、国家通讯社、广播电台、电视台、外国驻华使领馆等单位附近设置临时警戒线；

（五）法律、行政法规和国务院规定的其他必要措施。

第七十五条　发生突发事件，严重影响国民经济正常运行时，国务院或者国务院授权的有关主管部门可以采取保障、控制等必要的应急措施，保障人民群众的基本生活需要，最大限度地减轻突发事件的影响。

第七十六条　履行统一领导职责或者组织处置突发事件的人民政府及其有关部门，必要时可以向单位和个人征用应急救援所需设备、设施、场地、交通工具和其他物资，请求其他地方人民政府及其有关部门提供人力、物力、财力或者技术支援，要求生产、供应生活必需品和应急救援物资的企业组织生产、保证供给，要求提供医疗、交通等公共服务的组织提供相应的服务。

履行统一领导职责或者组织处置突发事件的人民政府和有关主管部门，应当组织协调运输经营单位，优先运送处置突发事件所需物资、设备、工具、应急救援人员和受到突发事件危害的人员。

履行统一领导职责或者组织处置突发事件的人民政府及其有关部门，应当为受突发事件影响无人照料的无民事行为能力人、限制民事行为能力人提供及时有效的帮助；建立健全联系帮扶应急救援人员家庭制度，帮助解决实际困难。

第七十七条　突发事件发生地的居民委员会、村民委员会和其他组织应当按照当地人民政府的决定、命令，进行宣传动员，组织群众开展自救与互救，协助维护社会秩序；情况紧急的，应当立即组织群众开展自救与互救等先期处置工作。

第七十八条　受到自然灾害危害或者发生事故灾难、公共卫生事件的单位，应当立即组织本单位应急救援队伍和工作人员营救受害人员，疏散、撤离、安置受到威胁的人员，控制危险源，标明危险区域，封锁危险场所，并采取其他防止危害扩大的必要措施，同时向所在地县级人民政府报告；对因本单位的问题引发的或者主体是本单位人员的社会安全事件，有关单位应当按照规定上报情况，并迅速派出负责人赶赴现场开展劝解、疏导工作。

突发事件发生地的其他单位应当服从人民政府发布的决定、命令，配合人民政府采取的应急处置措施，做好本单位的应急救援工作，并积极组织人员参加所在地的应急救援和处置工作。

第七十九条　突发事件发生地的个人应当依法服从人民政府、居民委员会、村民委员会或者所属单位的指挥和安排，配合人民政府采取的应急处置措施，积极参加应急救援工作，协助维护社会秩序。

第八十条　国家支持城乡社区组织健全应急工作机制，强化城乡社区综合服务设施和信息平台应急功能，加强与突发事件信息系统数据共享，增强突发事件应急处置中保障群众基本生活和服务群众能力。

第八十一条　国家采取措施，加强心理健康服务体系和人才队伍建设，支持引导心理健康服务人员和社会工作者对受突发事件影响的各类人群开展心理健康教育、心理评估、心理疏导、心理危机干预、心理行为问题诊治等心理援助工作。

第八十二条　对于突发事件遇难人员的遗体，应当按照法律和国家有关规定，科学规范处置，加强卫生防疫，维护逝者尊严。对于逝者的遗物应当妥善保管。

第八十三条　县级以上人民政府及其有关部门根据突发事件应对工作需要，在履行法定职责所必需的范围和限度内，可以要求公民、法人和其他组织提供应急处置与救援需要的信息。公民、法人和其他组织应当予以提供，法律另有规定的除外。县级以上人民政府及其有关部门对获取的相关信息，应当严格保密，并依法保护公民的通信自由和通信秘密。

第八十四条　在突发事件应急处置中，有关单位和个人因依照本法规定配合突发事件应对工作或者履行相关义务，需要获取他人个人信息的，应当依照法律规定的程序和方式取得并确保信息安全，不得非法收集、使用、加工、传输他人个人信息，不得非法买卖、提供或者公开他人个人信息。

第八十五条　因依法履行突发事件应对工作职责或者义务获取的个人信息，只能用于突发事件应对，并在突发事件应对工作结束后予以销毁。确因依法作为证据使用或者调查评估需要留存或者延期销毁的，应当按照规定进行合法性、必要性、安全性评估，并采取相应保护和处理措施，严格依法使用。

第六章　事后恢复与重建

第八十六条　突发事件的威胁和危害得到控制或者消除后，履行统一领导职责或者组织处置突发事件的人民政府应当宣布解除应急响应，停止执行依照本法规定采取的应急处置措施，同时采取或者继续实施必要措施，防止发生自然灾害、事故灾难、公共卫生事件的次生、衍生事件或者重新引发社会安全事件，组织受影响地区尽快恢复社会秩序。

第八十七条　突发事件应急处置工作结束后，履行统一领导职责的人民政府应当立即组织对突发事件造成的影响和损失进行调查评估，制定恢复重建计划，并向上一级人民政府报告。

受突发事件影响地区的人民政府应当及时组织和协调应急管理、卫生健康、公安、交通、铁路、民航、邮政、电信、建设、生态环境、水利、能源、广播电视等有关部门恢复社会秩序，尽快修复被损坏的交通、通信、供水、排水、供电、供气、供热、医疗卫生、水利、广播电视等公共设施。

第八十八条　受突发事件影响地区的人民政府开展恢复重建工作需要上一级人民政府支持的，可以向上一级人民政府提出请求。上一级人民政府应当根据受影响地区遭受的损失和实际情况，提供资金、物资支持和技术指导，组织协调其他地区和有关方面提供资金、物资和人力支援。

第八十九条　国务院根据受突发事件影响地区遭受损失的情况，制定扶持该地区有关行业发展的优惠政策。

受突发事件影响地区的人民政府应当根据本地区遭受的损失和采取应急处置措施的情况，制定救助、补偿、抚慰、抚恤、安置等善后工作计划并组织实施，妥善解决因处置突发事件引发的矛盾纠纷。

第九十条　公民参加应急救援工作或者协助维护社会秩序期间，其所在单位应当保证其工资待遇和福利不变，并可以按照规定给予相应补助。

第九十一条　县级以上人民政府对在应急救援工作中伤亡的人员依法落实工伤待

遇、抚恤或者其他保障政策，并组织做好应急救援工作中致病人员的医疗救治工作。

第九十二条　履行统一领导职责的人民政府在突发事件应对工作结束后，应当及时查明突发事件的发生经过和原因，总结突发事件应急处置工作的经验教训，制定改进措施，并向上一级人民政府提出报告。

第九十三条　突发事件应对工作中有关资金、物资的筹集、管理、分配、拨付和使用等情况，应当依法接受审计机关的审计监督。

第九十四条　国家档案主管部门应当建立健全突发事件应对工作相关档案收集、整理、保护、利用工作机制。突发事件应对工作中形成的材料，应当按照国家规定归档，并向相关档案馆移交。

第七章　法律责任

第九十五条　地方各级人民政府和县级以上人民政府有关部门违反本法规定，不履行或者不正确履行法定职责的，由其上级行政机关责令改正；有下列情形之一，由有关机关综合考虑突发事件发生的原因、后果、应对处置情况、行为人过错等因素，对负有责任的领导人员和直接责任人员依法给予处分：

（一）未按照规定采取预防措施，导致发生突发事件，或者未采取必要的防范措施，导致发生次生、衍生事件的；

（二）迟报、谎报、瞒报、漏报或者授意他人迟报、谎报、瞒报以及阻碍他人报告有关突发事件的信息，或者通报、报送、公布虚假信息，造成后果的；

（三）未按照规定及时发布突发事件警报、采取预警期的措施，导致损害发生的；

（四）未按照规定及时采取措施处置突发事件或者处置不当，造成后果的；

（五）违反法律规定采取应对措施，侵犯公民生命健康权益的；

（六）不服从上级人民政府对突发事件应急处置工作的统一领导、指挥和协调的；

（七）未及时组织开展生产自救、恢复重建等善后工作的；

（八）截留、挪用、私分或者变相私分应急救援资金、物资的；

（九）不及时归还征用的单位和个人的财产，或者对被征用财产的单位和个人不按照规定给予补偿的。

第九十六条　有关单位有下列情形之一，由所在地履行统一领导职责的人民政府有关部门责令停产停业，暂扣或者吊销许可证件，并处五万元以上二十万元以下的罚款；情节特别严重的，并处二十万元以上一百万元以下的罚款：

（一）未按照规定采取预防措施，导致发生较大以上突发事件的；

（二）未及时消除已发现的可能引发突发事件的隐患，导致发生较大以上突发事件的；

（三）未做好应急物资储备和应急设备、设施日常维护、检测工作，导致发生较大以上突发事件或者突发事件危害扩大的；

（四）突发事件发生后，不及时组织开展应急救援工作，造成严重后果的。

其他法律对前款行为规定了处罚的，依照较重的规定处罚。

第九十七条　违反本法规定，编造并传播有关突发事件的虚假信息，或者明知是有关突发事件的虚假信息而进行传播的，责令改正，给予警告；造成严重后果的，依法暂停其业务活动或者吊销其许可证件；负有直接责任的人员是公职人员的，还应当依法给予处分。

第九十八条　单位或者个人违反本法规定，不服从所在地人民政府及其有关部门依法发布的决定、命令或者不配合其依法采取的措施的，责令改正；造成严重后果的，依法给予行政处罚；负有直接责任的人员是公职人员的，还应当依法给予处分。

第九十九条　单位或者个人违反本法第八十四条、第八十五条关于个人信息保护规定的，由主管部门依照有关法律规定给予处罚。

第一百条　单位或者个人违反本法规定，导致突发事件发生或者危害扩大，造成人身、财产或者其他损害的，应当依法承担民事责任。

第一百零一条　为了使本人或者他人的人身、财产免受正在发生的危险而采取避险措施的，依照《中华人民共和国民法典》《中华人民共和国刑法》等法律关于紧急避险的规定处理。

第一百零二条　违反本法规定，构成违反治安管理行为的，依法给予治安管理处罚；构成犯罪的，依法追究刑事责任。

第八章　附　则

第一百零二条　发生特别重大突发事件，对人民生命财产安全、国家安全、公共安全、生态环境安全或者社会秩序构成重大威胁，采取本法和其他有关法律、法规、规章规定的应急处置措施不能消除或者有效控制、减轻其严重社会危害，需要进入紧急状态的，由全国人民代表大会常务委员会或者国务院依照宪法和其他有关法律规定的权限和程序决定。

紧急状态期间采取的非常措施，依照有关法律规定执行或者由全国人民代表大会常务委员会另行规定。

第一百零四条　中华人民共和国领域外发生突发事件，造成或者可能造成中华人民共和国公民、法人和其他组织人身伤亡、财产损失的，由国务院外交部门会同国务院其他有关部门、有关地方人民政府，按照国家有关规定做好应对工作。

第一百零五条　在中华人民共和国境内的外国人、无国籍人应当遵守本法，服从所在地人民政府及其有关部门依法发布的决定、命令，并配合其依法采取的措施。

第一百零六条　本法自 2024 年 11 月 1 日起施行。